忻州师范学院专题研究项目成果

山西省农村中小学课程改革发展现状及对策研究

张淑清 著

山西出版传媒集团
山西人民出版社

图书在版编目（CIP）数据

山西省农村中小学课程改革发展现状及对策研究／张淑清著．——太原：山西人民出版社，2015.8
ISBN 978-7-203-09193-6

Ⅰ.①山… Ⅱ.①张… Ⅲ.①农村学校—中小学—课程改革—教学研究—山西省 Ⅳ.①G632.3

中国版本图书馆CIP数据核字（2015）第191800号

山西省农村中小学课程改革发展现状及对策研究

著　　者：	张淑清
责任编辑：	何赵云
助理编辑：	刘彦杰
出 版 者：	山西出版传媒集团·山西人民出版社
地　　址：	太原市建设南路21号
邮　　编：	030012
发行营销：	0351-4922220　4955996　4956039　4922127（传真）
天猫官网：	http://sxrmcbs.tmall.com　电话：0351-4922159
E－mail：	sxskcb@163.com　发行部
	sxskcb@126.com　总编室
网　　址：	www.sxskcb.com
经 销 者：	山西出版传媒集团·山西人民出版社
承 印 厂：	山西臣功印刷包装有限公司
开　　本：	890mm×1240mm　1/32
印　　张：	12.5
字　　数：	300千字
印　　数：	1-1000册
版　　次：	2015年8月　第1版
印　　次：	2015年8月　第1次印刷
书　　号：	ISBN 978-7-203-09193-6
定　　价：	36.00元

如有印装质量问题请与本社联系调换

总　序

　　经历了约一千年的发展嬗变,现代大学逐步形成了集人才培养、科学研究和社会服务三大基本功能于一身的发展模式。中国的现代大学虽然只有百余年历史,但发展迅速,已经成为实施科教兴国和人才强国战略的主力军。在新的历史时期,大学主动融入社会主义现代化建设事业中,努力实现与经济社会发展的良性互动是中国高等院校的必然选择和神圣使命。

　　基于这样的背景,忻州师范学院积极探索深度融入地方经济社会发展、不断增强服务社会能力的转型发展之路。作为一个地方性本科院校,我院选择了以"相互作用大学"为代表的地方大学与地方经济共生模式,改变大学以自我需求与利益考虑为中心的思想,树立以社区公众、企业和政府的需要与利益为导向的价值理念,努力在服务地方上下功夫。以此为基础,我院明确提出了科研工作的重大战略转向,即"三个面向":面向地方经济社会文化发展、面向基础教育教学改革、面向高等师范院校教学改革。

　　作为落实"三个面向"战略的一部分,2012年我院设立了"专题研究项目",每年遴选资助20项针对忻州地方经济社会文化发展的研究课题,每项课题的研究成果为专著和咨询报告,这就是本系列专著的由来。希望通过这一系列的研究成果,能够促进忻州经济社会发展,促进忻州文化传承创新,促进忻州师范学院与忻州地方的共同发展。

忻州师范学院
2015.6.26

编写说明

《山西省农村中小学课程改革发展现状及对策研究》是忻州师范学院第一批教学专题"农村基础教育课程改革发展现状及对策研究——基于山西省的调查"研究的成果。本书的内容结合课程构建与发展的阶段，针对性地分为五个部分。第一部分是课程理念，第一章的内容；第二部分是课程构建，包括第二章、第三章、第四章的内容；第三部分是课程实施，包括第五章、第六章、第七章、第八章的内容；第四部分是教师素质与师生关系，包括第九章、第十章的内容；第五部分是课程评价，第十一章内容；最后一部分是结语，简要说明农村中小学课程改革对地方师范教育教学改革的启示。

研究以问卷的设计和调查为出发点。2012年9月至2013年3月，以选取的运城市、吕梁市、忻州市、大同市四个地方的农村中小学教师和学生为调查对象，采取分层随机抽样法，共抽取教师344名，学生482名进行调查。其中，小学教师119名，初中教师87名，高中教师138名；小学生176名，初中生175名，高中生131名。这些教师和学生所属的学校，既有公办，也有民办和民办公助；既有农村的，也有县城的，所选对象有很好的典型性与代表性。在对回收的调查问卷进行统计的基础上，分别对农村中小学的教育理念、课程内容、校本课程开发、课程资源的开发与实施、教学的预设和生成、教学方法、学习方法、综合实践活动、教师素质、师生关系、教育教学评价十一个方面进行了针对性的深入的分析，发现存在的问题，并提出解决问题的对策，以望为地方师范院校的教育教学改革给予启发和借鉴。本书相关理论介绍详细，数据分析深刻，原因探讨有深度，对策具有可行性，体现了理论性、实用性、科学性、指导性、可操作性的特征。

本研究的进行，第一，为忻州师范学院及全省师范院校人才培养方案的出台与制定提供事实依据与翔实资料；第二，为地方教育宏观政策的决策服务，为教育行政部门在划拨教育经费、教师培训、教学方法改革等方面提供数据依据和理论支持；第三，为基础教育管理者提供具体的反馈信息，以便使以后的教育教学工作更有针对性、科学性、实效性，切实提高基础教育教学的课改效果，充分体现"教育科研为教育决策服务，教育科研为教育实践服务"的思想；第四，可促使师范院校更有效地为基础教育提供大量合格的具有一定教学技能的师资，从而带动当地的教育改革，使基础教育改革更具有核心的感召力与推动力。第五，在一定程度上，可以解决教育理论研究与教育实践脱节的问题，凸显教育理论的指导作用和知识的实用性。

研究组成员的执笔分工是：索淑艳第一章，焦绪良第二章，李娟第三章与第八章，张淑清第四章与第五章，弓巧平第六章，郭巧欣第七章，琚圆圆第十章，梁雪斌第九章与第十一章，结语由李慧撰写。全书由张淑清一人审核、统稿与修改。

本书在编写与修改过程中，参考了一些学术论文和书籍等资料，在此特致谢意！

在研究与撰写的过程中，得到学院、系领导，兄弟学校及广大教师的大力支持，在此深表谢意！

编写说明

由于我们的专业思想和业务水平有限，由于众人的思维角度与能力不同，本书一定存在许多缺点和错误，恳请同仁们提出宝贵的批评与建议。

编 者

2014 年 12 月

目 录

第一部分 课程理念

第一章 农村基础教育课程改革基本理念调查研究 ………… 3
  第一节 基础教育改革的新理念 ……………………… 3
  第二节 农村中小学教育新理念现状调查及分析 ……… 13
  第三节 农村中小学树立正确教育理念的对策 ………… 36

第二部分 课程构建

第二章 农村中小学课程内容调查研究 ………………… 53
  第一节 课程内容概述 ………………………………… 53
  第二节 农村中小学课程内容现状调查及分析 ………… 61
  第三节 农村中小学课程内容选择与实施对策 ………… 75
第三章 农村中小学校本课程开发与实施调查研究 ……… 83
  第一节 校本课程开发概述 …………………………… 83
  第二节 农村中小学校本课程开发与
         实施现状调查及分析 ………………………… 90
  第三节 农村中小学校本课程开发与实施对策 ………… 101
第四章 农村中小学课程资源开发与利用调查研究 ……… 111
  第一节 课程资源概述 ………………………………… 111

第二节　农村中小学课程资源开发与
　　　　利用现状调查及分析 …………………… 120
第三节　农村中小学课程资源开发与利用的对策 …… 139

第三部分　课程实施

第五章　农村中小学教学预设与生成调查研究 ………… 151
第一节　教学预设与生成理念的概述 ……………… 151
第二节　农村中小学教学预设与
　　　　生成现状调查及分析 …………………… 157
第三节　平衡农村中小学教学预设与生成的对策 …… 173

第六章　农村中小学教学方法改革调查研究 …………… 184
第一节　教学方法概述 ……………………………… 184
第二节　农村中小学教学方法
　　　　改革现状调查及分析 …………………… 192
第三节　加强农村中小学教学方法改革的对策 ……… 206

第七章　农村中小学生学习方式调查研究 ……………… 215
第一节　学习方式概述 ……………………………… 215
第二节　农村中小学生学习方式现状调查及分析 …… 221
第三节　改变农村中小学生学习方式的对策 ………… 235

第八章　农村中小学综合实践活动课程开展的
　　　　调查研究 …………………………………… 242
第一节　综合实践活动概述 ………………………… 242
第二节　农村中小学综合实践活动
　　　　开展现状调查及分析 …………………… 251
第三节　加强农村中小学综合实践活动的对策 ……… 266

第四部分　教师素质及师生关系

第九章　农村中小学教师素质调查研究 …………… 279
第一节　教师素质概述 …………………………… 279
第二节　农村中小学教师素质现状调查及分析 ……… 291
第三节　提高农村中小学教师素质的对策 …………… 302

第十章　农村中小学师生关系调查及研究 …………… 310
第一节　师生关系概述 …………………………… 310
第二节　农村中小学师生关系现状调查及分析 ……… 312
第三节　构建农村中小学和谐师生关系的对策 ……… 331

第五部分　课程评价

第十一章　农村中小学教育教学评价调查研究 ………… 345
第一节　农村中小学教育教学评价新理念 …………… 346
第二节　农村中小学教育教学评价现状调查及分析 …………………………………… 350
第三节　提高农村中小学教育教学评价质量的对策 ………………………………… 366

结　语 ……………………………………………… 373

第一部分 课程理念

第一章　农村基础教育课程改革基本理念调查研究

2001年6月8日,国务院印发了《基础教育课程改革纲要(试行)》,在我国教育领域内发起了又一次教育课程改革。"教育部决定,大力推进基础教育课程改革,调整和改革基础教育的课程体系、结构、内容,构建符合素质教育要求的新的基础教育课程体系。"

我国作为一个农业大国,农村人口众多,农村教育是农村人口素质提高的重要基地。因此,农村基础教育也就成为我国基础教育改革的一大焦点与阵地。然而,农村教育相对于发达的城市教育,具有设备落后、观念落后、行为滞后等特点。十多年来,农村基础教育改革开展如何,改革的理念如教学观、课程观、教材观和学生观渗透掌握怎样?这需要我们进行深入调查研究。

第一节　基础教育改革的新理念

一、教学观

新一轮的教育改革,要求农村教师要更新旧的观念,树立新的观念。教学,尤其是课堂教学(其中最基本的是必修课程的课堂教学),过去是、当今依然是我国基础教育活动的基本构成部分,是实施学校教育的基本途径。教学改革因此成为教育改革中备受关注的主题。

(一)教学与教学观的概念

"教学是在一定教育目的下的,教师的教与学生的学共同组成的一种教育活动。在这一活动中,学生在教师有计划地组织与引导下,能动地学习、掌握系统的科学文化基础知识,发展自身的智能与体力,养成良好的品行与美感,逐步形成全面发展的个性。简言之,教学乃是在教师引导下学生能动地学习知识以获得个性发展的活动。"[①]教学是学校的中心工作,是育人的基本实践活动。教学观就是教师对教学的认识或对教学的主张,具体地说,就是教师对教学目标、教学过程、教学对象等基本问题的认识。教师从这一认识出发,确定教学目标,选择教学方法,并决定了教师在教学中对教育对象采取的态度。因此,不同的教学行为必然导致不同的教学效果。

(二)新教学观主要内容

1.注重学习者的全面发展

新课改背景下的教学观以学习者为本位,旨在促进人的全面和富有个性的发展,要求实现学习者在知识与技能、过程与方法、情感态度与价值观等多方面的发展,实现三维目标的整合。其中,"知识与技能"强调的是学科的基本知识与基本技能,这与传统教学注重知识和技能的学习并无二致,反映了新教学观对我国传统教学理念合理的继承;"过程与方法"强调的是让学生体验学习过程,掌握学习方法,养成善于发现问题、分析问题和解决问题的学

---

① 王道俊、郭文安:《教育学》,人民教育出版社2009年版,第161页。

习习惯,这是传统教学忽略的最重要的东西,反映了新课改背景下教学观的创新与飞跃;而"情感态度与价值观"是要形成积极的学习态度、健康向上的人生态度,具有科学精神和正确的世界观、人生观、价值观,成为有责任和使命感的社会公民等。这也是新教学观对传统教学观的重大突破。

2. 提倡师生间的交往互动

传统教学理论注重以教为重心,导致教学理论严重忽视学生的存在,成为"没有学生"或"没有儿童"的理论。新教学观认为教学过程是师生交往、互动、共同发展的过程。没有交往和互动,不存在或未发生教学。对学生而言,交往意味着内心的开放、个性的彰显、主体性的凸现和创造性的解放。对教师而言,交往意味着上课就是与学生一起分享理解,也是生命活动、专业成长和自我实现的过程。交往还意味着教师角色定位的转换:教师由教学中的主角转向"平等中的首席",从传统的知识传授者转向学生发展的促进者。

3. 鼓励课堂教学的生成与开放

传统教学观过分强调课程的预设,实践中的课堂教学也因此变得死气沉沉,教师照本宣科,学生呆读死记,师生之间无思想交锋,无欢声笑语,其结果是学生的学习兴趣被窒息,学习热情被扼杀,思维发展被抑制,缺少应有的激情和智慧的挑战。

新课程背景下的教学观特别强调课堂教学"生成"和"开放"的一面。

从教学的主体性看,教学的开放意味着要向学生和教师开放。这就意味着教学应当尊重学生学习的自主性和创造性,把学生看作是具有特定知识、经验、思维、灵感、情趣、参与课堂活动的生命个体,并善于将学生的个人知识、直接经验与情绪情感纳入教学过程。教学向教师自身开放意味着承认教师工作的专业性,尊重教师工作的首创精神,给教师发挥自己的教学艺术创设富有弹性的空间。

从教学途径和方法层面上看,教学过程的开放意味着创造学习者在教师指导下自主学习的环境,鼓励学生对学习内容自我理解和自我解读,尊重学生的个人感受和独特见解,使学习过程成为一个富有个性化的过程。开放的最终目的是为了生成,教学多层次和多向度的开放性决定了教学生成的丰富性。课堂不仅要让学生有实实在在的认知收获,而且还应当让学生有或多或少的生命感悟。从生命的高度来看,每一节课都是不可重复的激情与智慧综合生成的过程。

从生成主体来看,课堂生成有学生生成,也有教师生成,课堂教学要成为教师自我提高、自我发展、自我完善、自我实现、自我欣赏的一种创造性的劳动,充分体现教学相长的内涵。

总之,全面发展的教学观是从教学目的的角度提出的,交往与互动的教学观是从师生关系的角度提出的,开放与生成的教学观是从教学过程与教学结果的角度提出的,这三种教学观虽是从不同角度提出的,彼此间却是相互联系、相辅相成的,必须从整体的高度把握每一种观念的精神实质,唯有如此,才能真正引领新课程的教学改革。

二、课程观

(一)课程及课程观的概念

课程观就是人们对课程的看法和观念。但由于不同的人从不同的角度解读课程,因而人们对课程的定义可谓多种多样,各执一词。传统的课程定义有广义和狭义之分,广义的课程指的是所有学科的总和,如小学课程、中学课程等;狭义的课程是指某一门学科,如语文学科、数学学科等。①课程观则是人们对课程的各种认识和看法的总称,包括对课程的概念、课程的编制、课程的实施、课程的评价等各个方面的认识。

(二)新课程观的主要内容

1.课程是一种发展的过程,而不只是特定的知识体系的载体,课程的内容不是固定不变的,应该在探索新知的过程中不断地得以充实和完善,最后才形成一体化的内容。

2.课程是师生共同参与探求知识的过程,教师不再作为知识权威的代言人全面控制课程的组织与开展,而更多地以指导者、协调者的身份出现;学生不再是知识的被动的接受者,而成为课程发展的积极参与者,学生的感知、经验都被纳入形成中的课程体系,学生个体的探索和体验受到重视。

3.课程发展的过程具有开放性和灵活性,课程目标不再是完全预定、不可更改的,在探究过程中可以根据实际情况不断地予以调整。课程的组织不再囿于学科界限,而向跨学科和综合化的方向发展。

4.新课程观不再强调积累知识,而是关注师生的发现和创造知识的过程。

5.承认和尊重人们的意见和价值观的多元性,不以权威的观点和观念控制课程,试图在各种观点、观念相互冲撞、融合的过程中寻求一致或理解。

(三)新课程改革的具体目标

根据2001年《基础教育课程改革纲要(试行)》规定,课程改革有六大具体目标,内容是:

---

① 王道俊、郭文安:《教育学》,人民教育出版社2009年版,第130—131页。

第一,改变课程过于注重知识传授的倾向,强调使学生形成积极主动的学习态度,使获得基础知识与基本技能的过程同时成为学会学习和形成正确价值观的过程。

第二,改变课程结构过于强调学科本位、科目过多和缺乏整合的现状,整体设置九年一贯的课程门类和课时比例,并设置综合课程,以适应不同地区和学生发展的需求,体现课程结构的均衡性、综合性和选择性。

第三,改变课程内容"难、繁、偏、旧"和过于注重书本知识的现状,加强课程内容与学生生活以及现代社会和科技发展的联系,关注学生的学习兴趣和经验,精选终身学习必备的基础知识和技能。

第四,改变课程实施过于强调接受学习、死记硬背、机械训练的现状,倡导学生主动参与、乐于探究、勤于动手,培养学生搜集和处理信息的能力、获取新知识的能力、分析和解决问题的能力以及交流与合作的能力。

第五,改变课程评价过分强调甄别与选拔的功能,发挥评价促进学生发展、教师提高和改进教学实践的功能。

第六,改变课程管理过于集中的状况,实行国家、地方、学校三级课程管理,增强课程对地方、学校及学生的适应性。

三、教材观

(一)教材及教材观的概念

教材有广义和狭义之分。广义的教材是指教学中所用的一切资料,包括教科书、教学大纲、补充材料、参考用书等,狭义的教材特指教科书。①什么是教材观呢?简单来说,教材观就是人们对教材

---

① 本文中使用狭义的教材概念。

的看法与观点。具体来说,教材观涉及人们特别是教育者对教材的内容、本质、地位、目标、结构、处理方式等方面的观点和认识。

(二)新教材观的内容

新的教材观主张教材是教师在教学过程中使用的知识的载体,仅仅是师生交流的一个工具。

1.教材内容

教材内容是范例。具有以下特点:

(1)教材要适合学生身心发展规律与兴趣爱好。每一阶段的学生都有各自的发展特点,教材所选内容要贴合学生的生活实际与接受能力。初中生处于人生中幼稚向成熟过渡期间,形象思维与抽象思维交错发展,自我意识二次发展,教材中既要有直观形象的材料,也要有浅显的抽象材料,还要选取同龄人的故事启发他们。

(2)教材起抛砖引玉的作用。教材内容是有限的,但生活中教材却是无限的。教材中的内容只能反映生活的一小部分,主要通过课本中选取的范例引发学生找到生活中更多相似的、相反的、相联系的、升华的、创生的新信息。

(3)教材中包涵有争议的内容。创新很多时候源于质疑,而学生的质疑精神应来自于教材,所以教材所包涵的信息不应都是绝对正确的东西,现在对这些问题的解释,同学们仍旧可以提出质疑,但要有证据、有根据。

(4)教材内容有深有浅。学生的接受能力差距很大,兴趣爱好各自不同,教材内容既有符合接受能力较低学生的信息,也有符合接受能力较高学生的信息,甚至还有超过最好学生能力的信息,但这并不妨碍学生各种能力的发展。

2.教材本质

教材本质是工具。传统的教材观认为教材就是教学过程中的

"圣经",所有内容都是绝对正确且毋庸置疑的,具有"指挥一切、决定一切"的至高无上的作用。新的教材观认为教材是人类经验知识的载体,是师生进行沟通交流的媒介之一,人们将人类历史上积累的宝贵知识与经验通过筛选、组合,编制成课本,教师通过教材内容提升学生的学习能力,培养学生正确的价值观。

3.教材地位

传统的教材观认为教材是知识的载体,教材处于教学的核心地位,教材内容具有"绝对权威性",还以教材为标准评价学生的学习结果。新的教材观认为,教材仅仅是人类经验知识精华的节选,除此之外,还有许多书籍资料,包含着更多的信息。故教材对学生起到的应该是启示作用,而非决定性的权威结果。

4.教材目标是服务于学生

传统的教材观将教材定位于教师向学生传授知识的"法宝",教师的任务在于将教材中所包含的知识全部灌输给学生,学生负责"消化吸收"老师"咀嚼"过的知识,通过分数的形式体现其"消化吸收"的程度。新的教材观主张不论何种教材都要有助于培养学生的学习能力、质疑精神以及情感、态度和价值观等,一切以学生的发展为目标。

5.教材结构

传统的教材内容一般以纵向形式组织内容,即根据学科内在的逻辑顺序来组织课程内容,这样的课程组织使学生学到的知识支离破碎而不能形成系统的知识结构。新的教材观主张以横向与纵向形式相结合的方式组织教材内容,即打破学科的知识界限和传统的知识体系,根据学生发展特点,以社会和个人最关心的问题为依据组织内容,构成一个个相对独立的专题。让学生能够从中找到自己的兴趣点,从而促进学生身心发展,培养其正确的价值观,陶冶其高尚的情感情操,树立合理的人生态度。

6.教材处理

在传统的教学过程中,教师备课主要就是钻研教材和"教教材";面对教材的"圣经"地位,几乎所有教师不敢对教材内容有丝毫的疑虑,缺乏主动性。新的教材观更侧重教材的相互对话、意义建构和情境提供的功能,强调教材内容的生活化、综合性及生成性。在处理教材的环节上,教师可以选择适合所教学生心理发展的教学内容,可以根据教学实际需要对教学内容和教学顺序进行改动。

总之,在新一轮课程改革中,伴随着教育目标、教育理念的改变,教材不再只是供传授的经典,不再只是供记忆的知识仓库,而是供教学使用的材料,教师和学生不仅是材料的主人,更是新材料和新教学智慧创生的主体。教师在课堂教学过程中进行的教学活动是对教材的一种再开发、再创造的活动过程,这也是教师参与课程开发的主要形式。

四、学生观

(一)学生观

学生观就是教育者对自己教育对象的基本的看法。教师对学生的看法或者说教师的学生观对学生的发展具有不可估量的影响。《国家中长期教育改革和发展规划纲要》指出:"要以学生为主体,以教师为主导,充分发挥学生的主动性,把促进学生健康成长作为学校一切工作的出发点和落脚点。关心每个学生,促进每个学生主动地、生动活泼地发展,尊重教育规律和学生身心发展规律,为每个学生提供适合的教育。"学生观一直是教育理论和实践的重要问题。"一切为了每一位学生的发展"是新课程的最高宗旨和核心理念。

(二)新学生观的主要内容

新的学生观包括三方面的内容：

1. 学生是发展的人

把学生看成是发展的人，包含以下几个基本含义。第一，学生的身心发展是有规律的。它要求教师应掌握学生身心发展的理论，并依据学生身心发展的规律和特点开展教育教学活动，从而有效促进学生身心健康发展。第二，学生具有巨大的发展潜能。应该相信每个学生潜藏着巨大的发展能量，坚信每个学生都是可以积极成长的，因而对每一位学生都应充满信心。第三，学生是处于发展过程中的人。这意味着学生还是一个不成熟的人，不可避免地要犯错误，教师要有做长期反复教育的心理准备。在一定意义上可以说，学生的生活和命运掌握在学校和教师的手里。

2. 学生是独特的人

把学生看成独特的人，包含以下几个基本含义。第一，学生是完整的人。在教育活动中，学生不仅具备全部的智慧力量和人格力量，而且体验着全部的教育生活。要把学生作为完整的人来对待，丰富学生的精神生活，给予学生全面展现个性力量的时间和空间。第二，每个学生都有自身的独特性。每个人由于遗传素质、社会环境、家庭条件和生活经历的不同，而形成了个人独特的"心理世界"。珍视学生的独特性和培养具有独特个性的人，应成为教师对待学生的基本态度。第三，学生与成人之间存在着巨大的差异。学生的观察角度、探索能力和内心体验都与成人有明显不同，所以应当"把成人看作成人，把孩子看作孩子"。

3. 学生是具有独立意义的人

把学生看成是具有独立意义的人，包含以下几个基本含义。第一,每个学生都是独立于教师的头脑之外,不以教师的意志为转移的客观存在。教师要想使学生接受自己的教导,就要使自己的教育和教学适应他们的实际情况和思想认识的发展规律。第二,学生是学习的主体。每个学生都有自己的意愿、思想、情感和行动规律,教师可以引导学生自己感受、分析和思考,从而使他们明白事理,掌握事物发展变化的规律,但是教师不可能代替学生。第三,学生是责权主体。从法律、伦理角度看,学生在现代社会的教育系统中既是法律上的责权主体,也是伦理上的责权主体,学校和教师应该保护学生的合法权利并引导学生学会承担责任。视学生为责权主体的观念,是建立民主、道德、合法的教育关系的基本前提。强化这一观念,是时代的要求。①

第二节　农村中小学教育新理念现状调查及分析

一、调查对象

本次调研以大同地区、吕梁地区、忻州地区、运城地区的农村②小学、初中和高中教师和学生为调查对象,采取分层随机抽样法,共抽取教师 344 名,学生 482 名。其中,小学教师 119 名,初中教师 87 名,高中教师 138 名;小学生 176 名,初中生 175 名,高中生 131 名。这些教师和学生所属的学校,既有公办,也有民办和民办公助;既有农村的,也有县城的,所选对象有很好的典型性与代表性。需要说明的是,在下面的统计分析中,由于对每个问题的不规范问卷

---

① 伍德勒、时伟:《中小学课程改革的理论与实践》,合肥工业大学出版社 2004 年版,第 55—57 页。

② 农村:界定不一。本研究中的农村学校包括县城、镇、村庄的中小学。

单独做了处理,因此会出现每个问题总人数有所不同的现象,这样做也符合统计学原理。教师与学生选择情况见表1、表2。(注:第一章至第十一章研究对象与第一章相同)

表1 教师取样情况统计表

项目		小学		初中		高中	
		人数(119)	百分比	人数(87)	百分比	人数(138)	百分比
性别	男	23	19.3	25	28.7	39	28.3
	女	96	80.7	62	71.3	99	71.7
学校性质	公办	105	88.2	59	67.8	121	87.7
	民办	11	9.2	26	29.9	11	8.0
	民办公助	3	2.6	2	2.3	6	4.3
目前学历	本科及以上	60	50.4	43	49.4	116	84.1
	专科	40	33.6	40	45.9	18	13.0
	中师	19	16.0	4	4.7	4	2.9
职称	高级(小特级)	2	1.7	0	0	11	8.0
	中教一级(小高)	7	5.9	6	6.9	20	14.5
	中教二级(小一)	23	19.3	20	23.0	48	34.8
	中教三级(小二)	17	14.3	19	21.8	24	17.4
	小教三级	14	11.7	0	0	0	0
	未定级	56	47.1	42	48.3	35	25.3
学校所在地	农村	91	76.5	13	14.9	28	20.3
	乡镇	26	21.8	48	55.2	33	23.9
	县城	2	1.7	26	29.9	77	55.8

表2 学生取样情况统计表

项目		忻州		吕梁		运城		大同	
		人数(159)	百分比	人数(110)	百分比	人数(100)	百分比	人数(113)	百分比
性别	女	97	61.4	55	50.0	62	62.0	57	50.9
	男	62	38.6	55	50.0	38	38.0	56	49.1
学校性质	公办	135	84.9	80	73.4	70	70.0	87	77.0
	民办	18	11.3	19	17.4	0	0	25	22.1
	民办公助	6	3.8	10	9.2	30	30.0	1	0.9
学校层次	小学	60	37.7	35	31.8	41	41.0	40	35.4
	初中	56	35.2	45	40.9	30	30.0	44	38.9
	高中	43	27.1	30	27.3	29	29.0	29	25.7
生源	农村	43	27.2	51	46.4	40	40.0	74	65.5
	乡镇	88	55.7	30	27.2	0	0.0	2	1.8
	县城	27	17.1	29	26.4	60	60.0	37	32.7

二、调查方法

(一)测量工具

问卷分为教师卷和学生卷。问卷是课题组成员自行编制的《山西省农村基础教育课程改革发展现状调查问卷》,采用无记名方式进行调查。

(二)调查问卷及内容

关于"课程改革新理念"的调查主要从教师角度来调查,只设计教师问卷,没有学生问卷。教师问卷的调查问题涉及教学观、课程观、教材观、学生观四方面,问题有39个。

三、农村学校教育理念现状调查及分析

(一)农村学校课程观现状调查及分析

对农村学校课程观的调查主要通过九个问题进行了解,可分为两大维度,一个是教材编制,一个是课程实施。

1. 农村教师对课程编制的看法

表3 农村中小学教师对教材的评价统计表

问题	选项	小学		初中		高中	
		频数	百分比	频数	百分比	频数	百分比
对学科教学内容的三"点"阐述的评价	是	68	57.1	42	48.3	53	38.4
	一般	46	38.7	43	49.4	76	55.1
	否	3	2.5	1	1.1	6	4.3
	不知道	2	1.7	1	1.1	3	2.2
	总和	119	100.0	87	100.0	138	100.0
所选教材是否新颖全面	是	54	45.4	33	38.4	47	34.1
	一般	58	48.7	50	58.1	82	59.4
	否	6	5.0	1	1.2	8	5.8
	不知道	0	99.2	2	2.3	1	0.7
	总和	119	100.0	86	100.0	137	100.0
所选教材是否利于学生自学	是	39	33.1	30	34.5	58	42.0
	一般	60	50.8	37	42.5	59	42.8
	否	17	14.4	18	20.7	18	13.0
	不知道	2	1.6	2	2.3	3	2.2
	总和	119	100.0	87	100.0	138	100.0
课程作业数量及难易程度是否适中	是	69	59.0	44	52.4	69	50.0
	一般	40	34.2	34	40.5	57	41.3
	否	6	5.1	5	6.0	12	8.7
	不知道	2	1.7	1	1.2	0	0.0
	总和	119	100.0	84	100.0	138	100.0

续表

问题	选项	小学		初中		高中	
		频数	百分比	频数	百分比	频数	百分比
课程导学部分利于教师对学生自主学习能力的培养	是	66	55.9	53	61.6	82	59.4
	一般	48	40.7	28	32.6	50	36.2
	否	1	0.8	5	5.8	4	2.9
	不知道	3	2.5	0	0.0	2	1.4
	总和	118	100.0	86	100.0	138	100.0

数据表明,评价教材内容是否新颖全面时,虽然有不少人表示肯定,但持模棱两可态度的比例仍然高于肯定人数的比例,这也不可忽视,各个年级均有,分别是:48.7%、58.1%和59.4%。这表明,有些教师对课程概念的理解不是很清晰,没有明确的判断标准,新课程观在农村学校并未深入人心。在对学科教学内容的"三点"阐述、对所选教材新颖全面性、课程作业数量、难易程度以及课程导学部分的评价上,小学和初中教师表示满意的人数比例较高,超过了90%,有的甚至超过了95%。而高中教师则有一小部分人对以上问题均表示不满意,其比例高于小学与初中教师。在"所选教材是否适合学生自学"这一问题上,较多的教师均表示不适合学生自学,比例分别达到了14.4%、20.7%和13.0%。这说明在教材选择方面,农村学校要根据学生与教师的具体情况进行选择,而不能一味地与城市学校相比看齐。

2.农村教师对课程实施的看法

课程实施,包括教师对教学内容的扩充与删减、备课过程中对课外资料的阅读、对直观教材的应用、对课程资源的开发等四个方面。

表4 农村中小学教师课程实施统计表

问题	选项	小学		初中		高中	
		频数	百分比	频数	百分比	频数	百分比
对教学内容的扩充与删改	是	79	68.1	63	72.4	102	74.5
	一般	24	20.7	19	21.9	28	20.4
	否	11	9.5	2	2.3	5	3.6
	不知道	2	1.7	3	3.4	2	1.5
	总和	116	100.0	87	100.0	137	100.0
备课中会不会阅读学习其他学科知识	是	85	71.4	46	52.9	98	71.0
	一般	30	25.3	38	43.7	32	23.2
	否	3	2.5	2	2.3	7	5.1
	不知道	1	0.8	1	1.1	1	0.7
	总和	119	100.0	87	100.0	138	100.0
利用直观教材为学生提供实践平台	是	90	75.6	49	56.3	88	63.8
	一般	24	20.2	32	36.8	38	27.5
	否	4	3.4	6	6.9	12	8.7
	不知道	1	0.8	0	0.0	0	0.0
	总和	119	100.0	87	100.0	138	100.0
在教学的各个环节重视对课程资源的开发	是	75	63.0	40	47.1	71	52.6
	一般	40	33.6	38	44.7	59	43.7
	否	4	3.4	6	7.1	5	3.7
	不知道	0	0.0	1	1.1	0	0.0
	总和	119	100.0	85	100.0	135	100.0

表4数据告诉我们,90%以上的初中教师与高中教师会对课

程内容进行删改,而小学教师的比例则相对较低,为88.8%。但不论哪个年级的教师,对课程内容进行删改的人数仍然占到了绝大多数。在备课过程中,大多数教师会准备与所讲内容相关的课外知识,但也有7位高中教师选择"否",比例达到了5.1%,说明他们备课时只管课本而不准备其他知识。在"为了学生能真正掌握知识,您会充分利用直观教材或尽可能多地为学生提供实践平台吗"这个问题上,有90%以上的教师都表示同意。小学教师、初中教师和高中教师表示同意的比例由高而低,分别是95.8%、93.1%和91.3%,这表明不同年级的教师会根据学生年龄特点采取不同的授课方式,小学教师更多地会利用直观教材等资源帮助学生理解抽象的知识,而高中生由于其抽象逻辑思维发展起来,不需要借助很多的直观教材等资源就可以接受所学知识。从另一个角度讲,表示不同意的高中教师人数为12,占到总数的8.7%,说明有部分高中教师更倾向于讲授课本知识,而不会充分应用其他资源,给学生提供更多的实践平台。超过95%以上的小学教师和高中教师"会在教学的各个环节(从教室与学生、教学情境与环境)重视对课程资源的开发,"说明绝大多数农村教师比较重视对课程资源的开发,当然,初中教师的比例也超过了90%。

从调查结果可以看出,几乎一半以上的教师均持肯定态度,即这些教师在课程实施的四个方面都做得到。

(二)农村学校教材观现状调查及分析

教材是教师与学生之间的媒介。我们从教材内容观、教材目标观和教材处理三个方面来了解农村教师的教材观。

1.农村教师的教材内容观

教材内容直接关系到学生的学习效果,农村教师对教材内容的看法如下表所示:

表 5　农村中小学教师教材内容观统计表

问题	选项	小学		初中		高中	
		频数	百分比	频数	百分比	频数	百分比
学生对教材内容的兴趣	感兴趣	52	43.7	19	22.9	20	14.6
	一般	61	51.3	50	60.2	103	75.2
	没有兴趣	5	4.2	13	15.7	13	9.5
	不知道	1	0.8	1	1.2	1	0.7
	总和	119	100.0	83	100.0	137	100.0
教材内容与学生实际接受能力之间的差距	是	17	14.3	14	16.3	44	31.9
	一般	76	63.9	45	52.3	63	45.7
	否	23	19.3	25	29.1	27	19.5
	不知道	3	2.5	2	2.3	4	2.9
	总和	119	100.0	86	100.0	138	100.0
中小学教材衔接方面的处理	满意	53	44.9	32	37.1	47	34.6
	一般	54	45.8	41	47.7	66	48.5
	不满意	6	5.1	9	10.5	16	11.8
	不知道	5	4.2	4	4.7	7	5.1
	总和	118	100.0	86	100.0	136	100.0
评价一本教材好坏的标准（多选题）	结构科学合理	76	63.9	49	56.3	87	63.0
	内容贴近社会	78	65.5	62	71.3	84	60.9
	科学指导教学方法	54	45.4	41	47.1	81	58.7
	关注学生发展需要	97	81.5	63	72.4	108	78.3

从表 5 数据可以看出，农村教师对所有问题的选题都偏向于选择"一般"，所占比从 14.7% 到 75.2% 不等。小学、初中和高中教师认为学生对新教材感兴趣的比例分别是：43.7%、22.9% 和

14.6%，可见，随着年级的增加，学生对课本知识的兴趣越来越低。选择"一般"的比例不仅不低，而且随着年级的增加越来越高，分别是 51.6%、60.2% 和 75.2%，而且认为学生对教材内容"没有兴趣"的教师比例也不容小觑，特别是初中生的比例达到了 15.7%。

在"您认为教材内容与学生实际接受能力之间的差距较大吗"这个问题上，高中教师选择"是"的比例为 31.9%，远远高于小学教师与初中教师，这是一个较为沉重的数字，它提示我们：农村学生有自身的特点，教材内容要适合农村各年级学生发展特点与实际需要。小学教师选择"一般"的比例最高，达到 63.9%，而初中教师的比例也超过了一半，达到了 52.3%。当然，还有将近 20% 的小学教师和高中教师否认教材内容与学生实际接受能力之间的差距，初中教师达 30%。

中小学教师对中小学教材衔接方面的满意度都很高，选择"满意"和"一般"的比例和分别是：90.7%、84.8% 和 83.1%。另一方面，初中教师和高中教师表示不满意的比例都超过了 10%，这些数据告诫我们，在编制教材时要注意小学与初中、初中与高中之间学习内容的衔接性，真正让学生在"不知不觉"中进入更高阶段的学习。

最后一个问题是多选题，调查中小学教师评价教材的标准。结果显示：所有教师都很注重教材在编制方面对学生发展的教育影响作用，比例都超过 70%，甚至小学教师的比例超过了 80%。这表明中小学教师也越来越重视学生的发展，对教材的要求越来越高。

2. 农村教师对教材的处理

对教材的处理主要体现在备课时对教材加工改造，以及讲课中对教学重点、难点的把握上，农村教师对教材处理情况如何呢？统计结果如表 6。

表6 农村中小学教师对教材处理的统计表

问题	选项	小学		初中		高中	
		频数	百分比	频数	百分比	频数	百分比
在上课前会全面熟悉教材的相关内容	会	109	91.6	74	86.0	115	83.3
	一般	9	7.6	11	12.8	19	13.8
	不会	1	0.8	0	0.0	4	2.9
	不知道	0	0.0	1	1.2	0	0.0
	总和	119	100.0	86	100.0	138	100.0
在备课时,会充分了解学生的知识结构及身心发展特点	是	79	66.4	34	39.5	74	55.2
	一般	35	29.4	44	51.2	52	38.8
	否	5	4.2	6	7.0	8	6.0
	不知道	0	0.0	2	2.3	0	0.0
	总和	119	100.0	86	100.0	134	100.0
上课时会严格按照教材逻辑细讲,把握重点与难点	是	80	67.8	48	55.2	77	55.8
	一般	29	24.6	33	37.9	47	34.1
	否	7	5.9	5	5.7	14	10.1
	不知道	2	1.7	1	1.1	0	0.0
	总和	118	100.0	87	100.0	138	100.0
在教学中能处理好预设与生成之间的关系	能	50	42.4	35	40.2	54	39.1
	一般	63	53.4	44	50.6	75	54.3
	不能	2	1.7	4	4.6	6	4.3
	不知道	3	2.5	4	4.6	3	2.2
	总和	118	100.0	87	100.0	138	100.0
您认为在教材学习过程中给学生补充课外知识必要吗	必要	102	85.7	64	74.4	110	79.7
	一般	16	13.4	19	22.1	18	13.0
	没必要	1	0.8	2	2.3	8	5.8
	不知道	0	0.0	1	1.2	2	1.4
	总和	119	100.0	86	100.0	138	100.0

总体来看,在处理教材内容的过程中,所有教师都了解自己的工作,也很有信心,在前四个问题上,选择前两项的比例和都超过了90%,而对于"您认为在教材学习过程中给学生补充课外知识必要吗"这个问题,绝大部分教师都认为有必要为学生补充课外知识。小学、初中和高中教师的比例分别是85.7%、74.4%和79.7%。若将"一般"选项的的比例加进去,小学教师的比例高达99.2%,初中教师的比例也很高,为96.5%。而选择"不知道"的老师人数很少,所占比例自然也很低。这些数据告诉我们,几乎所有的教师都认为在教学过程中既要传授课本知识,也要拓展相关内容,同时还要处理好预设与生成的关系,所占比例都超过了全部的90%。说明新教材观在农村教师中已经"生根发芽"。

(三)农村教师学生观现状调查及分析

教师所持有的学生观直接影响教师对待学生的态度、信心和教学效果,关系到教学改革的最后成果。对农村教师的学生观进行调查的问题共有十个,分别从"学生是发展的人"、"学生是独特的人"和"学生是独立的人"三个维度进行调查,结果如下。

1.学生是发展的人

表7 农村中小学教师学生观调查统计表

问题	选项	小学		初中		高中	
		频数	百分比	频数	百分比	频数	百分比
在教学中会始终贯彻"以学生为本","服务至上"的理念	完全符合	109	91.6	20	23.3	33	23.9
	较多符合	9	7.6	58	67.4	94	68.1
	较少符合	1	0.8	7	8.1	11	8.0
	不知道	0	0.0	1	1.2	0	0.0
	总和	119	100.0	86	100.0	138	100.0

续表

问题	选项	小学		初中		高中	
		频数	百分比	频数	百分比	频数	百分比
当学生犯错误而屡教不改时,您是否会讽刺挖苦学生	是	11	9.3	6	6.9	7	5.1
	一般	25	21.0	21	24.2	28	20.4
	否	82	68.9	55	63.2	102	74.5
	不知道	1	0.8	5	5.7	0	0.0
	总和	119	100.0	87	100.0	137	100.0
您从不体罚学生,以鼓励为主,平等对待优差生	是	70	58.8	44	52.4	86	63.2
	一般	47	39.6	35	41.7	44	32.4
	否	1	0.8	3	3.5	6	4.4
	不知道	1	0.8	2	2.4	0	0.0
	总和	119	100.0	84	100.0	136	100.0
你会始终用发展眼光对待学生发展过程中出现的各种问题吗	会	80	67.8	57	65.5	116	84.2
	一般	29	24.6	24	27.6	18	13.0
	不会	7	5.9	2	2.3	2	1.4
	不知道	2	1.7	4	4.6	2	1.4
	总和	118	100.0	87	100.0	138	100.0

认为自己在教学中始终贯彻"以学生为本"和"服务至上"这一理念的小学教师比例相当高,选择"完全符合"的小学教师占到总数的91.6%,选择"较多符合"与"完全符合"加起来比例高达99.2%;而初中和高中教师选择"完全符合"的比例则较低,低到了23.3%和23.9%,即使将选择"较多符合"的人数加到"完全符合"上,人数比例也刚过90%。但这个数据也很令人鼓舞,说明"以学生为本"的学生观在农村教师队伍当中已经基本深入人心了。但还有8.5%的农村中学教师对这一观念仍然不知道。

在尊重学生方面,超过60%的教师都否认自己"当学生犯错误而屡教不改时,会讽刺挖苦学生",表明这些教师已经抛弃了传统的打骂学生的做法与想法,能做到尊重学生,理解学生。反过来,还有一部分教师选择"是",小学、初中和高中的人数分别是11人、6人和7人,占到总数的9.3%、6.9%和5.1%。说明在农村,仍有一些老旧观念在作怪,一些教师还在对学生进行打骂处罚。有超过20%的农村老师选择"一般",这表明:不论哪个年级的老师,都有正确理念与错误理念并存的现象,是否能够真正做到不讽刺挖苦学生,往往取决于老师当时的情绪、态度等。超过1/5的教师的科学学生观还未树立,这应引起重视。

体罚,在农村学校已经不多见了,调查数据说明现象。本次调查显示,90%以上的农村教师已经不再使用体罚来处理学生不听话、不学习的问题,能从人性化的角度教育学生,其中小学教师的比例已高达98.4%。

在"你会始终用发展眼光对待学生发展过程中出现的各种问题吗"这一问题上,选择"不会"与"不知道"的人数比例很低,从小学、初中到高中分别7.6%、6.9%和2.8%。表明越是高年级的老师,越接受新观点,能够用发展和期待的眼光去看待学生、培养学生,解决问题。

2.对学生的关注点

表8 农村中小学教师对学生关注点的调查统计表

问题	选项	小学		初中		高中	
		频数	百分比	频数	百分比	频数	百分比
您在教学中是否关注学生知识的获得比能力发展更多一些	是	50	42.4	24	27.6	40	29.0
	一般	53	44.9	43	49.4	51	37.0
	否	12	10.2	19	21.8	47	34.0
	不知道	3	2.5	1	1.2	0	0.0
	总和	118	100.0	87	100.0	138	100.0

续表

问题	选项	小学		初中		高中	
		频数	百分比	频数	百分比	频数	百分比
您在教学中是否很注重学生道德品行的培养	是	109	91.6	63	79.7	117	85.4
	一般	10	8.4	16	20.3	18	13.1
	否	0	0.0	0	0.0	2	1.5
	不知道	0	0.0	0	0.0	0	0.0
	总和	119	100.0	79	100.0	137	100.0

上表数据显示，在学生的能力发展与知识扩展方面，小学、初中和高中的农村教师各自以87.3%、77%和66%的比例选择"是"与"一般"，这说明还有相当大的一部分农村教师的学生观并不全面，仅仅能够做到尊重学生的人格而不能关注学生能力发展。但也不是全部教师都重视知识的掌握，尤其是34%的高中教师认为对学生来说，能力发展比知识掌握更重要，因而也更重视学生在能力方面的发展。

在学生知识扩展与品德培养两者之间，几乎所有的农村教师都认为品德比知识更重要。这可能跟我国教育部门一直提倡的品德教育有关。其中，98.5%以上的中小学教师选择了"是"和"一般"，这是令人欣喜的数字，也希望所有农村教师不但重视品德教育，更要在教学实践中切实培养学生的品德行为，有耐心，有创意。

3.学生是独特的人

表9 农村中小学教师对学生评价的调查表

问题	选项	小学		初中		高中	
		频数	百分比	频数	百分比	频数	百分比
您在课堂教学中是否注重学生的自主探究和学习方式	是	91	76.5	44	50.6	86	62.3
	一般	28	23.5	36	41.4	48	34.8
	否	0	0.0	6	6.9	4	2.9
	不知道	0	0.0	1	1.1	0	0.0
	总和	119	100.0	87	100.0	138	100.0

续表

问题	选项	小学		初中		高中	
		频数	百分比	频数	百分比	频数	百分比
您设计课堂上的问题时会考虑学生的实际状况吗？	会	98	83.1	75	86.2	122	88.4
	一般	20	16.9	8	9.2	14	10.1
	不会	0	0.0	1	1.2	2	1.4
	不知道	0	0.0	3	3.4	0	0.0
	总和	118	100.0	87	100.0	138	100.0

表中数据可以看出，"您在课堂教学中是否注重学生的自主探究和学习方式"这个问题上，所有小学教师均持肯定态度，而且初中、高中教师的比例也很高，分别为92%和97.1%。这个比例相当高，表明绝大多数农村教师在观念上已经摒弃了原有的"填鸭式"教学思想，接受了新的以探究为导向的教学观念。

在备课过程中，几乎所有教师都会根据学生的具体情况来设计课堂问题，表明这已经成为人们的常识，无须提示，不需普及。

（四）对学生的评价

表10　农村中小学教师对学生评价的调查表

问题	选项	小学		初中		高中	
		频数	百分比	频数	百分比	频数	百分比
您对学生进行评价时是否采用模糊评价	是	13	11.0	5	6.0	25	18.1
	一般	33	28.0	32	38.6	51	37.0
	否	70	59.3	44	53.0	62	44.9
	不知道	2	1.7	2	2.4	0	0.0
	总和	118	100.0	83	100.0	138	100.0
您对学生进行评价是否只采用终极评价	是	7	6.1	7	8.5	13	9.8
	一般	32	27.8	21	25.6	23	17.4
	否	73	63.5	51	62.2	93	70.5
	不知道	3	2.6	3	3.7	3	2.3
	总和	115	100.0	82	100.0	132	100.0

续表

问题	选项	小学		初中		高中	
		频数	百分比	频数	百分比	频数	百分比
你设计课堂上的问题时会考虑学生的实际状况吗?	会	98	83.1	75	86.2	122	88.4
	一般	20	16.9	8	9.2	14	10.2
	不会	0	0.0	1	1.2	2	1.4
	不知道	0	0.0	3	3.4	0	0.0
	总和	118	100.0	87	100.0	138	100.0

从表中数据可以看到,对学生进行评价时,不使用和不明白模糊评价的教师比例最低的是高中教师44.9%,最高的是小学教师59.3%,竟然接近3/5,反过来说,使用模糊评价的教师比例分别为39%、44.6%和45.1%。对学生应用终极评价的教师比例也不高,小学、初中和高中教师的比例分别是:33.9%、34.1%和27.2%。这表明农村较多的教师不怎么会使用终极评价。98%以上的农村教师都会根据学生实际状况来设计问题,使问题更具有针对性、目的性、实效性。

(五)农村教师教学观现状调查及分析

教师的教学观一旦成形,就会影响他们对学生、教学等众多教学现象的看法,进而影响其教学理念与教学方法。新课改背景下的教学观以学习者为本位,旨在促进人的全面和富有个性的发展,要求实现学习者在知识与技能、过程与方法、情感态度与价值观等多方面的发展,实现三维目标的整合。对农村中小学教师的教学观调查的问题共有9个,分三个维度调查,包括"学生全面发展"的践行"师生互动"以及对多媒体教学、作业反馈及教学设计的看法。

1.农村教师"学生全面发展"的践行

表11 农村中小学教师关于"学生全面发展"的调查表

问题	选项	小学		初中		高中	
		频数	百分比	频数	百分比	频数	百分比
您在上课期间是否只顾讲课而不顾纪律	是	6	5.0	3	3.4	10	7.3
	一般	4	3.4	14	16.3	20	14.5
	否	108	90.8	68	79.1	106	76.8
	不知道	1	0.8	1	1.2	2	1.4
	总和	119	100.0	86	100.0	138	100.0
您上课时不但关注教学方法多样,更关注学生的学习方法	是	90	75.7	49	57.6	84	60.9
	一般	28	23.5	32	37.6	42	30.4
	否	1	0.8	3	3.5	12	8.7
	不知道	0	0.0	1	1.3	0	0.0
	总和	119	100.0	85	100.0	138	100.0
您评价学生时不仅关注考试结果,还关注平时的学习态度、课堂上的表现	是	94	79.7	67	77.0	119	86.3
	一般	20	16.9	16	18.4	14	10.1
	否	4	3.4	3	3.4	5	3.6
	不知道	0	0.0	1	1.2	0	0.0
	总和	118	100.0	87	100.0	138	100.0

农村教师很注重课堂纪律,90.8%的小学教师在课堂上都会维持纪律,可能是因为小学生在课堂上容易走神或者开小差,小学教师在这方面的工作比初中教师和高中教师多一些。上课时既关注学生的学习方法也关注教法的小学教师较中学教师多,占总数的75.7%,达到了3/4,这说明从小的学习习惯养成很重要。初中和高中教师的比例较低,在60%左右。选择"一般"的教师分别是23.5%、37.6%和30.4%,说明这部分农村教师对学生的学习方法的关注度不够高,需要改变。

评价学生时,大部分的教师会结合学生平时表现来打分,其比例均高于 3/4，而不考虑学生平时表现的教师则很少，人数不超过 12 个，占到所有教师人数的 3.5%。这一评价趋势符合新课改的评价精神。

2.农村教师对"师生互动"的看法

表12 农村中小学教师关于"师生互动"的调查统计表

问题	选项	小学		初中		高中	
		频数	百分比	频数	百分比	频数	百分比
您上课时的课堂气氛是否很活跃	是	27	22.7	26	29.9	31	22.5
	一般	48	40.3	35	40.2	57	41.3
	否	43	36.2	25	28.7	50	36.2
	不知道	1	0.8	1	1.2	0	0.0
	总和	119	100.0	87	100.0	138	100.0
您在课堂上是否会经常给学生相互讨论的机会	会	86	73.5	52	59.8	77	55.8
	一般	30	25.6	34	39.1	56	40.6
	否	1	0.9	1	1.1	4	2.9
	不知道	0	0.0	0	0.0	1	0.7
	总和	117	100.0	87	100.0	138	100.0

在师生互动方面，34.3%的农村教师认为自己的课堂上的气氛不是很活跃。其中，高中教师比例为 36.2%，小学教师比例为 36.2%，初中教师比例为 28.7%，比例大约在 1/3。还有较多的教师认为课堂上的气氛为"一般"，都达到了 40% 以上。再加上否定的人数，即 2/3 的教师认为课堂气氛较为死板，不太活跃。这其实是学生缺乏主动性的一个体现。

在课堂上，让学生互相讨论的教师比例很高，小学、初中和高中的比例分别达到了 73.5%、59.8% 和 55.8%。表明在课堂上鼓励引导学生讨论已成为当今农村学校课堂上常见的一种教学方式。

3.农村教师对多媒体教学、作业、教学设计的看法

表13 农村中小学教师教学观调查表

问题	选项	小学		初中		高中	
		频数	百分比	频数	百分比	频数	百分比
您在教学中是否经常使用教学媒体	是	27	22.7	26	29.9	31	22.5
	一般	48	40.3	35	40.3	57	41.3
	否	43	36.2	25	28.7	50	36.2
	不知道	1	0.8	1	1.1	0	0.0
	总和	119	100.0	87	100.0	138	100.0
您是否认为使用教学媒体对您所教课程很有用	是	82	69.5	50	58.1	76	55.1
	一般	31	26.3	22	25.6	51	37.0
	否	4	3.4	9	10.5	9	6.5
	不知道	1	0.8	5	5.8	2	1.4
	总和	118	100.0	86	100.0	138	100.0
您在教学设计过程中是否要花费较长的时间	是	63	53.4	78	56.5	78	56.5
	一般	51	43.2	51	37.0	51	37.0
	否	4	3.4	7	5.1	9	6.5
	不知道	0	0.0	2	1.4	0	0.0
	总和	118	100.0	138	100.0	138	100.0
您对学生所做的作业是否能及时反馈并讲解	是	96	85.0	67	79.8	103	74.6
	一般	17	15.0	15	17.8	33	23.9
	否	0	0.0	1	1.2	2	1.5
	不知道	0	0.0	1	1.2	0	0.0
	总和	113	100.0	84	100.0	138	100.0

调查显示,在课堂教学方面,农村教师对媒体教学的使用频率不一,初中教师使用频率高于小学与高中教师。其中,初中教师的比例为29.9%,而小学和高中教师的比例刚刚超过22%。而持否定态度的人数与肯定的人数相差不多,小学与高中比例刚过36%,初中教师为28.7%。另外还有超过40%的教师对媒体教学持"一般"

态度,认为教学中应用媒体不能太多,但也不能不用。进一步调查发现,一半以上的人认为媒体教学效果较好,小学教师的比例竟然达到了69.5%,将近70%,而持否定态度的人数较少,所占比例仅为6.4%。

在备课时间上,一半以上的教师都认为自己花在教学设计上的时间比较长,还有40%左右的教师选择了"一般",即认为自己花在教学设计上的时间不多也不少。

对于作业反馈与讲解,大部分教师都能做到及时回馈,小学、初中和高中教师的比例分别是85%、79.8%和74.6%。很少有人不反馈或者反馈不及时。不难理解,在基础教育一线,中小学生的学习任务较重,课后作业较多,老师必须在学生忘记所做作业或者失去兴趣之前及时反馈作业质量与疑问,才能让学生学有所得。

总的来看,农村教师在教学观念方面仍有很大的提升空间,新教学观需要大力普及。

4.农村学生及家长对农村学校教改态度的反馈

学生是教师工作的主要对象,学生也有自己的思想与感情,他们对教师教学态度的反馈在一定程度上反映了教师工作的效果。反馈内容主要包括家长对教改的态度、学生对教改的态度和学生在学校的生活状态三个方面,结果如表14。

表14 农村学生对农村中小学教师教改态度的调查表

问题	选项	小学生		初中生		高中生	
		频数	百分比	频数	百分比	频数	百分比
据您所知,家长对课改的态度是	非常支持	93	54.7	73	42.4	20	15.6
	基本支持	67	39.4	77	44.8	69	53.9
	无所谓	6	3.5	21	12.2	35	27.3
	不支持	4	2.4	1	0.6	4	3.1
	总和	170	100.0	172	100.0	128	100.0

续表

问题	选项	小学生		初中生		高中生	
		频数	百分比	频数	百分比	频数	百分比
学生们对于教学的各项改革	非常配合	119	68.0	83	48.0	26	19.8
	基本配合	51	29.1	87	50.3	93	71.0
	较少配合	5	2.9	2	1.2	11	8.4
	不配合	0	0.0	1	0.6	1	.8
	总和	175	100.0	173	100.0	131	100.0
你认为在校的生活愉快吗？	愉快	109	62.6	90	52.0	20	15.3
	较愉快	39	22.4	60	34.7	65	49.6
	不太愉快	17	9.8	19	11.0	34	26.0
	不愉快	9	5.2	4	2.3	12	9.2
	总和	174	100.0	173	100.0	131	100.0

表14数据显示，农村中小学家长都支持教改，其中小学家长支持教改的比例最高，超过90%小学生选择了支持，其中超过一半的小学家长非常支持教改，初中教师的支持率也超过了80%，高中教师的支持率则将近70%。而学生们配合教改的比率也均在90%左右。当问及学生在校生活是否愉快时，小学、初中和高中认为"愉快"的比例从62.6%锐减到15.3%。高中生的"不愉快"率达到了9.2%。可见，随着学生年龄的增长，其在校生活越来越不愉快。

四、农村中小学教育理念存在的主要问题

我国农村基础教育面临着办学条件艰苦，教学设备落后，师资力量薄弱，教育观念陈旧，学生基础较差，老师学生同时流失等很多问题。新课改背景下的课程观、教材观、教学观和学生观几乎颠覆了传统的教育理念，对于一些农村教师是一个全新的理念，彻底摒弃原有的理念不是一蹴而就的事情，树立新的理念也不是一朝

一夕就能完成的事情。在调查中发现了不少具体的问题,如何在现有情况基础上更新观念,实施教改,是一个不可回避也不可小视的事实。

(一)新教改理念仍未普及

当今时代发展飞速,一边是社会对人才的渴求已经到了迫在眉睫的地步,而另一边则是学校培养的学生无法找到合适的工作。再看现今社会科技发展日新月异,无一不是依靠创新人才实现的。可以说,教学改革是大势所趋,未来一定是充满改革的未来。这就对学校与教育工作者提出了严峻的考验。只有下大决心实施教学改革,才能真正成为时代的领军人物。

然而现实却令人担忧,调查结果显示,超过40%的教师都承认自己"当学生犯错误而屡教不改时,会讽刺挖苦学生";有些教师对课程概念的理解不是很清晰,没有明确的判断标准,新课程观在农村学校并未深入人心;不使用和不明白模糊评价的教师比例最低的是高中教师,达44.9%,最高达到了3/5;部分农村教师对学生的学习方法的关注度不够高;2/3的教师认为课堂气氛较为死板,不太活跃等,如此种种,都说明新的教改理念并未普及。

(二)教改步伐缺少统一的规划

对于人口众多的中国来说,教学改革是一件大事,需要由中央到地方各个教育部门之间相互学习,相互配合才能见到成效。所以,改革也需要有统一的规划与协调,将各方力量组织起来,大到校舍建设,小到一字一句,均需要集体智慧解决。调查发现,近三分之一的高中教师认为教材内容与学生实际接受能力之间的差距较大,超过10%的初、高中教师表示不满意中小学教材衔接的处理,还有一些教师对各科教学内容的"三点"阐述表示不满意,较多的教师认为教材内容不适合学生自学,等等。问题往往产生在应用过程中,老师和学生才是教学资料的终端使用者,所以对教材编写与改革前应该广泛听取一线工作者的声音,集思广益,统一规划,最终才能够使学生成为教学改革的最大受益者。

(三)课堂教学改革并未深入实施

山西省于2008年在一些学校尝试教学改革,忻州市属于省内较为贫困的地区之一,开展教学改革的时间较晚,但是由于改革推进不足,加上本地区存在着具有严重的应试教育倾向;师资队伍整体素质不适应教学改革的要求,观念落后,方法陈旧,手段简单,研究不足,教育教学改革步子不大;学校管理方式粗放,缺乏整体发展规划和连续一贯的工作衔接机制等问题,使得一些改革流于形式,较为肤浅,这就导致一些新的观念缺少生长发芽的土壤而不能有效实施。调查结果也证明了这一点,三分之二的教师认为课堂气氛较为死板,不太活跃,学生缺乏主动性。

(四)部分教师不愿进行新教学改革

访谈中发现,有的教师在教学改革的大潮中并不愿乘风破浪,反而更愿意沿袭已有的已经熟悉的套路进行教学。可能的原因有二:第一,不了解改革的大形势,学校领导与老师消息闭塞,思想保守,即使有教改任务和要求,也只是敷衍塞责,浅尝辄止,从而失去了大好机会;还有的老师由于自身素质较差而不敢实行教学改革,有人可能不理解教改宗旨而不会进行教改,甚至有人因为在传统教学中已取得成功而不屑于教改。第二,有心无力,老师多为四五十岁以上的老教师,他们虽然赞成教学改革,认为教改确实不错,但是由于身体原因不能参加或者不愿参加教改,没有承担风险的意识。

(五)新的教学评价体系尚未建立

由于传统教学以学生成绩为唯一的衡量标准,严重阻碍了学生身心发展，不利于学生自身潜力的发掘。调查中发现，农村教师对学生应用终极评价的教师比例较高，小学、初中和高中教师的比例分别是：33.9%、34.1%和27.2%，同时，不使用和不明白模糊评价的教师比例最高的是小学教师61%，高达3/5。这表明相当一部分农村教师不怎么会使用评价，而仅以考试成绩作为评价标准。新教学则要求对老师的教学效果和学生的学习效果进行多元化评价，评价主体多元化，既有老师家长，又有同学自身；评价角度多元化，既有对知识、智力、技能和能力的评价，也有对情感、意志和特长等的评价；评价方法多元化，不仅包含考试测验法，而且包含有观察法、问卷法、访谈法等。完善的教学评价体系有助于老师保持持久的热情与耐心进行教学改革，而不是急于求成，违反客观规律。科学评价有助于学生的全面发展，培养其良好的非智力因素。

第三节 农村中小学树立正确教育理念的对策

新课程改革的核心理念是一切为了学生的发展。这里的"一切"，指的是学校的所有教育教学方略的制订，方式方法的使用，都要建立在以人为本，促进学生健康成长的基础之上。这里的"学生"，显然是指学校里的每一位学生；这里的"发展"，指的是学校的教育教学及一切课外活动，都要把目标锁定在能够有利于学生终身发展之上，有利于学生在学校获得今后走向社会所需要的基本生存能力——自主学习的能力、与人合作的能力、信息收集与处理能力、学会办事的能力、独立生存的能力，以保证我们的下一代能够在未来社会生存与发展。因此，有人干脆把这句话说成：一切为了一切学生的一切。

由此可见，新课程改革的主要任务是：更新观念、转变方式、重建制度。即更新教与学的观念,转变教与学的方式;重建学校管理与教育评价制度。

一、教育部门应采取的措施

(一)教育部门首先要转变观念

新课程追求的是:使获得知识与技能的过程同时成为学会学习和形成正确价值观的过程。教学过程是师生交往、共同发展的互动过程。应逐步实现教学内容的呈现方式、学生的学习方式以及教学过程中师生互动方式的变革。这些观念几乎颠覆了所有旧的教学方式与评价制度。

众所周知,一切改革都无一例外地受到传统观念的束缚。新课程改革的最大困难同样是来自旧观念的束缚。因此,要实现课程改革的既定目标,就要转变社会、政府、教育主管部门领导对学校的评价观念,转变教师的教育教学观念。

2010年,《国家中长期教育改革和发展规划纲要》明确提出要"把育人为本作为教育工作的根本要求",同时也认为我国目前存在"中小学生课业负担过重,素质教育推进困难,学生适应社会和就业创业能力不强,创新型、实用型、复合型人才紧缺"的问题。若想在教育领域取得重大改革成效,培养出高素质人才,教育部门首先要革旧迎新,各级教育部门应以此为重任,积极推广新理念。当大部分人形成新的观念后,共同推进教育改革的步伐,培养出社会真正需要的合格人才。

(二)先行试点实验,然后逐渐推广

改革是机遇,同时也是风险行为。并且不同的学校有不同的实际情况,教育改革不能实行一刀切,也不能"一阵风"。只有在改变旧有观念的基础上结合各学校的具体情况不断摸索,长期坚持,才能找到适合某一学校的改革方案。

(三)派专家专人负责督导试点学校的教学改革

教育改革是一个特殊的改革,教育没有回头路,不能以牺牲学生发展为代价。大部分农村学校师资短缺,思想保守。在教改试点要有专人负责督导,有专家进行指导,有行家进行示范,短期检查,长期坚持,少则一年,多则几年,教学改革才能逐步走上正轨,进而摸索出合理的教改模式,培养出合格的人才。

(四)合理组织协调各方资源编制教材

调查结果表明,一部分农村中小学教师在教材是否利于学生自学这一问题上持肯定态度的人数比例较低,约为三分之一;他们缺乏教材编制的基本的理论与知识;教材内容与农村学生实际接收能力确有差距。我国教育的二元化使得农村的教师与学生有其自身特点,不能与城市的师生横向比较,而应根据农村学校的特点编制教材。在编制人员方面,应组织相关专家进行研讨与编制,编好后试验教学,在教学中参照学生成绩与教师评价对编选内容进行删改,直至成形。在编制内容方面,由于农村学生与土地和农民有着天然的联系与感情,编制教材时大可突出乡土气息,发展动手能力,培养人与自然的感情,渲染环保理念,注重农业知识。具体措施如下:

1.增加音体美手工等教材

农村学校条件简陋,师资有限,音体美等课程往往容易被一些所谓"主课"所"侵占",或者即使有所安排,也是既缺少专门的教材,又缺少专业教师教学,导致农村学校的音体美课程徒有虚名。新课程观关注学生的发展与创新,关注学生学习过程与情感,音、体、美、手工课程等均可培养学生形成积极主动的学习态度,使获得基础知识与基本技能的过程同时成为学会学习和形成正确价值观的过程。教育部门应组织专业人员为农村学生专门编制教材,使农村学生在不同的方面展现出不同的才能。

2.在课程内容中突出重点、难点和疑点

农村教育在我国相对落后,相当一部分学生流失,进入城市求学;另外还有的农村学生家庭生活条件艰苦,渴望早毕业早赚钱,这就造成农村学校的学生基础与素质较差,师资力量也远不如城市学校的现状,在编制教材时,要充分考虑到农村学生的特点,编制出符合农村教育教学的教材,突出重点、难点和疑点,让学生能够真正掌握所学知识。

3.编制乡土教材

我国历史悠久,幅员辽阔,各地方自然条件差别很大,各地学生对祖国和世界可能都有一定印象,但对自己的家乡却未必了解,乡土教材主要用来介绍地方历史、地理、经济、文化和民族状况,不仅符合教学由近及远、由具体到抽象的原则,而且有助于儿童认识乡土和培养热爱故乡的观念,逐步提高学生的学习兴趣与动力。若有值得讲述的革命传统和文物古迹,编辑具有地方特色的乡土教材供学生学习,有助于激励儿童继承革命传统,发扬爱国主义精神。

4.植入职业培训、人生观价值观教育内容

农村学生初中、高中毕业后大部分面临择业问题,由于年纪较小,很多人都无法明确自己职业目标,也未形成正确的人生观价值观。新的课程可以植入一些关于职业规划、人生观等内容,帮助学生提前思索人生,规划人生。

(五)扩大农村教育师资力量,鼓励教师改革

农村教育的一大短板就是师资力量不足,师生流失现象严重。教育部门应对农村师资的政策有所倾斜,提高工资,鼓励教师回归农村,重振农村教育。在学校内部,也应有相应的鼓励措施和评价

系统，吸引教师改变原有的教学模式，加入教改的行列当中。

（六）改变学校与校长评价系统

新课程改革的最大阻力来自于管理与评价制度。高考是选拔人才的重要方式，但不是唯一的方式。多年以来，人们将成绩作为衡量校长能力的唯一标准，极大地阻碍了校长个人能力的施展。应该借鉴国外成熟的评价机制，制定不同的多元的合理的评价方式与制度，使不同层次的学校与校长在不同的领域之中能够施展手脚，实现多元化人才的培养。城乡二元化背景下，不妨制定两套培养方案与评价机制，对不同背景下的学校采用不同的评价标准。在人才培养方面，小学学校可以对学生的不同才能进行分类培养，对不同的人才进行有区别的教学，升入初中后根据学生特长与兴趣再进一步细分，直到他们掌握足够的基础知识与专业技能后方可毕业或继续进修学习。与此同时，教育部门应根据学校所培养学生才能的多元化程度与专业水平进行评价，而不是以考试分数作为考核的唯一标准。这样，不同类型不同层次的学生在小学即可分类，校长也可根据生源素质制定相应的教改方案，从而发挥自身优势，促进校长大显身手。

二、学校应采取的措施

（一）制定合理的全校教改方案

教学改革并不是某一个校长或者某一个教师的事情，而应该是全校乃至全社会的大事。学校内部应该根据自身特点与优势制定合理的教改方案。可分成不同的教研组分别进行，在制定过程中应该听取不同教龄的教师的建议，博采兄弟学校的成功之处。制定之后要在教学过程中不断修改，不断完善，直至达到较好的教学效果为止。

(二)提高教师质量

新教改背景下，只有单一的专业知识与教学经验不足以胜任教学任务。各级教育部门应重视教师素质的提升。

1.允许并鼓励教师带薪访学、参观、学习

农村教师生活比较繁忙，有人既教书又种地，学习时间很少。可以发给教师更多的工资，抛开生活包袱去轻松学习，在已有的经验基础上提升理论水平，或者到一些教改成果显著的学校去观摩取经，互相学习，扬长避短，这样才能有效提高教学效果，真正培养动手能力强，享受学习过程，能够愉悦学习的合格的农村学生。农村的教师观念较为落后，一些年龄较大的教师积极性更差一些，同时他们容易满足于现状，拒绝改变，不愿意学习新的东西。学校可以建立小型图书馆，购买各种不同的书籍，鼓励教师多读书，在读书的过程中思考如何教学，如何理解学生。

2.印发新课标新课改小册子

一次两次的开会学习并不能让所有老师都吃通吃透新的理念。教育部门或者学校将重要理论精编整合，印成适合随身携带的小册子，老师可以在需要时翻阅，在上课后咀嚼，如此反复，教师便可在边学边用、边学边改的过程中摸索出合适的做法。

3.组织教师集体备课

教育改革是一件大事，也是一件难事，需要"摸着石头过河"，教师在实施教学改革的过程中，需要自己摸索前进，更需要群策群力，共同研究，不断进步，从而找到最适合学生全面发展的教育模式与教学方法。个人的精力和时间总是有限的，众人的智慧却是无穷的。不同学科的教师在同一办公室为学生准备同一专题，群策群力，畅所欲言，可以给各个老师不同的灵感，更有利于教师备课。

(三)提倡师生互动

本次调查结果显示,2/3 的教师认为课堂气氛较为死板,不太活跃。这说明,农村学校在课堂上师生关系较为严肃,缺少应有的轻松活泼的课堂氛围。新教学观提倡师生互动,教师不仅要具有民主、平等的意识,还要建立教学民主的策略和原则。但在实际工作中,教师的民主、平等思想并没有真正形成。虽然在近些年来大力提倡素质教育,有的教师也采用"启发式""讨论式"的现代教育方式,但这些方法仅仅限定在教师的设计范围内,而不是真正民主、平等的教学。新课程改革要求"教学是教师的教学和学生的学习统一",这种统一的实质是交往和互动,这就要求教师转变教育观念,同时带来教学方式的转变。教学过程的交往互动,意味着师生之间、学生之间相互交流、启发和补充,在这个过程中教师和学生分享彼此的经验和知识,交流彼此的情感与观念;交往意味着人人参与、平等对话。"穿新鞋走老路"是不可能真正实现将民主、平等的思想转化为具体的教学行为。

(四)建立完善的学生考核评价制度

目前我国教育存在的诸多问题长期得不到根本解决,究其原因在于考核评价方式与制度单一,将考试成绩作为评判学生优良的唯一标准,忽视学生的平时表现与品德、实践等方面的表现。同时,调查发现,对学生进行评价时,不使用和不明白模糊评价的教师比例最低是高中教师 44.9%,最高是小学教师 61%,竟然高达 3/5。这说明,在学校内部普及评价知识,建立新的评价体系是十分必要的。新的评价机制不仅要关注学生在智力方面的发展与成就,更要关注他们在品德、实践、音体美等方面的表现,使人能够更全面地了解学生,也能使学生得到全面发展。另外,我国旧有的教学体制通常使用诊断性评价、总结性评价和绝对性评价,多数存在

"一棒子打死人"或者"一考定终身"的现象。可以采用形成性评价和相对性评价对学生进行长期的综合性的评价。在评价主体上,不仅各科老师有权利评价学生,学生自己、家长、同学等人均可对学生平时的表现进行评价;在评价角度上,学习成绩不是唯一的考核标准,个人的情感、意志、性格等非认知因素的发展也是评价的主要内容;在评价方法上,即时评价、作品评价、档案袋评价、写真评价等应该成为评价的常用形式。改变传统的评价方式要做到三个结合:量性评价与质性评价相结合;正式评价与非正式评价相结合;过程评价与结果评价相结合。

(五)结合家庭与社会力量对学生施以影响

农村教育的一个突出特点是:学生家长均为农民,文化水平较低,基本不会教育孩子。有的家长不仅不会教育,反而认为"打是亲骂是爱""不打不成才""棍棒底下出孝子",平时对孩子不管不问,一旦出现问题就不问青红皂白劈头盖脸打骂一顿。有的家长则对孩子唯命是从,溺爱有加。这些家长对孩子根本做不到尊重理解和宽容。学校应组织家长宣传新的观念,传授简单有效的教育方法,家长学校拧成一股绳,共同培养教育孩子。

三、教师应做出的改变

教师自身的素质高低关系着其对学生的管理和教育,若要真正实现教师学生观的变革,必须内外兼修,积极"备战"。

(一)树立新的教学理念

研究发现,目前农村教师仍然存在"教师中心""知识中心""师道尊严"等传统思想。再加上老师们工作任务繁重,家庭工作难两顾等困难,一些教师容易找出各种借口抵制新观念。但是若要教学成功,真正培养出适应国家需要全面发展的人才,教师必须摒弃不良思想,摆脱枷锁,吐故纳新,重新认识学生的发展性、独立性、独特性等特征,深刻理解新的教学观、课程观和教材观,才能为教育改革努力创新,才能真正认真负责地培养学生。

(二)扩大知识范围,深入研究各门课程

教育改革是一项涉及面广、没有前人经验的试验性的工作,但新的教学改革需要一大批知识丰富且能引导学生思考与创新的教师。教师不仅要钻研自己的专业知识,还要学习管理理论、各学科知识、艺术历史等知识,这样容易在教学中触类旁通,旁征博引,适时适地引导学生,对学生形成吸引力,有助于建立良好的师生关系,增强学生的学习效果。

(三)明确并树立"用教材教"的思想

调查结果发现,超过一半的农村中小学教师对自己处理预设与生成的关系的评价为"一般",这说明,这些教师对预设与生成还不能熟练处理。可想而知,教学效果也不尽如人意。以往人们强调将教科书唯一化、神圣化,要求教师的教学要"源于教材,忠于教材"。新教材观下,首先,提倡教师"用教材教",认为教材只是为教师提供了一定的指导,教师教学应该用教材为教育教学服务,应该把教材看成是一种教学手段,而不是教学圣殿不能违背。其次,教师可以"拓展教材",大量补充相关材料,激活学生思维。当然,不能无限制地拓展教材,主要是围绕相关主题进行拓展,教师在教材的基础上的重点、难点上拓展即可。再次,教师可以"升华教材",教材因受篇幅限制,在许多问题的介绍与分析上均停留在浅层,教师在教学中要随时与学生生活实际联系,进一步阐述,深入挖掘,引导学生分析、思考,使之升华。

(四)提高研究学生的能力

教育的最终目的是育人,如果学生在学习过程感觉不到愉悦,那么他对学习的兴趣、动机、信心甚至耐心与情感都会逐渐消磨殆尽。教师在教育中应该与学生沟通交流,了解学生对学科、教法的看法与接纳程度。当前农村教育落后,农民出外打工,新时代的学生思想奔放,崇尚自由,但又各有特点,作为老师尤其是班主任必须全面掌握学生的所有情况才能因材施教,真正培养出全面发展的学生。教师可利用家访、QQ聊天、微信与学生做朋友等多种方式了解学生的具体情况,深入学生的内心世界,加强师生联系,以一颗热爱学生的拳拳之心去激励学生、引导学生、感染学生。

(五)引导学生自主学习

新课程观主张经验即课程、生活即课程、自然即课程,农村学生比城市学生更活泼,生活经验更丰富一些。在课堂上,可以设计一个情景,一串问题,一些别开生面的作业,根据农村生活实际情况进行讲解、引导,逐步打开学生的眼界与心灵,使其在熟悉的情境中和轻松的氛围中获得知识,发展能力。

(六)引导学生多动手多动脑

以往的课程观认为课程即学科,将课程等同于学科知识,将老师封固在课本知识上,导致了学科知识的权威性、封闭性和静止性,忽略了课程的开放性、生成性与实践性,直接导致教师教法僵化,学生毫无创新,眼高手低,盲目相信课本与老师,无法与知识生成、教学相长相互挂钩。《国家中长期教育改革与发展规划纲要》提出"优化知识结构,丰富社会实践,强化能力培养。着力提高学生的学习能力、实践能力、创新能力,教育学生学会知识技能,学会动手动脑,学会生存生活,学会做人做事,促进学生主动适应社会,开创美好未来"。这就要求教师在设计课程过程中放手给学生,让学生自己在课堂上、在实验中、在田间野外等用亲身体验与尝试提高实践能力与创新能力。

（七）确实做到尊重学生

虽然有超过60%的教师已经抛弃了传统的打骂学生的做法与想法，但仍然有一部分教师会打骂学生，比例从5%到10%不等。说明在农村里，仍有一些"师道尊严"的老旧观念在作怪，还有一些教师对学生进行打骂处罚。其本质在于教师对学生的漠视与歧视。新学生观完全否认了传统观念，强调学生是人，是一个兼具自然属性与社会属性的人，因此学生与成人一样也有尊严，需要周围人的尊重与关怀，需要成人的理解与信任。所以，不论在农村还是在城市，所有的学生都需要老师的尊重与理解，教师应该把学生当成"小大人"来看待，通过尊重与理解学生，帮助学生树立信心，得到学生认同与配合，从而达到教育与影响学生的目的。

四、学生应做出的改变

"一切为了学生，为了一切学生，为了学生一切"，这句话应该应用到具体的教学之中。学生是正在成长的生命有机个体，是有个性、有尊严、有情感、有思想、有潜能的孩子，在学习中，学生是主体，主动性掌握在学生一方，只有学生充分发挥主动性，学生才能得到全面发展。所以，学生作为教学主体，也应该发挥积极主动性，配合教师的教改，才能取得丰收硕果。

（一）上课前积极自学

如果从小培养，小学高年级以上的学生就具备了自学的能力。新教学观主张学生是学习的主体，主体性是学生内在的属性，是与生俱来的，而不是后天赋予的。主体性主要是指主体在与客体打交道的过程中所表现出来的能动性，它集中体现为主体的独立性、主动性和创造性。不难理解，所说"学生的主体性"，就是学生学习的主体性，学生对待学习的主体性。就是说，学生不仅是能学习的，而且是"独立、主动和创造"地去学习的,这和人们的共识是一致的:人是能学习的,人没有不学习的,人是想学习的,儿童、少年、青年尤其如此。只有学生自己积极主动地课前自学,碰到不熟悉不理解的地方多动手练习,碰到不理解的地方多动脑,教学才能称为真正的教学。

(二)课堂上积极发言敢于表现

新教学观提倡师生互动,这一课堂教学理念并不是新生事物,而是自古就有的。无论是中国古代孔子与弟子的座谈还是古罗马教育家昆体良提出的"教是为了不教",都或多或少的在形式和内容上成为"师生互动"的先导。而师生互动,首先要强调师生的平等。教师首先要引导学生自主完成学习任务,学生则应该在课堂上跟着教师的思路,老师提问题就要思考,更要发言;同时自己有疑问,也应该敢于举手发问,使老师明白学生听不懂的地方在哪里。

(三)课后及时反馈勇于交流

调查也发现,而当问及学生在校生活是否愉快时,小学、初中和高中认为"愉快"的比例从62.6%锐减到15.3%。高中生的"不愉快"率达到了26%,超过了四分之一。可见,随着学生年龄的增长,其在校生活越来越不愉快。这里有传统思想的因素,同时也有学生心理发展的因素,包含学习压力、人际关系等。在新的教育理念中,学生是一个有思想有感情的人,同样老师也是有思想有感情的人。学生在学习过程中应该与老师真诚相对,把自己感到不合理或者怀疑的地方主动告诉老师,帮助老师及时更改教学方法与教学模式,不断提高教师因材施教的能力,同时,在老师的影响与教育下提高自身素质。

新课程体系的诞生,教师将涉足一个新的领域,将要学习那些过去从未接触过的、甚至想都没想过的东西。实际上,新课程体系在课程功能、结构、内容等方面都较原来的课程有了重大创新和突破。这场改革给教师带来了严峻的挑战和不可多得的机遇。可以说,教育课程改革将使教师队伍发生一次历史性的变化。每一位教师都将在这一场变革中实现新的蜕变、新的跨越。在这种大变革的背景下,教师必须努力学习教育理论,转变教育观念,学习新的专业知识,实现自己的专业发展。新课程改革不仅教材开放,而且教学方式也是开放的。只有在具体的教学实践和师生互动中不断摸索、从失败的教学中总结经验才能真正实现新教学观的实施。

总之,在新课程改革的过程中,教师只有具备新的教育教学观念,才能在教学中不断进行改革和创新,才能以自身优异的素质去主动适应并深入开展以新课程为特色的素质教育,才能培养出新世纪所需要的创造性人才。

参考文献:

[1] 张翠平:《论实践的课程观》,华中师范大学,2004年。

[2] 王道俊、郭文安:《教育学》,人民教育出版社2009年版。

[3] 蔡永红:《新教学观与教学评价》,《北京师范大学学报》(社会科学版),2007,01(06)。

[4] 王敏:《我国当代教学观的反思与重建》,《课程·教材·教法》,2003,(05)。

[5] 余文森:《论新课程背景下的课程观》,《福建师范大学学报》(哲学社会科学版),2006,(06)。

[6] 夏正江:《论课程观的转型及其对新课改的影响》,《课程·教材·教法》,2005,03(03)。

[7] 王红宇:《新的知识观与课程观》,《比较教育研究》,1995,(04)。

[8]赵卿敏:《课程观与教学观的变革》,《高等工程教育研究》,2003,(01)。

[10]张妍妍:《小学语文教师教材观调查研究》,山东师范大学,2013年。

[11]陈柏华:《小学教师教材观研究》,华南师范大学,2007年。

[12]吴小鸥:《新课程改革教材建设十年回顾及趋势展望》,《课程与教学》,2012,(01)。

[13]阎亚军、王月芬:《新课程改革中的学生观反思》,《教育发展研究》,2008,(05)。

[14]赵小荣:《学生观的历史演进及其对教学的启示》,西北师范大学,2005年。

第二部分
课程构建

第二章　农村中小学课程内容调查研究

本章在阐述课程内容的含义、课程内容的选择、组织原则、类型、意义等基本理论基础上，对山西省农村中小学课程内容现状进行了调查与分析，针对农村中小学课程内容存在的问题，提出一些相应建议。

第一节　课程内容概述

一、课程内容的涵义

(一)课程内容的概念

课程内容是为了促进学生发展，根据课程目标从人类文明的精华成果中精心选择，并按照一定逻辑组织成适合学生学习的知识经验体系，是构成学校课程的基本教育材料。

掌握课程内容，要掌握以下要点：

第一，课程内容首先从设置与选择的角度，揭示了课程内容是促进学生发展的知识经验体系。因而选择课程内容就必须要以学生的发展为前提。选择与组织课程内容，既要依据知识经验自身的逻辑序列，更要兼顾学生的心理特点和发展水平，才能保证学生发展目标的实现。这既是课程内容选择与设计的出发点,更是其归宿。

第二,课程内容必须符合课程目标的要求。课程内容是按照课程目标的要求予以选择和组织起来的,因而课程目标决定了课程内容的类别及其广度和深度;而课程内容则是实现课程目标不可缺少的材料。两者围绕学生的发展相互依存、相互制约。

第三,课程内容是知识经验体系。课程内容是学生的直接经验与间接经验整合成的经验系统。间接经验是指精选的前人认识和改造世界的文化科学基本经验,通常体现为理论化、系统化的各科教科书与参考书的基本内容,也是课程内容中占主导地位的重要组成。而直接经验是指学生在生活实践中,通过与现实的相互作用获得的社会知识、自然知识和形成的技能的总和。学生学习是在直接经验的基础上获取人类积累的间接经验的过程,而学生在获得间接经验的过程中,又是以原有的直接经验为基础的,通过一定的实践活动来验证、同化间接经验、实现知识经验系统的建构,这就要求课程内容所选择的间接经验既要符合社会和学生身心发展的客观需要,还要符合学科知识结构的体系,并且要与学生的已有经验具有一定的内在联系,才利于学生获取经验,达到发展完善的目的。

(二)课程内容的基本性质

课程内容揭示了各级各类学校课程内容共同的本质属性,是各级各类学校课程内容最普遍、最一般的概念。

课程内容表现为直接经验和间接经验两种形态的知识经验体系。即无论何种形式的课程,都是学生直接经验与间接经验的有机整合,因而经验性就是课程内容的最基本性质。

(三)课程内容的特点

从总体上看,普通学校课程内容的突出特点,是具有鲜明的基础性。

在不同的学段,课程内容又有各自的不同特点。如小学阶段课程内容的主要特点是常识性和综合性,初中阶段的课程内容具有一定的广泛性与相对综合性,而高中阶段的课程内容则突出了多样性和相对独立性等特点。

二、课程内容的选择

课程内容的选择就是根据特定的教育价值观及相应的课程目标,从学科知识、社会生活经验或学习者的经验中选择课程要素的过程。

(一)选择课程内容的依据

1.课程目标

课程目标是经过分析研究社会需求、学科结构体系和学习者特征的基础上确定的某一阶段学习者所应达到的规格要求。因而选择课程内容就应紧扣目标中心而展开,使所选课程内容与相应阶段课程目标之间实现最佳匹配。

2.学习者的身心发展水平与规律

我们知道,课程内容是为了促进学生发展,适合学生学习的知识经验体系。所以选择课程内容就应关注学习者的需要、兴趣和身心发展特点及其规律。因为首先,只有符合学习者需要的学习内容,才会使学习者产生努力学习的动机,才能主动去同化和建构,进而对他们的行为、态度和个性产生应有的积极影响。其次,只有提供学习者感兴趣的内容,他们才会积极主动并有效地进行学习,这样既可节约学习时间,又能提高学习效率和效能。正如美国心理学家杜威所强调的:当学习是被迫的、不是从学习者真正的兴趣出发时,任何学习都将是无效的。再次,课程内容的选择还应符合学习者身心发展特征,关注学习者身心发展的顺序性、阶段性、连续性和整体性对课程内容的要求。

3.社会对人才的要求

客观要求与主观状态的矛盾运动,是促进人成长发展的外在根本动力,而客观要求就是社会对人才要求的内化形式。从这个意义说,社会对人才的要求是促进人发展提高的外在根本动力。但社会对人才的需求并不是一成不变的,而是随着社会的进步与发展永远处于一个发展变化的动态过程中。这就要求在选择课程内容时,既要考虑现实社会要求每个公民所必须应具备的基本社会工作与生活能力,更必须要考虑未来社会发展对人才培养的需求。因为每个学生最终都要步入社会,其知识结构和水平决定着他们能否适应现实社会和未来社会的发展,因而课程内容的选择要适度超越现实社会,使课程内容对社会发展产生积极的助推作用。

4.学科知识的系统性

作为学习主体的学生,其学习主要在于获得间接经验。学校教育中的学科知识,通常呈现的是学科的基本事实、基本概念与基本原理和方法,是人类文化优秀遗产的最基本成分,也是应用性及迁移力最强的成分,因而课程内容就必须要包含丰富的学科知识。但学科知识只有组织成由浅入深、由简到繁、纵横联系、上下贯通的整体知识系统,才利于学习者概括能力与认知结构的形成。这就要求把学习者的个体知识经验和现实生活作为学科知识的重要补充,并与系统的学科知识实现有机地整合,才更利于学生建构自己较为完善的知识体系。

(二)选择课程内容的基本准则及取向

前述可知,选择具体的课程内容应突出基础性、体现系统性和强化实践性,即理论与实践密切结合。这就要求课程内容应尽力贴近学生生活和社会生活,并与学生和学校教育的特点相适应,这是各级各类学校选择课程内容的最基本准则。但就目前而言,选择课程内容通常有下述三种取向:

一是教材或学科知识取向。这种观点强调学科知识具有很强的系统性、完整性,把学习重点放在学科教材上的优势,在于使教师和学生能明确教与学的内容,学习者能有计划、有步骤地学习学科知识及学会科学的思维与活动方法。

二是当代社会生活经验取向。持这种观点的课程论专家,强调课程内容应当对社会的需要做出反应。著名的美国心理学家杜威和我国的陶行知先生就持这种观点。我国教育家陈鹤琴20世纪40年代提出"做中学、做中教、做中求进步""大自然、大社会都是活教材"的观点也反映了这种取向。

人是具有社会性的人,教育是具有社会性的教育,把当代社会生活经验作为课程内容无疑具有一定的合理性。但它极易忽视学生的深层学习结构。

注重课程与社会生活的联系,通过学习者积极主动从事某种活动获得切身体验而促使其发展。强调以学生的兴趣、需要、能力和经验为中介实施课程。

三是学习者的经验取向。这种取向认为,当课程目标的基本来源主要是学习者的需要时,学习者的经验就成为课程的主要内容。学习者之所以参与学习,是因为教育环境中某些特征吸引了他,学习就是对这些特征做出反应。学习经验是学生与外部环境的作用,所以决定学习的质和量的是学习者而不是教材。教师的职责是要建构适合于学生能力与兴趣的各种教育情境,为每个学生提供有意义的经验。当学习者能够突破外界强加的东西,对其所接触到的内容进行解读、内化,并在外化的过程中用自己已有的认知结构、情感特征和经验去解读和表征时,即使坐在同一课堂上的两个学习者,也会有两种不同的学习经验。

当然,课程内容取向于学习者经验时,必然会增加课程与教学的编制与开发的难度。因为教师无法全面清楚地观察和了解每一个学习者的真实体验和心理特点,难以感知和把握影响其心理的特定环境及其他因素。把学习者的经验作为课程内容,必须树立以下几个基本观念:第一,学习者是学习主体。每一个学习者都有其独立的人格尊严和主宰自己命运的权利,选择经验的过程就是尊重并重视学习者的个性差异的过程。课程是为学习者提供促使其学习的情境。第二,学习者是课程的开发者。学习者不是课程的被动接受者,而是与教师和其他学习者一道创造、开发自己的课程。第三,学习者创造着社会生活经验。学习者不仅接受社会生活经验,而且通过日常生活、班级活动、师生交往等,生成个人知识和同伴文化。丰富的社会生活经验熔铸了学习者的精神与智慧,形成独特的、成人无法取代的价值。第四,学习者是知识与文化的创造者。学习者通过积极主动地参加社会活动,在活动中丰富和完善自己的经验体系的同时,创造着新的社会文化。选择课程内容的三种取向缺一不可,不可偏废。只有各种取向的课程内容,在每一时期和阶段共同作用于学习者,才能使学习者得到全面而和谐的发展。

三、课程内容的组织原则

(一)传统课程内容组织的原则

泰勒在1949年出版了《课程与教学的基本原理》一书,其中提

出了课程内容组织的三原则:

1.连续性原则。是将选出的课程要素在不同的学习阶段予以重复,以便于学生复习和巩固,并逐渐扩大范围和加深程度。

2.顺序性原则。是将选出的课程要素按逻辑顺序和心理顺序从已知到未知、从具体到抽象、由浅入深、由简到繁组织起来。这既符合人类认识规律和心理发展的规律,也符合知识的内在逻辑。

3.整合性原则。是打破学科界限和传统的知识体系,找出各种课程内容之间的内在联系,求同存异,整合为一个有机的课程整体,以便于学生获得一个统一的观点,使自己的行为与所学课程内容统合在一起,并有机会探索个人和社会最关心的问题。

(二)现实中课程内容组织所采取的原则

上述三原则,基本适合所有课程内容的组织。现实学校教育内容依据这些原则,通常演化为下列几组相互对应的组织原则。

1.横向组织和纵向组织相结合的原则

横向组织是指打破学科的知识界限和传统的知识体系,以学生各个发展阶段需要探索的社会和个体最关心的问题为出发点,从综合的角度,以知识之间的横向联系组织课程内容,构建一个个相对独立的内容专题。但加涅认为:学习任何一种新的知识技能,都是以已经习得的、从属于它们的知识技能为基础的。学生学习较复杂、抽象的知识,是以较简单、具体的知识为基础的。所以,纵向组织就是按照知识的逻辑序列,从已知到未知、从具体到抽象等先后顺序组织编排课程内容。

纵向组织注重课程内容的独立体系和知识的深度,而横向组织则在于强调课程内容的综合性和知识的广度。现行义务教育课程设置标准,综合课程突出了课程内容的横向组织,而学科课程则多体现为课程内容的纵向组织。不仅如此,在局部的具体课程内容组织上,也显示出横向组织和纵向组织的结合。

2.逻辑顺序和心理顺序相协调的原则

逻辑顺序是指课程内容的组织,遵循科学知识的内在逻辑系统及其联系来组织课程内容。这利于学生获得系统化知识,构建自己完整的知识结构系统。而现代教育学派则强调应根据学生身心发展的规律,特别是学生的思维发展、学生兴趣、需要和经验背景来组织课程内容。据此,心理顺序就是按照学生心理发展的顺序性特点和规律来组织课程内容。

现在人普遍认为,课程内容的组织要把逻辑顺序和心理顺序有机结合,兼顾学习者年龄阶段顺序、思维发展顺序与知识技能体系的逻辑顺序间的协调性和一致性。这样既利于发挥学生学习的积极主动性和自觉性,使学生爱学、乐学和善学,又利于学生通过学习构建和完善知识结构体系。

3.螺旋式与直线式相统一的原则

直线式就是把一门课程的内容组织成一条在逻辑体系上基本不重复但又前后联系的直线。因为教学总是在不断呈现新内容,学生也在不断获取新经验,所以一直能保持浓厚的学习兴趣。而著名的美国心理学家布鲁纳认为,课程内容的核心是学科的基本结构,要从小就教学生各学科的最基本原理,并随学生的递升螺旋式反复,逐步加深和提高。所以他明确主张采用螺旋式课程,就是使课程内容在不同阶段重复出现,并逐渐扩大范围和加深程度。

现代教学实践表明,直线式可以避免不必要的重复,适合学习理论性相对较低而操作性较强的学科知识;螺旋式则能够照顾到学生的认识特点,容易加深对学科的理解,较适合低年级儿童和理论性较强、学生不易理解和掌握的内容。

四、课程内容的意义

首先,课程内容在一定程度上体现课程目标的要求。前述可知,课程内容是以课程目标为直接依据选定的,但课程内容的合理性程度和与课程目标的吻合度制约着教育目标和课程目标实现的程度,进而影响着人才培养的质量和规格。

其次,课程内容影响课程实施中教和学的活动方式。课程内容的性质不同,在教学过程中的教学活动方式也就有所不同。因而课程内容的性质与要求,在一定程度上决定着教学过程中教学的组织形式和教学方法的选择,也决定着教学辅助材料和手段的设计等。

课程内容的作用可以表述为下列四点:

第一,课程内容是学校教育教学活动的基本依据。

第二,课程内容是实现学校教育目标的基本保证。

第三,课程内容是学校一切教学活动的中介。

第四,课程内容是学校进行管理与评价的标准和依据。

第二节 农村中小学课程内容现状调查及分析

一、调查对象

在大同、忻州、吕梁、运城四个地区,采取分层随机抽样法,共抽取教师334名、学生482名。其中,小学教师119名,初中教师87名,高中教师138名。小学生176名,初中生175名,高中生131名。师生所属学校既有公办,也有民办和民办公助;既有农村的,也有县城的。所选对象有很好的典型性与代表性,具体情况见第一章的表1。需要说明的是在下面的统计分析中,每个问题的不规范问卷单独做了处理。因此会出现每个题的总人数有所不同的现象。每个问题单独处理，不影响对其他问题的统计处理，这也符合统计学要求。教师与学生抽样的具体情况见第一章的表1与表2。

二、调查方法

1.测量工具

问卷分为教师卷和学生卷。问卷是课题组成员自行编制的《山西省农村基础教育课程改革发展现状调查问卷》，采用无记名方式进行调查。

2.调查内容

课程内容的调查可以通过教材的结构与选用、教学内容来映射。调查分教师卷和学生卷。教师卷问题15个，学生卷问题有2项，包括教材的使用、教学资源与设施。整个调查以教师调查为主，学生调查起辅助、支撑作用。

三、农村中小学教学内容现状调查及分析

(一)关于现行教材的选用情况调查

表1显示，吕梁、大同、忻州、运城地区从小学到高中的教师，各地区各层级的学校90%以上的教师认为现实中选用教材理念只能说是比较适合新课程理念，显然离非常适合还有一定的差距；而无论从教师还是学生的角度调查教材使用情况，均可看出人教版作为权威性的教材，仍然是各地区各层级学校的首选。其次是北师大版，少部分学校会间或混合使用不同版本的教材；而从学生问卷取得的校本课程的开设及课外校外活动的开展情况分析，没有开设和不清楚开设校本课程的占到42.4%～87.7%，且呈现从小学到高中逐级下降的趋势和明显的地区差异，运城地区57.6%最高，课

表 1 现行教材的选用与课程内容调查表

题目	选项	小学		初中		高中		吕梁		大同		忻州		运城	
		频数	百分比	频数	百分比	频数	百分比	频数	百分比	频数	百分比	频数	百分比	频数	百分比
教材选用与课程内容理念的适合度	非常适合	25	21.4	16	18.4	29	21.0	24	29.3	28	18.9	9	15.5	9	16.4
	比较适合	90	76.9	64	73.5	99	71.7	52	63.4	113	76.3	48	82.8	41	74.6
	不太适合	2	1.7	6	6.9	10	7.3	6	7.3	6	4.1	1	1.7	5	9.0
	很不适合	0	0.0	1	1.2	0	0.0	0	0.0	1	0.7	0	0.0	0	0.0
	总和	117	100	87	100	138	100	82	100	148	100	58	200	55	100
从教师角度调查采用教材的情况	人教版	78	66.1	61	71.8	107	78.1	60	73.2	111	76.0	54	93.1	21	38.9
	苏教版	13	11.0	8	9.4	22	16.1	10	12.2	25	17.1	1	1.7	7	13.0
	北师大版	22	18.6	12	14.1	2	1.5	10	12.2	6	4.1	0	0.0	20	37.0
	川教版	0	0.0	0	0.0	0	0.0	0	0.0	0	0.0	0	0.0	0	0.0
	仁爱等版	3	2.5	4	4.7	6	4.4	2	2.4	4	2.7	2	3.5	5	9.3
	其他	2	1.8	0	0.0	0	0.0	0	0.0	0	0.0	1	1.7	1	1.9

63

续表

题目	选项	小学 频数	小学 百分比	初中 频数	初中 百分比	高中 频数	高中 百分比	吕梁 频数	吕梁 百分比	大同 频数	大同 百分比	忻州 频数	忻州 百分比	运城 频数	运城 百分比
从学生角度调查采用教材的情况	人教版	120	70.2	149	85.1	119	92.2	84	80.0	103	92.0	154	98.1	44	44.4
	北师大版	45	26.3	21	12.0	4	3.1	15	14.3	1	0.9	2	1.3	51	51.5
	苏教版	4	2.3	1	0.6	4	3.1	5	4.8	1	0.9	0	0.0	3	3.0
	广教版	0	0.0	1	0.6	1	0.8	0	0.0	1	0.9	1	0.6	0	0.0
	其他	2	1.2	3	1.7	1	0.8	1	1.0	6	5.4	0	0.0	1	1.0
校本课程开设情况	开设	84	50.6	72	42.1	14	12.3	33	30.6	31	32.0	48	32.7	57	57.6
	没开	34	20.5	24	14.0	32	28.1	21	19.4	27	27.8	39	26.5	3	3.0
	不清楚	48	28.9	75	43.9	68	59.7	54	50.0	39	40.2	60	40.8	39	39.4
课外与校外活动的开展次数	1次	41	24.7	51	29.7	80	63.5	43	40.2	56	50.5	61	42.1	11	11.0
	2次	43	25.9	43	25.0	24	19.1	25	23.3	31	27.9	41	28.3	13	13.0
	3次	65	39.2	33	19.1	10	7.9	23	21.5	12	10.8	27	18.6	45	45.0
	4次	17	10.2	45	26.2	12	9.5	16	15.0	12	10.8	16	11.0	31	31.0
	总和	166	100.0	172	100.0	126	100.0	107	100.0	111	100.0	145	100.0	100	100.0

外和校外活动课程开设的次数也多为1—2次,依然呈现出从小学到高中逐级下降的趋势和明显的地区差异,运城地区3—4次占到76%。

(二)关于课程内容与教学实际的适合度调查

表2显示,各地区不同层级81.2%以上的教师都认为教材内容、课后练习与课程目标比较适合,但认为非常适合的比例不足三分之一,尤其是在高中认为不太适合的也占相当大的比例。在教材联系实际方面,91.5%的小学教师到79.7%的高中教师认为比较喜欢,但数据呈现一种递减趋势。尤其是高中,有20.3%的教师认为不太符合,且超出认为完全符合人数的8.5个百分点。这说明现行教材应致力于提高与学生实际相联系的程度。

(三)关于课程内容的分量和难度调查

表3显示,各地区各层级的学校79.3%以上的教师认为现行教材的分量比较适合相应的教学实际,但在高中和运城地区仍有18%的教师认为不太适合;85.5%以上的教师认为现行教材的难度比较适合相应的教学实际,但在高中也有14.5%的教师认为不太适合;各地区各层级的学校39.5%~43.1%的教师认为目前教材与原教材的难度差不多,有28.2%的初中教师认为难度减小,而39.1%的高中教师则认为难度增加了,大同地区的教师认为难度增加的比难度减小高出12.3个百分点。但上述地区各层级学校则有89.7%~96.9%的学生认为,所使用的教材体系及难度比较适合学生。

(四)关于课程内容的组织情况调查

表4显示,第一,各地区各层级学校75.5%~87.7%的教师认为,综合实践活动的课时比例占总课时的6%~8%基本可以,而忻州教师认为比例偏高的较比例偏低的高出5.3个百分点,运城则

表 2 教材内容与教学实际的适合度调查表

题目	选项	小学 频数	小学 百分比	初中 频数	初中 百分比	高中 频数	高中 百分比	吕梁 频数	吕梁 百分比	大同 频数	大同 百分比	忻州 频数	忻州 百分比	运城 频数	运城 百分比
教材内容与课程目标的适合度	非常适合	26	22.0	18	20.7	14	10.3	15	18.3	23	15.8	12	20.7	8	14.6
	比较适合	86	72.9	59	67.8	108	79.4	57	69.5	111	76.0	43	74.1	42	76.4
	不太适合	6	5.1	9	10.3	14	10.3	10	12.2	11	7.5	3	5.2	5	9.1
	很不适合	0	0.0	1	1.2	0	0.0	0	0.0	1	0.7	0	0.0	0	0.0
课后练习与课程目标的适合度	非常适合	26	22.0	19	21.8	29	21.1	14	17.1	34	23.0	17	29.3	9	16.4
	比较适合	81	68.6	53	60.9	83	60.1	55	67.1	87	58.8	37	63.8	38	69.1
	不太适合	11	9.4	13	14.9	26	18.8	12	14.6	26	17.6	4	6.9	8	14.6
	很不适合	0	0.0	2	2.4	0	0.0	1	1.2	1	0.7	0	0.0	0	0.0
教材内容联系实际，学生较喜欢	完全符合	23	19.5	12	14.0	16	11.6	12	14.6	20	13.6	11	19.0	8	14.5
	比较符合	85	72.0	60	69.7	94	68.1	59	72.0	105	71.4	34	58.6	41	74.6
	不太符合	10	8.5	13	15.1	28	20.3	11	13.4	21	14.3	13	22.4	6	10.9
	很不符合	0	0.0	1	1.2	0	0.0	0	0.0	1	0.7	0	0.0	0	0.0
	总和	118	100.0	86	100.0	138	100.0	82	100.0	147	100.0	58	100.0	55	100.0

第二章 农村中小学课程内容调查研究

表3 现行教材内容分量与难度的统计表

题目	选项	小学 频数	小学 百分比	初中 频数	初中 百分比	高中 频数	高中 百分比	吕梁 频数	吕梁 百分比	大同 频数	大同 百分比	忻州 频数	忻州 百分比	运城 频数	运城 百分比
教材分量的适合度	非常适合	23	19.7	18	20.7	22	15.9	16	19.5	30	20.2	10	17.5	7	12.7
	比较适合	77	65.8	56	64.3	88	63.8	49	59.8	99	66.9	36	63.2	37	67.3
	不太适合	16	13.6	10	11.5	25	18.1	16	19.5	14	9.5	11	19.3	10	18.2
	很不适合	1	0.9	3	3.5	3	2.2	1	1.2	5	3.4	0	0.0	1	1.8
	总和	117	100.0	87	100.0	138	100.0	82	100.0	148	100.0	57	100.0	55	100.0
教材难度的适合度	非常适合	25	21.2	16	18.4	30	21.7	15	18.2	35	23.7	14	24.1	7	12.7
	比较适合	85	72.0	67	77.0	88	63.8	59	72.0	98	66.2	39	67.3	44	80.0
	不太适合	8	6.8	3	3.5	20	14.5	8	9.8	14	9.4	5	8.6	4	7.3
	很不适合	0	0.0	1	1.1	0	0.0	0	0.0	1	0.7	0	0.0	0	0.0
	总和	118	100.0	87	100.0	138	100.0	82	100.0	148	100.0	58	100.0	55	100.0
目前教材与原教材的难度比较	难度增加	33	28.0	15	17.7	54	39.2	24	29.6	47	32.0	17	29.3	14	25.4
	差不多	48	40.7	34	40.0	58	42.0	32	39.5	61	41.5	25	43.1	22	40.0
	难度减少	33	28.0	24	28.2	21	15.2	20	24.7	29	19.7	14	24.1	15	27.3
	说不上来	4	3.3	12	14.1	5	3.6	5	6.2	10	6.8	2	3.5	4	7.3
	总和	118	100.0	85	100.0	138	100.0	81	100.0	147	100.0	58	100.0	55	100.0
教材体系及难度适合学生	非常合适	64	37.0	80	46.2	16	12.5	33	30.3	24	21.6	64	41.3	39	39.8
	比较合适	98	56.6	81	46.8	102	79.7	69	63.3	80	72.1	75	48.4	56	57.2
	不太合适	11	6.4	10	5.8	6	4.7	7	6.4	7	6.3	11	7.1	2	2.0
	不合适	0	0.0	2	1.2	4	3.1	0	0.0	0	0.0	5	3.2	1	1.0
	总和	173	100.0	173	100.0	128	100.0	109	100.0	111	100.0	155	100.0	98	100.0

表 4 农村中小学课程与教材的结构与组织情况统计表

题目	选项	小学 频数	小学 百分比	初中 频数	初中 百分比	高中 频数	高中 百分比	吕梁 频数	吕梁 百分比	大同 频数	大同 百分比	忻州 频数	忻州 百分比	运城 频数	运城 百分比
综合实践活动课时比例的合适度	合适	22	18.8	20	23.3	43	31.2	22	26.8	41	27.9	15	26.3	7	12.7
	基本可以	79	67.6	47	54.7	63	45.7	43	52.4	70	47.6	35	61.4	41	74.6
	比例高	8	6.8	10	11.6	17	12.3	9	11.0	19	12.9	5	8.8	2	3.6
	比例低	8	6.8	9	10.5	15	10.9	8	9.8	17	11.6	2	3.5	5	9.1
校本或地方课程比例的合适度	合适	14	11.9	11	13.1	33	24.3	17	20.7	25	17.5	7	12.1	9	16.4
	基本可以	85	72.0	58	69.0	75	55.2	52	63.4	92	64.3	39	67.2	35	63.6
	比例高	17	14.4	11	13.1	15	11.0	7	8.5	19	13.3	7	12.1	10	18.2
	比例低	2	1.7	4	4.8	13	9.6	6	7.3	7	4.9	5	8.6	1	1.8
教材结构的合理性与可接受度	完全符合	18	15.3	16	18.6	18	13.0	14	17.1	24	16.3	8	13.8	6	10.9
	比较符合	94	79.7	64	74.4	112	81.2	62	75.6	116	78.9	49	84.5	43	78.2
	不大符合	6	5.1	4	4.7	8	5.8	4	4.9	7	4.8	1	1.7	6	10.9
	完全不符	0	0.0	2	2.3	0	0.0	2	2.4	0	0.0	0	0.0	0	0.0
教材的编排方式	非常适合	21	17.8	13	14.9	20	14.5	12	14.6	27	18.2	12	20.7	3	5.5
	比较适合	88	74.6	66	75.9	109	79.0	62	75.6	115	77.7	42	72.4	44	80.0
	不大适合	9	7.6	7	8.1	9	6.5	8	9.8	5	3.4	4	6.9	8	14.6
	很不适合	0	0.0	1	1.2	0	0.0	0	0.0	1	0.7	0	0.0	0	0.0
	总和	118	100.0	87	100.0	138	100.0	82	100.0	148	100.0	58	100.0	55	100.0

相反,认为比例偏低的较比例偏高的高出 5.5 个百分点。联系前述调查内容不难明白,运城的教学改革一直走在全山西的前列,而忻州则相对比较滞后。第二,各地区各层级学校 79.3%~84.1% 的教师认为,校本或地方课程占总课时 10%~12% 的比例基本合适,大同和运城地区的教师认为有点偏高,而高中教师则认为稍微有点偏低。第三,各地区各层级学校 89.1%~98.3% 的教师认为,教材的体系结构比较合理,是可以接受的。第四,各地区各层级学校 85.5%~95.9% 的教师认为,教材的编排方式比较适合。

(五)关于教学辅助材料与学生学习的积极性调查

表 5 显示,各地区各层级学校的教师认为,教辅材料的适合度只在 68.6%~79.8% 之间,尤其是初中和忻州、运城地区超过 20% 的教师认为教辅材料不太适合,最高可达到 26.7%。学生学习教材的积极性忻州最高,为 93.1%,小学最低,为 68.1%。高中和大同地区的教师认为学生学习教材的积极性不太高。

(六)关于教师对课程内容调适情况的调查

在"根据具体情况,对教材进行调试"的调查中可以看到,任课教师能根据具体情况对教材做适当的处理并经常对教材内容进行拓展和补充的教师,比例在 90% 左右,高中教师的比例最低,是 83.8%,几乎没说明地区差异。对教材不愿意改动,不注重生成的比例在 4.5% 左右,其中高中最高,为 11.6%,吕梁、大同比例达 9.2%、8.8%,接近 10%,这一趋势应引起管理层的高度重视。认为无能力进行改革的教师,初中没有,但高中有 6 人,主要集中在忻州。

综上所述,在教材选用方面,各地区各层级的学校 90% 以上的教师认为现实中选用教材理念比较适合新课程理念,人教版作为权威性的教材使用率最高,校本课程与校内外课程的开设不太理想。在教材联系实际方面,高中教师认为不太符合,这说明现行教

表 5 农村中小学教辅材料与学生学习教材的积极性调查

题目	选项	小学		初中		高中		吕梁		大同		忻州		运城	
		频数	百分比	频数	百分比	频数	百分比	频数	百分比	频数	百分比	频数	百分比	频数	百分比
教辅材料的适合度	非常适合	21	18.4	16	18.6	23	17.2	12	15.2	30	20.4	11	20.0	7	12.7
	比较适合	70	61.4	43	50.0	82	61.2	50	63.3	83	56.5	27	49.1	35	63.7
	不太适合	21	18.4	23	26.7	25	18.7	15	19.0	31	21.1	14	25.5	11	20.0
	很不适合	2	1.8	4	4.7	4	2.9	2	2.5	3	2.0	3	5.4	2	3.6
	总和	114	100.0	86	100.0	134	100.0	79	100.0	147	100.0	55	100.0	55	100.0
学生学习教材的积极性	完全符合	28	23.7	10	11.6	22	15.9	17	20.7	25	17.0	8	13.8	10	18.1
	比较符合	76	64.4	61	70.9	87	63.0	53	64.6	88	59.9	46	79.3	37	67.3
	不太符合	14	11.9	13	15.2	29	21.1	11	13.4	33	22.4	4	6.9	8	14.6
	很不符合	0	0.0	2	2.3	0	0.0	1	1.3	1	0.7	0	0.0	0	0.0
	总和	118	100.0	86	100.0	138	100.0	82	100.0	147	100.0	58	100.0	55	100.0

表 6 教师根据具体情况调适教材调查表(多选)

题目	选项	小学		初中		高中		吕梁		大同		忻州		运城	
		频数	百分比	频数	百分比	频数	百分比	频数	百分比	频数	百分比	频数	百分比	频数	百分比
任课教师在根据具体情况调适教材上	能根据具体情况适当处理教材	75	42.9	64	36.6	38	29.2	37	33.9	36	31.9	66	42.0	37	37.0
	经常拓展补充教材内容	91	52.0	103	58.9	71	54.6	61	56.0	66	58.4	79	50.4	59	59.0
	基本按旧教材,新教材只做参考	6	3.4	4	2.3	11	8.5	7	6.4	6	5.3	6	3.8	2	2.0
	新教材适合不修改	2	1.1	4	2.3	4	3.1	3	2.8	4	3.5	1	0.6	2	2.0
	教师无能力调适	1	0.6	0	0.0	6	4.6	1	0.9	1	0.9	5	3.2	0	0.0
	总和	175	100.0	175	100.0	130	100.0	109	100.0	113	100.0	157	100.0	100	100.0

材应致力于提高与学生实际相联系的程度。在课程内容的分量和难度方面,现行教材体系及难度比较适合学生。

在课程内容的组织方面,忻州教师认为综合实践活动的课时占总课时的比例偏低,联系前述调查内容不难明白,运城的教学改革一直走在全山西的前列,而忻州则相对比较滞后。各地区各层级学校的教师认为,教材的体系结构比较合理,是可以接受的。在教辅材料与学生学习的积极性方面,忻州、运城地区的初中教师认为教辅材料不太适合,最高可达到26.7%。在教师对课程内容调适方面,任课教师能根据具体情况对教材做适当的处理并经常有自己对教材内容的拓展和补充。

四、农村中小学课程内容存在的问题

通过调查,我们详细地了解了山西省农村中小学课程内容的实施现状,并发现山西省农村校本课程开发小学阶段优于初中和高中阶段。就地区而言,运城地区的状况要稍好一些。虽然取得了一定的成效,但就整体而言,还处在起步阶段。农村学校课程内容上还存在一些问题,农村基础教育课程改革工作面临巨大挑战。存在的问题主要集中在以下几个方面:

(一)在内容体系上,未注重课程内容的理念,缺乏校本课程的开设

受建构主义和后现代主义教育思想的影响,基础教育课程内容改革从传统的选择客观性、普遍性和中立性的知识向选择文化性、境遇性和具有价值性的知识转变。虽然也提出了要正确处理传授知识与发展能力的关系、传授知识与思想教育的关系,但实际上并未处理好这些关系。国内有关学者分析,我国基础教育改革在课程内容体系上缺乏与当地实际的联系,缺乏校本课程。

从校本课程的开设情况来看,在所调查学校中,真正开设了校本课程的学校并不多,尤其是初中和高中。在已开发的学校中真正按照上级精神和要求,严格、科学、规范执行得更少之又少。具体表现为无长远计划、无整体规划、无合理安排、无专职人员、无配套设施、无专项经费、无考核评估等。校本课程开发盲目性与随意性大,规范性和科学性差,存在诸多误区。有的只是应付上级的教学检查评估而仓促上马的,脱离学校的实际,缺乏科学的评估、严密的设计、科学的论证以及严格的管理,校本课程形同虚设。

(二)在教材联系实际方面,没有较好地处理与学习者之间的实际联系

经验表明,"以知识为中心"的课程有利于较好地传递人类社会积累的科学文化成果,使学习者建立完善的知识结构,实现知识向能力的迁移。"以社会为中心"选择课程内容,能够跟进时代发展,培养学习者社会活动的意识和能力。"以学习者为中心"选择课程内容,把学习者的经验和感兴趣的问题组成学习单元,能够发展他们的认知水平以及学习的主动性和创造性。

当前,基础教育课程内容过度关注学习者的兴趣、动机和生成思维,教材科学性不强,理论基础较薄弱,加剧了内容选择的困难。学习者面对的只是一些"知识碎片",难以采取适合该学科特点的学习方法,不利于加深对某一领域的深入理解和系统把握,整体性认识难以形成,降低了教育的质量。有些内容滞后于科技发展和社会进步,使学习者难以了解社会,难于掌握解决社会问题的基础知识和基本技能。课程内容选择未能处理好知识、社会和学习者之间关系,未把三者都作为重要维度来对待。

（三）在课程内容的组织上，学科缺乏实践活动课时，综合性也显得极为肤浅和随意

我国基础教育一直重视学科的知识性，而忽视学科内的实践性。而新课程改革注重了课程内容的内部综合，相对忽视了学科本身的实践性。课程内容的组织没有遵循实践性原则。虽然关注到了学习者的兴趣和动机，但却忽略了学科自身知识逻辑体系。虽然顾及了横向"综合"，但不是一种辩证的综合，而是"这个要、那个也要"的某种折中调和与机械拼凑，显得肤浅庸俗。

理论与实践的结合一直都是课程内容组织的重要原则。根据调查了解，农村基础教育课程无法体现"少而精"和"博而通"的原则。从整体来看，这种现象造成课程内容的结构倾向知识性，实践性课时安排不合理，造成学生理解有困难。基础教育每一后续学习的课程内容应该建立在前面学习的内容要素基础之上，对课程内容要素作从已知到未知、从具体到抽象、从简单到复杂的处理，按一定的逻辑框架对课程内容体系作整体性构建。这样，学习者才能够对有关内容加以深入、广泛地展开，在更高层次上理解后续内容，从而自主、有序与和谐地发展。

（四）在内容的选择上，对农村学习者关照不够，教辅材料不适合

基础教育课程内容存在一种"贵族化"情结和"城市化"倾向，其内容主要是以城市学习者的学力和需求为依据选择，大多是城市生活的主题，展现的基本上是城市生活场景，农村生活素材没有得到应有的反映。在多样化的教材中没有一套是为农村学习者编写的。对于广大农村地区学习者来说，仅以城市人的需求为依据来设计全国统一的课程标准，无疑有失正义与公平。

譬如，在阅读上，新教材的许多内容大都是乡里人非常陌生的

城市素材,如"超市""证券""动物园""社区""立交桥"等。这些反映城市生活的名词,很多农村学习者闻所未闻,就是一些活动内容的设计也几乎都是参观博物馆、动物园,游览名胜古迹,去图书馆利用搜索引擎查资料等,这些活动只有在城市才能开展。由于课程内容对自然和乡村美好情感的缺席,将造成农村学习者脱离自己的"文化母体",对农村文化产生自卑和蔑视,缺乏足够的人生自信和具体思维。另外,农村教师与城市教师所用的教材和教辅资料没有任何区别,这对于素质较低的农村教师来说,有一定的难度。

综上所述,在教材选用方面,校本课程与校外课程的开设不太理想。在教材联系实际方面,高中教师认为不太符合,这说明现行教材应致力于提高与学生实际相联系的程度。在课程内容的组织方面,忻州教师认为综合实践活动的课时占总课时的比例偏低。各地区各层级学校的教师认为,在教辅材料与学生学习的积极性方面,忻州、运城地区的初中教师认为教辅材料不太适合,最高可达到26.7%。

第三节　农村中小学课程内容选择与实施对策

据数据统计与分析可知,农村课程内容的选择与实施存在校本课程与校内外课程的开设不太理想,现行教材与学生实际相联系的程度不够紧密的问题;在课程内容的组织方面,忻州教师认为综合实践活动的课时占总课时的比例偏低;忻州、运城地区的初中教师认为教辅材料不太适合,最高可达到26.7%,等等。本节将提出一些相应的建议,以期提升农村中小学课程内容的选择与实施的科学性。

一、精选教材内容,充实课堂教学

我们知道,教材是教学内容的重要载体,教材的开发和利用不仅要呈现学科知识,还应该考虑如何有利于引导学生利用已有的知识与经验,主动地探索知识的发生与发展,同时也应有利于教师创造性地开展教学活动,有利于培养学生的创新精神和实践能力、收集和处理信息的能力、获取新知识的能力、发现和解决问题的能力以及交流与合作的能力,发展对自然和社会的责任感。所以,所选用的教材应符合课程标准的要求,遵循学生的心理发展特点,精选学生终身学习必备的基础知识与技能,从学生兴趣与经验出发,及时体现社会、经济、科技的发展,尝试以多样、有趣、富有探索性的素材展示教育内容,并且能够提出观察、实验、操作、调查、讨论等方面的建议。

二、积极开发与开设校本课程

课程理念指导课程内容的选择,课程内容与学生实际相联系,才能体现出课程内容的实用性,才能提高学生学习的积极性。校本课程是新课程改革中三级课程体系的一个重要组成部分,是由学校根据本校发展规划,结合本地区和本校的实际情况建设而成的,也是学校特色建设的重要组成部分。它可以拓展学生的知识与技能,发展学生的兴趣和特长,培养学生的个性。在实施过程中对培养学生的人文精神、促进学生自主全面发展起了良好的作用。同时,也能促进教师的专业成长,促进学校特色的形成与办学模式的多样化。

为更好地发挥校本教材在新课程改革以及学校特色建设中的作用,我们要吸收学生参与到校本课程的开发和建设中来,使广大师生与校本课程一同成长。一是继续开展原有的校本课程,并适当地增加学次和学时。如在校内组织集体学习,聘请专家现场指导;定期组织考察交流活动,鼓励教师与外校同仁交流探讨等,充分、有效地利用现有校本资源。二是培养教师发现、收集学校周边新课程资源的意识,特别是学校周边的社区资源、自然资源和人文资源,并学以致用,与课堂内容联系起来,整合成新课程资源,增设一些新的、有吸引力的校本课程。

三、开展课外与校外活动

课外与校外活动是课堂教学的活动的重要补充,不仅有利于帮助学生更为系统地理解和掌握教学内容,而且利于培养学生用所学专业理论知识解决实际问题的能力。故应积极鼓励学校开设课外活动与校外活动,建立学校、家庭与社会三位一体的学习模式,为学生创设良好的学习氛围。

在课程内容学习的基础之上,利用校本课程资源和教师自身所长,开设课外活动和校外活动。课外活动主要是一些综合实践活动和研究性活动,如建立第二课堂、学习兴趣小组等集学习、工作、研究于一体的课外活动;围绕课程内容与基础教育课改的重点和难点,结合教师专业素质的实际情况大力开展教研活动,鼓励学生参与课程内容、基础教育课改资料的收集;聘请师范院校的课改专家作为顾问,与教师、学生共同研究,使教师在反思与创新中不断学习和提高,促进学生的全面发展。校外活动的开展,可以将学生校内的活动内容进行延伸,结合综合实践活动和研究性活动的开展,发动学生向自己的父母、长辈及周围邻居调查了解,把调查所得写成文字材料,把其中适合校本课程的材料加工后编进教材,利于优化课程内容的建议也可以采纳。通过对有关企业的参观访问,把学生撰写的企业概况、企业参观访问记等比较好的作品收集起来,为更好地开设校外课外活动积累资料,这些措施都能够锻炼学生的综合实践能力,提高学生自主学习、独立思考、发现问题和解决问题的能力。

四、加强课程内容与学生实际的联系

课程内容是学生学习的主要手段,理论与实际相结合的方式更能有效地促进学生课堂知识的掌握与理解,更利于学生将所学知识应用到实际中。

加强课程内容与学生实际相联系,就要引导学生参与课程教学。教学过程是教师和学生双向活动的过程,学生是教学活动的主体,充分发挥学生在教学活动中的主体地位和作用,是实现教学目的的重要条件。课程改革所强调的理念就是要充分发挥学生在教学活动中的主体地位和作用。学生主体地位和作用实现的程度,是判断教学活动与课程改革接轨的程度的标准之一,因此教师在教学中要做到眼中有学生,更要做到心中有学生,提升学生的主体地位,鼓励学生结合自身已有知识经验积极思考与探索课程内容,才能与学生实际相联系。

加强课程内容与学生实际相联系,就要吸收学生参与课程改革的校园文化环境建设。校园文化环境建设是人文思想和以人为本的学校管理思想的具体体现和贯彻,是陶冶学生情操、激发学生上进心的重要载体和场所,更是影响学生心理的隐性课程。征求学生对校园文化环境建设总体规划的建议以及一些具体景点的艺术构思,既能使学生产生认同感、成就感,又能使学生身心愉悦,调动学生参与的积极性。鼓励学生献策献计,才能了解学生的所思所想,更能贴近学生实际。同时,有利于推动学校的课程改革,促进民主、平等的新型师生关系的形成和发展,有利于加快实现学校发展整体规划和目标。

五、提高教辅助材料的利用率

教辅材料是课堂教学不可或缺的一部分,它不仅可以帮助教师提高课堂教学的效率,而且可以帮助学生更好地理解课程内容。因此提高教辅材料的利用率是非常必要的。

提高教辅材料的利用率需要从以下四个方面着手,一是继续开展教师教辅材料使用的培训,并适当地增加培训的学次和学时。如在校内组织集体学习,聘请专家现场指导;定期组织考察交流活动,鼓励教师与外校同仁交流探讨等,充分、有效地利用现有教辅资源。二是培养教师发现、收集教学辅助材料的意识,特别是与课程内容相关的自然资源和人文资源,与课堂内容联系起来,整合课程资源,辅助课程教学的开展,便于课程内容的学习。三是增加教辅材料的投入,应在政策上予以一定的倾斜。如调整财政支出结构,设立专项基金,保证教辅材料经费划拨渠道畅通;改善教辅材料老化固化的不足,及时更新教辅材料,配置与课改相适应的新教辅资源。四是提升教师专业素养。教师专业素养的良好发展是提高教辅材料利用率的重要条件。课程改革对教师的角色定位、教师的专业发展等方面提出了更高、更新的要求,高素质的教师更能提高教辅材料的使用率与有效利用率。故应在课程改革过程中,通过各种举措,全面促进教师的专业发展。如建立融学习、工作、研究于一体的教研制度;围绕新课改的重点和难点,结合中学教师业务素质的实际情况大力开展教研活动;聘请师范院校的课改专家作为顾问与教师共同研究,使教师在反思与创新中不断学习和提高。

六、增设综合实践课

综合实践活动课的开设能够为学生提供一个开放的时空,在这个时空里学生不仅能够主动地发现问题、提出问题和解决问题,而且在这个过程中学生也初步掌握了一种新的主动学习的学习方式,学会了如何去质疑问难、如何去主动探究、如何去分工合作。这种学习体验和经验的获得不仅对于学科课程的学习会有很大的促进作用,而且对于学生的终身学习也会有深远的影响。

由于学科课程以掌握系统知识为主,即便现在也开始重视培养学生的实践能力了,但由于受学科教学时间的限制,学生也很少有机会真正放开手脚参与实践。而综合实践活动课程的实践性、开放性及自主性给学生提供了真正放开手脚参与实践的机会。学生既可以亲自动手制作,也可以亲自参与社会调查、参观、采访等活动,在这些实践活动中,学生的问题意识、创新意识、合作意识和观察能力、动手操作能力、与人交往合作能力及创新等多方面的能力都有机会得到发展和提高。

（一）解决问题能力

能够从现实生活中发现问题、提出问题,是创造的起点,不会发现问题就没有创造性。综合实践活动通常围绕一个需要解决的实际问题展开。在活动过程中,通过引导和鼓励学生自主地发现问题和提出问题,形成自己的探究思路,并以自己的方式实施探究活动。对于小学生来说,对探究的问题做出简单合理的解释即可,对于初高中的学生还要提出解决问题的合理策略,得出相应的探究成果。实施综合实践活动后,学生的问题意识普遍增强了。他们开始能够从日常生活中主动去发现问题、提出问题了,并对自己感兴趣的问题也开始运用已有的知识与经验,去寻找解决的方法了。

(二)信息处理能力

运用新技术获取和处理信息的能力、主动探究的能力、分析和解决问题的能力、与人合作及责任感、终身学习的能力等已成为21世纪人的"关键能力",这样对学生的信息技术素养提出了新要求。在活动过程中,学生收集、分析和利用信息的能力也会得到锻炼和提高。他们在一次又一次的收集资料的过程中也在不断地积累经验,提高分析和利用资料的能力。

(三)创新能力

与学科课程相比,综合实践活动为学生创新品质的形成提供了更为宽松、自由的空间。它不受学科知识体系和逻辑结构的限制,在活动过程中,鼓励学生不拘泥书本,不迷信权威,独立思考,标新立异,大胆提出自己的新观点、新思路、新方法,并积极主动地去探索,这大大激发了他们的探究和创新的欲望,促使他们的想象力和创造力可以充分发挥出来。

(四)合作能力

小组合作学习是综合实践活动的有效组织形式,这不仅有利于课题研究的开展和发挥学生的特长,更有利于培养学生的合作意识和团队精神,使他们在与同伴分工合作、提出问题、制订方案、收集信息、寻找答案的过程中,学会倾听别人的意见,学会表达自己的观点,学会与别人达成一致,学会分享共同的成果等。在这个过程中,发展了他们的友谊和交往合作的能力。有些活动还需要他们走出学校、走向社会,还要去调查访问,和一些陌生人打交道,这个过程对他们的社会交往能力、为人处世的能力也是一个锻炼和提高。这种合作和交往能力是一个现代人在社会上生存必备的,而学科课程的教学很少能提供这样的机会和条件。

综合实践活动课的有效实施对于转变学生被动接受学习的局

面起了很大的推动作用。首先,利于学生的自主意识增强,学习的主动性提高。这不仅表现在活动上,而且已延伸到学科教学中。其次,学生善于主动搜集一些资料了。除活页资料上的知识外,学生会去翻阅相关书籍资料,通过更为广泛的途径搜集资料。综上所述,综合实践活动课带给学生的发展变化是任何一门学科课程所无法替代的,它和学科课程相互补充,共同促进学生的全面素质的提高和发展。

参考文献

[1]叶丽萍:《农村小学课程结构存在的问题及其对策研究》,渤海大学,2014年。

[2]肖正德:《促进农村中小学课程平衡策略研究》,《中国教育学刊》,2012,(07)。

[3]赵文平:《校长的学校课程结构领导力探析》,《中国教育学刊》,2013,(05)。

[4]王建亭:《农村中学课程实施中的异变问题研究》,东北师范大学,2006年。

[5]赵文平:《校长的学校课程结构领导力探析》,《中国教育学刊》,2013,(05)。

第三章　农村中小学校本课程开发与实施调查研究

校本课程开发作为国家新一轮基础教育课程改革的重要行为,现已历经十多年,取得了一定的成就。然而,在校本课程推进的过程中,农村地区却表现出了严重的滞后性,有许多问题亟须进行研究。本章阐述了校本课程开发的含义、历史、理念、类型和意义等基本理论,在对山西省农村基础教育校本课程开发调查分析的基础上,探讨我省农村基础教育校本课程开发存在的问题,并提出建设性策略。

第一节　校本课程开发概述

一、校本课程开发的含义

(一)校本课程

校本课程最先出现于英、美等国。20世纪90年代,随着新一轮基础教育课程改革的展开和"国家、地方、学校三级课程管理"政策的贯彻,我国中小学面临着正式开发校本课程的任务,于是"校本课程"这一术语便逐渐流行于我国教育领域。

校本课程是指在满足国家和地方课程计划要求的前提下,根据学校教育原则,根据对学生需求的评估及学校的课程资源,为尊重和适应学校师生的独特性和差异性,发展学生的个性而开发、实施的课程,是以学校为基地,在校长、教师、课程专家、学生、学生家长和社区人士积极参与下生成的课程。校本课程主要分为两大类。一类是使国家课程和地方课程校本化、个性化,即学校和教师通过选择、改编、整合、补充、拓展等方式,对国家课程和地方课程进行再加工、再创造,使之更符合学生、学校的特点和需要;另一类是学校设计开发新的课程,即学校在对本校学生的需求进行科学的评估,并充分考虑当地社区和学校课程资源的基础上,以学校和教师为主体,开发旨在发展学生个性特长的、多样的、可供学生选择的课程。

(二)校本课程开发

"校本课程开发"这一术语是近年来我国课程研究者从国外教育文献中引进的新名词。1973年,菲吕马克和麦克来伦两位学者在爱尔兰阿尔斯特大学召开的国际课程研讨会上提出了"校本课程开发"的概念,其英文表述是 School-based Curriculum Development 或 Site-based Curriculum Development,其缩写词为 SBCD。这个概念一提出,便得到了广泛的响应,学者们从不同的侧面和视角对这一概念做出了许多不同的界定。1985年,在以色列召开了一次小型校本课程开发国际研讨会,会上学者们就"校本课程开发"这一概念的界定问题做了广泛的讨论,但最终也没有能够形成一个完全一致的定义。近年来,综合我国港台的一些学者及大陆的一些学者对校本课程开发的界定,我国学者认为:

"校本课程开发"实质上是一个以学校为基地,以教师和学生为参与主体,有课程专家、家长、社区人士等共同参与,对课程(包括国家、地方课程)进行选择、改编(有条件的学校也可以进行全新的开发)的过程,目标是促使学生个性潜能优势的充分发挥,促进学生的个性全面和谐地发展。

二、校本课程开发的理念

(一)校本课程开发必须基于学生的发展需求

校本课程开发基于学生的发展需求,这是校本课程开发的首要要求。不论是国家统一的核心课程,还是学校自主开发的校本课程,它们的根本宗旨应该是一致的,即旨在满足学生的学习需求,促进学生的发展。但是国家统一的核心课程是以学生的一般学习需求为基础的,难以兼顾每所学校的每个学生之间的差异。校本课程开发为发现学生之间的个体差异并采取相应的课程对策提供了可能和条件。

基于学生的发展需求而进行的校本课程开发必须做到以下两点:一是尊重学生的差异,为学生提供符合其个性特征的适应性教育课程及其相应的教学。二是全面和谐地发展学生的个性。尊重学生的差异,并不代表只能跟随差异亦步亦趋,只促进和发展学生能够发展的能力,如果真是这样,学生反而有可能片面发展。因此,校本课程开发应以"全面和谐"为基本指向,在保证全体学生都达到国家规定的培养目标的基础上,根据学生个人的潜质、能力倾向,发展其独特的个性。

(二)校本课程开发的主体是学校和教师

学校及教师是校本课程开发的主体,这是校本课程开发内在的规定性要求,也是校本课程开发中必须坚持的基本理念。如果说,国家课程和地方课程的开发主体是代表了国家及地方意志的代理机构和有关专家,其开发出的课程具有某些"普适性"。而学校作为课程开发的主体机构,最了解自身发展需要、学生发展需求、教师状况、社区特征以及家长需要,可以集中一切有利于学生发展的教育资源,形成特定的校本课程;广大教师最了解学生实际,他们开发出的课程最贴近现实,最能满足不同学生的差异性需求,这些优势是校外专家教授所无法比拟的。所以说,与国家及地方课程不同,校本课程开发规定了学校及教师是课程开发的主体。

(三)校本课程开发要善于利用各种课程资源

校本课程开发要善于利用蕴藏在学校内外的各种资源。校本课程资源的来源十分广泛。仅从校外课程资源而言,就大致可分为以下几个方面:(1)地方人文资源,如文化古迹、革命历史遗址、风景名胜、民俗民风等;(2)专业职能部门或机构的资源,如大专院校、科研机构、企事业单位的专家、学者、研究人员及相关设备等;(3)文献资源,如电影、电视、广播、录音带、录像带等音像制品;(4)社区文化机构资源,如博物馆的收藏品、书店、图书城的书籍、刊物、报纸;(5)科普教育职能机构的资源,如省市、地县(区)科协、学会的专家、青少年活动中心等校外教育基地的教师及设备等;(6)大众视听传媒资源,如博物馆、体育馆、美术馆、文化宫、展览馆、公园等;(7)电子信息资源,如计算机网络、多媒体课件等。此外,学校内部的各种教学设施、教师、学生本身也是一种课程资源。

总之,校本课程资源的来源十分广泛,既可以来自校内,又可以来自地方、社区;既可以是人文资源,又可以是自然资源,既可以是过去的文献资源,又可以是现代的视听传媒资源、电子信息网络资源。丰富的资源,是构成课程的潜在材质。校本课程开发可以根据具体实际情况,在满足学生实际需求的前提下有所侧重地展开。

(四)校本课程开发是基础教育课程体系中的重要组成部分

校本课程开发必须作为基础教育课程体系中的重要组成部分才能具有强大的生命力。从校本课程开发活动的产生来看,它是针对国家及地方课程难以照顾到不同学校、不同学生的差异性需求而产生的。因此,就其定位而言,它不应该是孤立的、与国家及地方课程毫不相干的,而应当是国家及地方课程的重要的独特的补充,与国家及地方课程一起共同构成完整的基础教育课程体系,三者缺一不可。

首先,人的全面发展既包括"共性素质"的发展要求,又有"个性素质"的发展需要,国家及地方课程开发主要解决的是作为未来公民所必备的"共性素质"的培养问题,而不同学生的差异性发展所要求的"个性素质"的培养则可以由校本课程来实现。其次,国家及地方课程开发主要是国家及地方意志的体现,反映了国家及地方的文化与教育利益,而学校及学生独特的利益的维护则可以通过校本课程开发来体现。再次,限于主客观条件,国家及地方课程开发只能规定大多数学生必须学习的基本科目、基本标准、基本内容和基本框架,不可能也做不到事无巨细,这就为校本课程开发留下了一定的空间,每个学校都可以在国家规定地,留给学校的时空里开发出丰富多彩的校本课程,与国家及地方课程一道构成丰富的育人资源。

三、校本课程开发的类型

校本课程开发的类型因为选取角度、划分方法的不同而有所差异,并进而影响到校本课程开发的方向。归纳起来,校本课程开发的分类主要有开发基础框架、开发主体、开发范围与开发程序这四个维度。

1.根据校本课程开发基础框架的变化,分为以国家课程开发框架为基础和以学校内部课程框架为基础两种类型。前者导向的活动为:作为国家本位课程开发结果的副产品而进行的校本课程开发;以国家本位课程开发结果为基础,结合学校的具体情况,开发独特的校本课程,选用国家课程方案。后者的工作是:以有特色的创新的方法进行校本课程的开发,出于学校的特殊教育需要而产生的校本课程开发。

2.根据课程开发主体来划分,则有教师个人、教师小组、教师全体以及与校外机构或个人合作等四种类型。现阶段,我们主要倡导教师小组与校外合作这两种。

3.根据课程开发范围的变化,校本课程开发可以分为以下四类:非定向课程的开发(如校园环境的开发)、单项课程的开发、部分课程的开发和全部课程的开发。

4.根据开发程序来划分,校本课程开发可分为课程选择、课程改编、课程整合、课程补充、课程拓展和课程新编等类型。

四、校本课程开发的意义

(一)校本课程开发有效地弥补了国家课程的不足

我国课程长期以来是在国家课程的框架和体系下进行的,国家课程的设置是从全国的实际出发,但我国国土辽阔,从南到北、从东到西,有着巨大的差异。国家课程强调共性和统一性,容易忽略个性和差异性。一些教学内容和方法不适合一些地区和学校的实际情况;国家课程开发的时间周期长,缺乏灵活性,严重地滞后于社会的变革,尤其不能及时反映科技进步和当地社会发展需求的实际变化;学科专家处于课程开发的中心位置,导致狭隘的专家课程目标和决策渠道,缺乏多层次、多途径、全方位满足学生发展和社会发展的课程体制与能力;课程开发的专家与课程实施的教师之间缺乏联系,闲置了广大教师的独立判断和参与课程开发的积极性和创造性,降低了课程改革的实际影响,造成了教育资源的浪费和教育效益的下降。

校本课程的开发以学校自身的资源、条件为基础,注重实际情况和需要,具有灵活性和差异性,通过资源的调整和优化配置可以提高教育的效益,通过教育内部权利的重新分配提高教育的适应变革的能力。在继承和发扬当地传统文化的基础上,有效地弥补了国家课程在从高级层次推行到低级层次过程中产生的一些弊端,能更好地达到国家课程的要求。

(二)校本课程开发有利于调动学生学习的积极性

教育作为培养人的活动就是要使每个人的个性得到充分而自由健康的发展,从而使每个人都具有高度的自主性、独立性和创造性。而国家课程强调统一性和普适性,学生从入学的第一天就开始为升学而竞争,每天都沉浸于各学科的习题之中,承受着巨大的心理压力,学生学习的课程都是围绕着国家考试科目而设,而关注学生兴趣爱好的课程几乎没有,学生学习缺乏积极性和创造性。校本课程强调以人为本,以学生为中心,关注每一个学生的不同需求,给学生一个自由发展的空间,有利于调动了学生学习的积极性和创造性。

(三)校本课程开发有利于充分发挥教师的自主性

教师作为课程开发的主体,在教学实践中会不断提高自己的专业自主意识和能力。首先,教师要更新自己的知识结构,要学习相应的课程理论知识,边学习边实践。其次,教师参与校本课程的开发可以提高教师的教学科研能力,通过不断的学习和实践,在实践中学习,在实践中提高,在教学实践中提高自己的理论水平和认识水平,教师的课程开发能力提高了,教学科研能力也就得到了提升。再次,通过校本课程开发,教师的特长、个性可得到充分展示,教师的积极性和创造性可得到充分调动。

(四)校本课程开发有利于形成学校鲜明的办学特色

校本课程开发强调以学校为本,政府下放一部分课程开发决策权,重新调整课程决策的权限和职能。就学校内部而言,教师、学生、家长也分享了课程决策权,打破了学校内部复制的社会权力机构及官僚体制,建立了民主开放的决策机制。学校根据自己的校情开设课程,根据自己的客观现实确定自己的办学理念,确立学校独特的发展方向,以校本课程的开发为载体形成鲜明的办学特色。

第二节 农村中小学校本课程开发与实施现状调查及分析

随着我国农村基础教育新课程改革的逐步深入,校本课程开发作为新课改的突破口,已逐渐成为农村基础教育的热点问题,为了全面系统地了解山西农村中小学校本课程开发现状,特作此调查。

一、调查对象

在大同、忻州、吕梁、运城四个地区,采取分层随机抽样法,共抽取教师334名、学生482名。其中,中小学教师119名,初中教师87名,高中教师138名。小学生176名,初中生175名,高中生131名。师生所属学校既有公办,也有民办和民办公助;既有农村的,也有县城的,所选对象有很好的典型性与代表性。需要说明的是在下面的统计分析中,每个问题的不规范问卷单独做了处理,因此会出现每个题的总人数有所不同的现象。每个问题单独处理,不影响对其他问题的统计处理,这也符合统计学要求。教师与学生抽样的具体情况见第一章的表1与表2。

二、调查方法

1.测量工具

问卷分为教师卷和学生卷。问卷是课题组成员自行编制的《山西省农村基础教育课程改革发展现状调查问卷》,采用无记名方式进行调查。

2.调查内容

"校本课程的开发与实施"分教师卷和学生卷。教师卷问题14个,二级维度主要包括对校本课程开发的认识(4个)、校本课程的特色(5个)、校本课程的开发与实践(5个);学生卷问题有3个,包括校本课程开发的现状、学生对学校校本课程开发的评价及其家长的参与度。整个调查以教师调查为主,学生调查起辅助、支撑作用。

三、农村中小学校本课程开发与实施的调查及分析

(一)对校本课程开发的认识

1.校本课程内涵

调查显示,教师对校本课程内涵的认识总体上是正确的,但依然有部分教师对其理解存在一定的偏差。4.3%的教师将校本课程等同于活动课程,5.1%的教师将校本课程等同于选修课程,还有2.7%的教师认为校本课程是上级主管部门布置下来的一项工作。

2.校本课程开发的价值

针对校本课程开发与开设对教育教学的作用,调查显示:84.7%的教师认为开发校本课程能够为学生提供与生活实际联系紧密的课程;50.6%的教师认为可以改变学校领导和教师的课程观念;54.9%的教师认为能够提高教师的专业化水平;12.8%的教师认为能够提高学校的知名度。

3.校本课程开发的必要性

表 1　农村中小学教师对校本课程开发必要性调查表

选项	小学		初中		高中	
	频数	百分比	频数	百分比	频数	百分比
有必要	96	81.4	54	65.9	102	76.1
可有可无	18	15.3	15	18.3	21	15.7
没必要	1	0.8	7	8.5	7	5.2
不清楚	3	2.5	6	7.3	4	3.0
总和	118	100.0	82	100.0	134	100.0

从表1分析可知，农村教师对于校本课程开发虽有一定的认识，但积极性仍需提高。77.1%的教师认为有必要开发校本课程，但仍有22.9%的教师认为校本课程可有可无、没必要开发或不清楚。中小学教师对于校本课程开发的必要性认识也存在差异。小学教师的认识要高于高中教师，初中教师的认识最低，只有65.9%的教师认为有必要开发校本课程。

4.校本课程开发的主体

在"校本课程开发主体是谁"的问题调查中，有35.4%的教师认为校本课程是由教研组或年级组开发，42.8%的教师认为是由教师自主开发，17.6%的教师认为是学校指定专门人员开发，也有4.2%的教师认为是专家学者开发。具体到不同地区，其对于校本课程开发的主体认识存在差异。忻州和吕梁两地区45.6%教师认为校本课程是由教研组或年级组开发，而大同和运城两地区分别有44.8%和53.7%的教师认为是由教师自主开发。

以上问题表明，目前大多数农村教师对校本课程已有初步的认识，能够正确认识校本课程的内涵和价值，但是让自己去开发，积极性并不高，并且对于校本课程开发主体的认识还存在片面性，需要学校及有关部门进一步加大宣传和培训力度，让广大的农村教师对校本课程有更深一步的认识。

(二)对校本课程特色及质量的认识

为了解教师校本课程的进一步认识,围绕校本课程特色、形式条件,特色体现,特色应具备条件等方面;进行调查结果表明:

1.对校本课程特色的认识

有79.1%的教师认为适合学校与学生实际的校本课程具有特色,有55.8%的教师认为校本课程的特色是与当地经济发展适应,也有23.5%的教师认为与别的学校完全不同的校本课程才有特色,只有5.2%的教师不清楚。

2.形成校本课程特色的条件

有57.3%的教师认为需要学校办学理念明确,全校上下达成共识,47.7%的教师认为学校有良好的校风传统是重要条件,8.1%的教师认为学校有悠久的历史很重要,5.8%的教师认为学校应该有良好的声誉。

3.校本课程特色的体现

有58.1%的教师认为应体现在课程的内容上,74.7%的教师认为应体现在课程的实施方式上,57.6%的教师认为应体现在课程资源的利用上,45.9%的教师认为应体现在课程的目标上,8.7%的教师认为校本课程的特色应体现在课程的名称上。

4.成熟的校本课程应具备的特征

有70.9%的教师认为校本课程要有明确的教学目标,72.7%的教师认为需要有完整的文本材料或其他材料,62.2%的教师认为需有专门的评价标准和评价方式,42.1%的教师认为需有固定的任课教师和教学时间,只有14.8%的教师认为课表上需有体现。

5.好的校本课程的认可度

有59.6%的教师认为好的校本课程应受到学生的欢迎,47.4%

的教师认为教师愿意而且能够承担该课程的教学，11%的教师认为应该得到专家的认可，26.5%的教师认为应该得到家长和社区人士的支持，23.3%的教师认为应该得到上级教育行政部门及学校领导的支持。

以上问题表明，目前大多数进行了校本课程开发的教师已经意识到校本课程特色和质量的重要性，重视课程目标、内容、实施方式的整体建设以及课程资源的开发利用，把适合学校与学生实际的校本课程看作是有特色的校本课程的重要指标，体现出"以学生为本"的指导思想。但是对于学校突出办学理念这一观点，还需要在教师中进一步深化，因为只有有明确的办学理念学校的校本课程开发才会真正有灵魂。

（三）校本课程开发的实际状况

1.校本课程开发的总体状况

总体上看，农村校本课程开发处于初步实施阶段，情况并不乐观。有37.7%学生认为自己学校开设了校本课程，62.3%的学生认为自己学校没开设校本课程或不清楚。并且不同层次和不同地区开设校本课程的情况存在差异。如下表所示：

表2 农村中小学校本课程开设情况调查表

选项	小学		初中		高中	
	频数	百分比	频数	百分比	频数	百分比
开设	84	50.6	72	42.1	14	12.3
没开	34	20.5	24	14.0	32	28.1
不清楚	48	28.9	75	43.9	68	59.6
总和	166	100.0	171	100.0	114	100.0

从表2可知，50.6%的小学生认为自己学校开设了校本课程，42.1%的初中生认为自己学校开设了校本课程，只有12.3%的高中

生认为自己学校开设了校本课程。没开设校本课程或不清楚的学校,小学、初中、高中分别达到49.4%、57.6%、87.7%,这说明随着升学压力的增大,学校对校本课程越来越不重视。此外,调查显示,大同、忻州、吕梁三区的学生分别有32.0%、32.7%、30.6%的学生认为自己学校开设了校本课程,而运城地区情况比其他地区要好很多,57.6%的学生认为自己学校开设了校本课程,地区间存在一定的差异。

2.校本教材的使用

中小学使用的校本教材可以是自己开发的,也可以是上级教育部门统一指定。开设的目的在于使教学内容更好地贴近学生生活,联系当地实际。调查发现,拥有自己开发的校本教材的农村学校只占36.6%,63.4%的学校没有自己开发的教材,而不同层次和不同地区拥有自己开发的校本教材的情况存在差异。其中,45.2%的小学拥有自己开发的教材,38.4%的高中拥有自己开发的教材,初中拥有自己开发校本教材的只占24.4%。大同、忻州、吕梁三区分别有34.3%、34.5%、34.5%的学校拥有自己开发的校本教材,而运城地区情况比其他地区要好很多,50.9%的学校拥有自己开发的校本教材。

在实际已开设校本课程的学校里,不同层次的学校使用校本教材的情况也不尽相同,如表3所示:

表3 农村中小学校本教材使用情况调查表

选项	小学教师		初中教师		高中教师	
	频数	百分比	频数	百分比	频数	百分比
当地教育行政部门统一指定教材	51	71.8	14	42.4	33	44.0
学校自己开发的	14	19.8	12	36.4	33	44.0
使用兄弟学校开发的教材	2	2.8	2	6.1	4	5.3
其他	4	5.6	5	15.1	5	6.7
总数	71	100.0	33	100.0	75	100.0

(注:本调查是基于开设校本课程的学校,故总数比原有的总调查数量要少。)

表 3 显示：54.8%的教师认为所在学校的校本教材是由教育行政部门统一规定的，其中小学高达 71.8%，小学虽然比初中和高中拥有自己校本教材的比例高，但是在实际使用过程中却基本依照政府的规定使用教材。使用自己学校所开发的校本教材的教师占到 33.0%，而高中教师占总调查人数的 44.0%。使用兄弟学校开发或其他校本教材的仅占教师调查总数的 12.3%。这说明农村中小学校本教材一般是自己开发或由当地教育行政部门统一指定。

3.校本教材开发的主体

在"校本教材开发主体"调查中，有 38.1%的教师认为校长应参与校本课程的开发，35.6%的教师认为教务主任应参与，50.9%的教师认为教研室主任应参与，48.5%的教师认为学科带头人应参与，43.3%的教师认为骨干教师应参与。

农村学校家长对校本课程开发的参与度并不高。这一情况在不同层次的学校间存在很大差异，具体见表 4。

表 4　农村中小学家长校本课程参与度调查表

选项	小学		初中		高中	
	频数	百分比	频数	百分比	频数	百分比
参与	8	4.6	17	9.7	4	3.1
参与较多	52	29.7	29	16.6	12	9.2
偶尔参与	88	50.3	88	50.3	45	34.4
不参与	27	15.4	41	23.4	70	53.4
总和	175	100.0	175	100.0	131	100.0

从表 4 可见，小学和初中阶段家长对校本课程开发的参与度相对较高，分别达到了 34.3%、26.3%；而高中阶段由于家长的关注点在升学考试，经常参与的只有 12.3%，高达 74.6%的家长不参与或很少参与校本课程的开发。

4.校本课程的课时及实施

总体而言,农村校本课程开设的时间和地点都很随意。有20.6%的教师认为学校开设的校本课程一周一课时,22.4%的教师认为一周二课时,18.9%的教师认为一周三课时,35.6%的教师认为没有具体安排,主要是自学;有36%的教师认为校本课程能保证,有专门的教师、时间、地点和教案,23.3%的教师认为校本课程的实施基本能保证,20.1%的教师认为不能保证,随时被挤占,17.3%的教师认为主要是自学,只有上级检查时才上课。总之,农村校本课程开设现状不容乐观,甚至有名无实。

5.校本课程开发的效果

表5　农村中小学生对校本课程效果评价调查表

选项	小学生		初中生		高中生	
	频数	百分比	频数	百分比	频数	百分比
很满意	97	55.1	50	29.4	8	6.1
满意	49	27.8	67	39.4	41	31.3
一般	28	15.9	51	30.0	66	50.4
不满意	2	1.1	2	1.2	16	12.2
总和	176	100.0	170	100.0	131	100.0

从表5可见,小学、初中、高中学生对于校本课程开发的满意度分别为82.9%、68.8%、37.4%,显然高中生对于校本课程效果评价很低,很满意的只占6.1%,一般和不满意的占到62.6%,值得引起我们的关注。

综上可见,农村校本课程开发及实施的实际状况并不乐观,不仅开设校本课程的学校少,即使是已经开设的学校在人员、时间、空间、课程资源以及管理等各个方面都存在很大问题,有待关注。

四、农村中小学校本课程开发与实施存在的问题

通过调查,我们详细地了解了山西省农村中小学校本课程开发的现状,发现山西省农村校本课程开发小学阶段优于初中和高中阶段。就地区而言,运城地区的状况要稍好一些,取得了一定的成效,但就整体而言,还处在起步阶段。农村学校缺少实质性、真正意义上的校本课程开发,校本课程开发工作面临巨大挑战。存在的问题主要集中在以下几个方面:

(一)宣传与培训不到位,教师校本课程开发的意识和能力不足

意识决定行为。课程意识是课程开发、实施、再造、评价的源泉和基础,是教学质量与教学改革取得成功的根本保证和前提条件。教师作为校本课程开发的主体,其课程意识的觉醒对于校本课程开发有着重要的意义。因此,要想使校本课程开发在农村学校得以顺利实施,首先必须提高农村教师的校本意识。然而,调查显示,农村教师并没有真正理解了校本课程的精髓,绝大多数教师对校本课程一知半解,更有甚者对校本课程根本不知道,只是在被动完成任务。因此,绝大多数教师认为没有必要开设校本课程,有的认为校本课程就是活动课、选修课、上级的任务,再加上自身能力不足,课程开发积极性不足。调查发现,有将近一半的教师把自身能否胜任校本课程教学作为好的校本课程的评价标准,从来没有想到开发"分外之事",农村教师对于自身能力非常担忧。

(二)校本课程开发的主体封闭,互动共享性弱

校本课程开发实质上是一个以学校为基地进行课程开发的开放民主决策过程,即校长、教师、课程专家、学生、家长和社区人士共同参与学校课程计划的制定、实施和评价活动。它以学校为本,但并不把目光局限于本校,拒绝与外部的对话合作而是要超越学

校;校本课程开发以本校教师为主体,但并不是教师孤立的个人行为,它更需要借助外部力量联合开发。而调查显示,绝大多数农村学校的校本课程开发都是采取封闭式的开发、作坊式的运作方式,即由本校教师独立进行开发,社区、家庭和学生等参与度低,开发人员缺乏一定的广泛性、代表性,无法体现各方诉求;跨系统、跨机构、跨区域、跨学校、跨学科的对话、交流与协作很不够,开放性、互动性、互助性差,规模小,课程的共享性差。主体封闭的结果:一是校本课程成了校长课程、教师课程,无法满足社区的需要、学生的需要;二是课程重复开发、低层次开发,人力、物力、财力严重浪费;三是课程因得不到社会的支持而孤立、萎缩,失去生长的土壤。

究其原因,主要表现在教师合作意识缺乏,学校管理和引导缺失,课程专家缺位,家长和社区的参与热情不够等。再加上农民本身由于知识少,根本不懂什么是校本课程,也不愿为其开发提供服务,甚至抵制学校的改革和创新,家长的这种态度也决定了农村的社区资源得不到开发与利用。

(三)学校办学理念不明确,校本课程开发缺灵魂支柱

校本课程开发是要以学校的办学目标为基础,以明确的教育理念为指导。校本课程开发能否顺利实施,在一定程度上取决于学校的教育哲学与办学理念,没有明确教育哲学与办学理念的学校是不可能进行校本课程开发的。然而,调查中我们发现,在山西省农村地区,升学、改变命运几乎成为学生上学的唯一目的、学校培养的唯一目标、家长的唯一期望,"升学主义"在农村根深蒂固。首先,农村地区教育评价体系单一。传统的教育评价强调甄别与选拔的功能,升学自然成为农村各级学校的唯一目的。其次,校长的教育观念落后。改变学校的办学理念首先要改变教育者的教育观、学习观与课程观,这里的教育者关键是校长。若校长一味被动、无奈

地执行上级布置的各项任务，无视学生创新意识和实践能力的培养，根本无意、无心开发校本课程。

（四）教育行政部门监管缺失，校本开发规范性较差

校本课程虽然强调以校为本，凸显学校的主体作用，但是并不意味着教育行政部门不做任何参与。特别是在校本课程开发起步摸索阶段，对于有惰性和思想懈怠的学校，教育行政部门的监管至关重要。调查显示，山西省的农村学校处于校本课程的起步阶段，虽然取得了一些成就，但总体效果并不理想，甚至可以说是困难重重，任务艰巨。从校本课程的建设来看，在所调查学校中，真正开设了校本课程的学校并不多，尤其是初中和高中。在已开发的学校中真正按照上级精神和要求严格、科学、规范执行得更少之又少。具体表现为无长远计划、无整体规划、无合理安排、无专职人员、无配套设施、无专项经费、无考核评估等等。校本课程开发盲目性强、随意性大、规范性和科学性差，存在诸多误区。有的只是应付上级的教学检查评估而仓促上马的，脱离学校的实际，缺乏科学的评估、严密的设计、科学的论证以及严格的管理，校本课程形同虚设，"昙花一现"。

农村校本课程之所以如此随意，关键是教育行政部门监管不力。我国的校本课程是在教育改革中提出来的是一场自上而下的课程改革，需要自上而下推广，各级教育主管部门要对校本课程开发工作提供专项资金支持，并建立有效的监督机制，推动校本课程开发工作快速发展。现行的教育行政部门并没有建立起有效的监督机制，没有对学校校本课程开发进行有效促进与监督。在这种管理机制下，学校和教师为了学校发展和生存的紧迫需要，很难自觉地产生校本课程开发的需求，规范校本课程开发行为。

第三节　农村中小学校本课程开发与实施对策

一、加强校本培训，提升教师校本开发的意识和能力

学校和教师是校本课程开发的主体，校长和教师的校本意识和开发能力对校本课程开发至关重要。教师作为校本课程的研究者、设计者、创生者和实施者，校本课程与教师素质的内在关联性决定了有什么素质的教师就有什么品质的校本课程。因此，建设一支高素质的农村学校教师队伍是推进农村学校校本课程开发的关键。学校可以采取多种渠道促进教师素质的提升，加快专业的发展过程，如组织校长和教师到城市或先进学校进行参观、访问和交流，脱产进修，短期培训等等。但是在大多农村学校里，教师和资金本就缺乏，让其经常交流并不现实；让其脱产进修，学校又担心教师流失；短期培训又收不到实际效果。现在校本培训日益受到人们的关注和重视。

在对农村教师进行校本培训的过程中，一定要注意培训的务实性与可行性，防止出现"高、大、全、空"的学院式培训现象。首先，培训要基于农村学校本身，客观分析当地的资源和学校的实际情况，因地制宜，让教师有亲切感和熟悉感，让日后的校本课程开发有模可参、扎扎实实、循序渐进地走农村可持续发展的校本培训之路。其次，培训要基于农村教师的实际需求。农村校本培训在内容上除了一般的课程通识教育外，重点应该放在教师课程素养、课程开发技术及能力的培训上，如课程意识的生成、课程角色的转换、课程理论的提升、课程计划的编制、课程方案的规划、课程资源的开发与利用、教学方法的设计与组织等。再次，在培训的途径和方

法上要灵活多样,要结合教学采取在岗培训、远程在线培训、边教边学、边学边用,使之成为日常生活的一部分。在培训的方法上,可以运用专题讲座、案例分析、田野研究、现场观摩指导等等。

二、搭建合作与交流平台,建立校本课程开发的有效机制

校本课程开发"实质上是以学校为基地进行的、开放的、民主的决策过程",旨在解决学校的实际问题。但是校本课程开发绝不是学校自我封闭,它需要与不同学校、不同的机构、不同的群体进行碰撞沟通、启发激励、交流分享与竞争合作,需要吸纳不同的智慧,倾听多种声音与诉求,借鉴不同的经验以及方法策略来创造性地生成校本课程的开发思路、方案与策略。因此,学校进行校本课程开发应搭建合作与交流平台,建立必要的管理机制,让教师在民主、开放、平等的专业氛围和专业文化中进行校本开发。避免"教师单枪匹马苦干一阵,课程改革过眼烟云"现象的发生,使校本课程真正在农村学校扎根发芽,开花结果。具体来说,从以下几方面做起:

(一)吸引学生参与校本课程开发

"一切为了每一位学生的发展"是新课程体系包括校本课程的最高宗旨和核心理念。学生是校本课程的最终选择者和受益者,学生对校本课程认不认同,直接关系到校本课程的实际效果。因此,吸引学生参与校本课程开发是十分必要的。教师要通过将学生个性特长、兴趣爱好、自身需要和生活经历等转化为课程资源,以此吸引学生参与校本课程开发。

(二)与师范院校形成合作互动机制

师范院校有部分优秀的课程专家,但是很多的专家缺少对一

线教学的了解与体验,因此,借助合作平台可以更好地进行校本课程研究。而农村学校缺少课程专家的指导,偶尔请来专家也只能做一次讲座,隔靴搔痒,起不到真正效果。因此,需要专家进行不定期培训和指导。通过合作,双方共同研究,在深刻理解校本课程和充分了解当地资源的基础上进行校本开发,互利双赢。

(三)加强校际交流

农村中小学在寻找合作交流的对象时不应局限于课程专家,也需要到同类型的学校中寻求合作交流。校际间的合作交流,能够使不同学校吸取彼此校本课程开发的成功经验和打破学校之间的限制。校际间的合作交流可以以参观、座谈等形式进行,从而实现共同进步的目标。特别是农村学校校本课程开发处于起步阶段,到取得一定成绩的学校进行参观学习,可以学习先进经验,甚至可以借用先进的成果。

(四)赢得家长和社区的支持

家校合作、校社合作是新课改的重要理念,家长各自的人生经历、生活感受、职业体验中不同的感悟是校本课程开发的有利补充。家长参与校本课程开发不仅可以提高家长的教育水平,更好地促进学生的发展。而且家长参与校本课程开发,对学校来说也是一种监督,有利于学校认识和了解自身存在的问题,不断改进,提高教育质量。社区是一个潜藏丰富智力资源的地方,它包含了最接近学校师生学习和生活实际需要的校外资源,社区参与校本课程还可以为学校提供人、财、物等社区资源。家长与社区的支持与参与将会使校本课程开发增色不少。

三、明确学校办学理念,引导校本课程开发

办学理念体现着教育的时代精神和学校的独特内涵,是在时

代背景中一所学校对教育总的认识和看法,它制约着校本课程开发的总体方向。校本课程开发能否顺利实施,在一定程度上取决于学校的办学理念。没有明确办学理念的学校是不可能进行校本课程开发的。校本课程开发是为了满足不同学校的特殊需要,形成学校特色的一种课程开发策略。校本课程的开发将打破千校一貌、万生一面的现状。作为学校,要想真正开发校本课程,必须基于对校内外环境的分析,明确自己的远景追求和现实取向,确定学校独特的发展方向。这也正是学校自己的办学理念和办学宗旨的贯彻落实。反过来,没有明确的办学理念和办学宗旨的学校不可能进行真正意义的校本课程开发。即使有,也只能是一种漫无目的的盲动,或者充其量也只能是低水平的校本课程开发。农村学校办学理念和办学目标的确立与形成,需从以下几方面做起:

(一)树立"以学生为本"的教育理念

校本课程开发最根本的理念是以人为本,以人的充分自由的健康发展为最高目标。以人为本的理念既强调全体学生都得到全面发展,又强调学生的个体差异。对于农村学校来说,校本课程开发必须要重视学生认识能力的提升、实用知识的掌握、实践能力的锻炼和个性的充分发展,克服"应试教育"思想的束缚,把学校工作转到全面提高学生素质的轨道上来。

(二)因地制宜,凸显农村特色

农村有广阔的自然资源和传统文化资源,农村学校进行校本开发,不能一味模仿城市,要立足于农村教育的现实和自身的办学条件,根据本地、本校的历史文化传统、经济、社会发展水平、学校资源状况、学校教育与管理水平等情况进行具体分析,找准切入点,明确校本课程开发的目标,寻找适合自身特点的发展道路和办学风格。

（三）着眼长远，全面规划

学校要根据社会发展的需要和学生发展的需要以及学校教育的资源等，提出学校的发展目标和长期规划。学校长期发展规划是学校办学理念和办学宗旨的具体化，一所没有长期发展规划的学校是不可能真正拥有自己的办学理念和办学宗旨的。

四、遵循校本开发原则，明确校本开发的基本要求

校本课程开发的原则是指在校本课程开发过程中，制约着开发活动的价值准则，是人们根据对课程开发过程的规律性认识而制定的用以指导校本课程开发的基本要求。课程开发的原则规范着课程目标的性质、课程内容选择的范畴、课程实施的标准以及课程评价的取向等问题。农村中小学校本课程开发应遵循以下原则：

（一）目标一致性原则

首先，校本课程的开发要依据国家的教育方针、政策、培养目标和国家、地方的课程计划，积极开发实施校本课程，并对国家、地方课程过于强调统一性、缺乏灵活性的现状进行弥补；其次，校本课程的开发要体现学校的教育理念和办学宗旨。形成校长为领导，教师为主力，课程专家为指导，包括家长和社区人士共同参与的，在国家课程和地方课程的基础上，以学校为基地，以学生发展为目标的课程开发工作。

（二）自主性原则

自主性包括学校、教师、学生的自主性。校本课程是充分体现学校、教师、学生主体性的课程。它要求学校、教师意识到自己既是校本课程的实施者，又是校本课程的开发、设计者。要充分利用学校自身的优势和资源，自主开发，自主设计，自主组织实施。同时要充分体现"以人为本"的思想，广泛关注和激发学生的主体意识，尊重学生的自主权利，让每个学生有更多的机会自己去设计、开发、实践、体验和创造等，使他们的个性得到充分的发展。

(三)多样性原则

校本课程开发的多样性原则主要体现在校本课程的内容丰富多彩和开发形式灵活多样上。校本课程内容要注重关注社会，关注自然，贴近学生生活，涉及的领域很广。校本课程开发的具体活动方式除课程新编外，还有课程选编、课程改编、课程补充、课程整合、课程拓展等，开发的形式多种多样，并且大部分的新编内容都体现了学校的办学特色和办学理念。

(四)适宜性原则

校本课程的开发应因地、因时、因校循序渐进，量力而行，切忌盲目照搬。不同学校在地域特点、师资质量、学校经费、教学设备、社会物质环境及精神文化环境等方面不尽相同，而且不同区域的学校，学生的文化背景以及对校本课程的价值取向也存在着差异。为此，进行校本课程开发时学校必须正确评估自身的优势与劣势，依据学校自身的特点，尽量突出学校的优势，以提高校本课程开发的成功率。此外，校本课程的设置应当针对不同办学模式的学校，赋予不同的课时比例。

(五)优化配置原则

校本课程开发要合理地利用课程资源，对时间、场所、资金和人员进行合理优化的配置。如在课时比重的编配上，可以作弹性的概率分配，以体现校本课程的适应性和灵活性；在场所的选择上，应注意从学校周围、当地的科研院所、大专院校及图书馆、博物馆等组织中获得资源支持；在资金和人员调配上，要集中财力和人力，统一使用和管理，保证在一定范围内，学科间的资源可以共享。此外，还应注意校内课程资源、校外课程资源和信息化课程资源三类课程资源的统一性。

五、借鉴已有开发模式，规范校本课程开发的程序

模式既是理论体系的具体化，又是教学实际经验的系统总结，它比基本理论的层次低，因为它具体、简单、易于操作，它又比经验层次高，因为它概括、完整和系统，便于人们理解和掌握。目前，影响较大的校本课程开发模式主要有："学生需求模式"、"情境分析模式"、"目标主导模式"和"问题解决模式"。但在开发实践中，他们大多依照组织建立—需求分析—资源评估—方案设计—组织实施—评估改进程序来进行开发。

校本课程开发的基本程序，旨在为学校校本课程开发提供框架，把校本课程开发看作是一个有机整体，并运用系统的方式积极稳妥地开展工作，推进学校的课程建设。但无论如何，校本课程开发的操作模式并不是一个僵化的、线性的行动步骤，而是一个持续的、动态发展的过程，需要根据学校的实际情况进行不断地调整和充实。

六、强化教育行政部门的管理职能，发挥监督、指导、评价作用

我国目前现行的教育体制为中央统一领导下的分级管理，基础教育由地方负责，分级管理。地方负责具体的政策、制度、计划的制定和实施，对学校进行领导、管理和检查。也就是说各级各类学校都要接受教育行政部门的领导与监督，因此教育行政部门对中小学要进行及时指导、监督和评价。校本课程虽然强调自主性，但是自主性并不意味着单独性。农村学校的校本课程开发工作，不仅是学校自己的事情，各级教育行政部门更应发挥其重要作用，给予

尽量的支持与帮助,对课程实施和开发进行监督、指导和评价。

教育行政部门对农村校本课程开发实施监督管理,需从以下三方面做起:第一,建立合理的监督体系。要定期到中小学检查校本课程开发的情况,确保学校按政策要求减少必修课科目和课时,保证校本课程的课时数量;鼓励学校结合当地社会经济发展的具体情况、学校的传统和学生兴趣需要,改进教学内容,实施课程创新;建立合理的评价体系,将校本课程开发纳入评价学校的标准体系中。第二,为学校开发校本课程提供经济支持。校本课程开发需要大量的经费,如培训教师、充实学校教育资源以及聘请课程专家指导所需的经费。而中小学本身并没有"造血功能",经费来源主要依靠上级教育行政部门。只有经费充足,校本课程开发才能顺利进行。因此,教育行政部门要给予学校足够的经费支持。第三,注意与学校的合作交流。教育行政部门作为学校的上级主管部门,以往是以行政命令的形式干涉学校教育,而校本课程强调自主性,学校的主体性。因此,教育行政部门要改变命令角色,作为校本课程开发的成员参与到其中,对中小学的校本课程开发进行监督与指导。定期组织教师接受校本课程开发相关的学习和提供课程资源,组织校际的合作与交流,提供平台,起到媒介的作用。

参考文献:

[1]钟启泉、崔允都、张华等:《为了中华民族的复兴为了每位学生的发展——基础教育课程改革纲要(试行)解读》,华东师范大学出版社2001年版。

[2]教育部基础教育司:《走进新课程——与课程实施者对话》,北京师范大学出版社2002年版。

[3]崔允漷:《校本课程开发:理论与实践》,教育科学出版社

2000年版。

[4]靳玉乐:《校本课程开发的理念与策略》,四川教育出版社2006年版。

[5]徐玉珍:《校本课程开发概念解读》,《课程、教材、教法》,2001,(04)。

[6]崔允、夏雪梅:《校本课程开发在中国》,《北京大学教育评论》,2004,(07)。

[7]许洁英:《国家课程、地方课程和校本课程的含义、目的及地位》,《教育研究》,2005,(08)。

[8]徐玉珍:《校本课程开发观点和理念》,《全球教育展望》,2001,(10)。

[9]郑晓梅:《论基础教育校本课程开发的原则》,《教育探索》,2003,(01)。

[10]徐玉珍:《校本课程开发:背景、进展及现状》,《比较教育研究》,2001,(08)。

[11]张瑾琳:《新课程背景下河北省普通高中校本课程建设深度调研报告》,《教育理论与实践》,2013,(05)。

[12]陈晓瑞、屈怀辉:《农村初中校本课程开发现状调查研究》,《课程、教材、教法》,2008,(02)。

[13]崔允漷等:《我国校本课程开发现状调研报告》,《全球教育展望》,2002,(05)。

[14]李臣之、王虹:《"校本课程"开发:实践样态与深化路径》,《教育科学研究》,2013,(01)。

[15]吴刚平:《校本课程开发活动的类型分析》,《教育发展研究》,1999,(11)。

[16]李介:《国外校本课程开发模式带给我们的启示》,《教育

理论与实践》,2010,(09)。

[17] 傅建明:《校本课程开发与教师专业发展》,《教育发展研究》,2002,(05)。

[18] 沈琪:《小学校本课程开发的现状、问题及对策研:——以武昌区小学权本课程开发为例》,华中师范大学,2011年。

第四章　农村中小学课程资源开发与利用调查研究

第一节　课程资源概述

一、课程资源的涵义

课程资源亦称为教学资源，是课程与教学信息来源和课程实施的必要条件。课程资源有广义与狭义之分。广义的课程资源是指有利于实现课程和教学目标的各种因素；狭义的课程资源则仅指形成课程与教学的直接因素来源。课程资源是课程设计、编制、实施和评价等过程中一切可利用的人力、物力及自然资源的总和。可见，课程资源既包含人类认识和实践的对象即客观事物，又包含人类认识和实践的结果即实践经验。课程资源是课程内容最主要、最直接的来源，它决定着课程内容的选择，是课程实施的基础和条件。

二、课程资源的构成、特点与功能

课程资源的分类复杂多样，按照不同的分类标准其构成要素也会有所不同。

(一)课程资源的系统构成

课程资源的构成是极其复杂的,依据不同的分类标准,可以分成不同的类别,也就会有不同的组成结构。下图简要显示其在不同分类状态下的结构与构成。

来源分	性质分	物质分	内容分	作用分	呈现方式
课程资源 { 校外资源 { 自然资源 / 社会资源 ; 校内资源 { 自然资源 / 社会资源 }		物质资源 { 物力资源 / 人力资源 } ; 非物质资源 { 思想资源 / 知识资源 / 经验资源 / 信息资源 }		素材性资源 / 条件性资源	文字资源 / 实物资源 / 活动资源 / 信息资源

上图显示,不同的分类标准会形成不同的课程资源类别。因而,对课程资源下位概念的界定,也会因分类标准的改变,具有不同的界定及其表述。

校内课程资源是指空间分布和支配权限都在学校范围内的课程资源。

校外课程资源是指空间分布和支配权限超出学校范围的课程资源。

课程自然资源是指经过不同的开发转变为可用于教育教学活动的一切自然物质或现象。

课程社会资源是指可用于教育教学活动的人类社会交往活动和生产生活的思想观念。

物质资源通常是指保障课程活动顺利实施的一切有形的物质条件,包括人力、物力和财力等。

非物质资源通常指保障课程活动顺利实施的物质条件以外那些无形的如思想观念、方法、能力、技术手段等内容与条件。

课程人力资源是指课程活动组织所拥有的劳动的总能量,主要包括人力资源需求、供给、配置和开发系统。

课程物力资源包含物资资源和财力资源。课程物资资源是狭义的物质资源,指能用于课程活动的一切物质材料;课程财力资源是指国家和各级政府、各社会组织及每个家庭为课程活动提供的财力支持。

课程思想资源是指存在于教育系统中的教师、学生、管理者、研究人员和其他工作者脑中,一切有可能参与和影响课程活动的全部思想观念。

课程知识资源是指人类积累的全部知识经验。

课程经验资源。课程经验资源是指教育系统的教师、管理者、研究者、工作人员和学生所具有的个人经历的总和。学生的经验是课程与教学活动的基础。教师的经验会不自觉地进入他们的教学活动,支配着课程活动的过程。

课程信息资源通常主要指通过网络信息技术获取的与课程相关的信息。随着网络信息技术的发展与普及,网络信息已成为一种独特的资源。越来越多的教师经常收集网上文字、多媒体教学课件等资源,来充实其教育教学活动。

素材性课程资源是指构成课程目标和内容的一切素材。

条件性课程资源是指保障课程活动进行的一切设备和材料等条件。

此外,还有诸如可以看得见摸得着直接运用于教育教学活动的显性课程资源和以潜在形式对教育教学活动施以影响的隐性课程资源等等。

课程资源的分类纷繁复杂,随着科学技术的发展,还可能出现新的分类。所以我们既无法穷尽所有分类,更无法详尽叙述所有类别。我国《基础教育课程改革纲要(试行)》,将课程资源分为校内课程资源、校外课程资源和信息化课程资源三大类,再进一步依据性质将此三类分为自然课程资源和社会课程资源。

(二)课程资源的特点

1.结构层次性。课程资源是一个囊括一切物质和非物质现象的有层次的结构系统。宏观层次——各学科共有层次的课程资源,是必须运用思维和借助哲学理论才能理解和把握的对象。中观层次——具体学科层次课程资源,是必须借助具体学科领域的理论成果才能认识的对象。微观层次——课堂教学层次课程资源,是组成各领域的每一具体的事物和活动,它是人们凭常识就能感知其表现的对象。

2.相互联系性。在课程资源系统中,课程思想资源是课程资源中处于支配地位的最为核心的要素。它凭借知识资源形式联系着物力资源和人力资源,而知识资源也为思想资源的发展提供指导和修正。人力资源不仅是课程物力资源和知识资源联结的纽带,也是思想资源的源泉和物力资源的认识主体。物力资源既是认识的对象,又是其他资源系统的基础和支持系统。

3.自主组织性。课程资源系统要素的性质、数目、排列顺序都处在自我运动、自发形成组织结构、自发演化中。随人类认识能力的提高、文化的发展、知识的积累、客观物质世界的变化,系统也在实现着自身的进化,达到新的平衡状态。

4.整体系统性。课程资源各个层次的子系统之间相互联系、相互制约,是一个有机的整体结构系统。

(三)课程资源的功能与作用

课程资源不仅是课程内容的资源,还是产生课程目标、形成课程设计理念的资源。课程资源对课程活动具有自主性和能动性作用。自主和能动作用的发挥,是凭借着课程资源对课程活动所具有的储备和支持两大功能实现的。储备功能是指课程资源的物质和观念内容,是人类文化传承的中介。这种储备既可以是知识储备、经验储备、物质储备、精神储备、文化储备等,又可以为社会发展、个体发展和课程事业本身的发展等方面的储备。支持功能是指课程资源对课程活动的进行具有维护、保障作用的功效,包括物质保障、人力保障、组织保障、制度保障和思想观念的支持与保障。

课程资源为课程活动的进行提供所需要的物质设施、组织、制度和思想观念,使人类文化和文明的优秀成果借此得以生生不息的传承和发扬光大。

三、课程资源的开发与利用

(一)课程资源开发的意义

课程资源是新课程改革提出来的一个核心概念,课程资源不会自动进入教学领域,这就需要能动地去寻找、认识、选择和运用,即开发课程资源。无论是国家课程的开发,还是地方课程的建设,尤其是综合实践活动和校本课程的多样化呈现与实施方式,都离不开大量课程资源的支撑。合理开发和利用课程资源是课程改革顺利达到预期目标,促进学生全面发展,有效提高教育教学质量的重要保障,亦为教师教学方式和学生学习方式的转变提供了广阔的空间。具体的讲,课程资源的开发通常能够起到下述几方面积极作用。

1.促使课程资源观的转变

课程资源观的转变,首先是转变课程开发者和教师对课程性质的看法。树立课程是学科、儿童、生活、社会的有机整合的观念。因为学生的生活及个体知识经验是课程开发的基础和依据,而不是学科、教材及其总和。其次能够形成课程资源界限向课堂外部生活的各个方面延伸的思想意识。课程资源向课外、校外社区和所在地区延伸，就是将学生所处的社会环境和自然环境纳入学生学习探究的对象和学生学习的课堂。

2.促使教学观念的改变

改变传统的教学观念，积极开发利用优秀的课程资源，能够突出学生的主体地位，培养学生的"自主、合作、探究"性学习方式。这既是课程资源开发的核心目的，也是新课程改革的重要内容和实现新课改的必要条件，更是提高学生素质,真正实现素质教育的必然途径。

3.利于实现知识与技能、过程与方法、情感态度及价值观教学目标

第一，校本课程资源开发着眼于校本课程和学科课程的交叉点，能够使学科课程产生更强的现实意义和理论价值。

第二，校本课程资源开发着眼于课程资源的视角，可以为构建校本课程开辟新的课程资源视野。

第三，通过校本课程资源开发,可以使课程形态拓展到研究性学习课程、任意选修课程、技术课程、社区服务与社会实践等新的课程领域。

第四，开发校本课程资源的最大价值,在于使师生真正从传统的教科书的教与学导向，转化为课程资源的教与学导向,强化教学与实践的有机结合。

(二)课程资源开发的原则

课程资源的开发和利用，不仅是特定部门和人员的专业行为，更是教师主导的活动。所以教师开发和利用课程资源,需要遵循下列几项原则：

第一是自主开发原则。教师在课程资源的开发中要发挥主体作用,认真学习和领会课程的目标和内容,分析课程资源开发与课程目标实现的关系,评估课程资源的特点及其价值,根据实际情况选择和利用课程资源。

第二是特色开发原则。从具体的地域特点、学校特点、教师特点、学生特点出发,发挥各自的优势,使课程资源开发呈现出多样性、丰富性、独特性,有效实现特色开发。

第三是协同开发原则。教学活动是师生共同参与的过程,开发与利用课程资源,就要充分发挥全体师生的作用,鼓励他们积极参与、共同收集、处理、展示课程资源和有效利用课程资源,加强校际间的相互支援和协同,合作开发。

(三)课程资源开发的途径和方法

我们周围存在着大量的课程资源,关键是如何充分合理地开发,使之成为课程的有机组成部分,实现其应有的课程意义与教育价值。学校教学中开发课程资源,通常采取下述几条途径:

1.从学生现状出发开发课程资源

所有的课程最终都要落实到学生的身上,开发出来的课程资源也是为他们服务。从学生现状出发开发课程资源,应该是课程资源开发的重要导向。为此,需要从两方面入手进行分析:

一是要调查分析学生各方面素质现状,把握学生接受和理解课程资源的能力。作为教师都懂得,由于学生处于不同的社会生活环境条件,其基本素质结构和水平也会截然不同,所以开发课程资源,就必须考虑所教学生的实际素质现状和水平,这不仅影响到课程资源内容的选择,还直接关系到开发的深度和广度。

二是要研究学生的兴趣,并在此基础上开发课程资源。因为开发出来的课程资源是提供给学生自我构建的,而不是简单地把教师眼中的课程资源倒入学生的大脑。所以从学生的兴趣着眼,开发出来的课程资源是学生自己的课程资源,也是最适合他们的和他们最乐于参与的。这样的课程资源可以充分调动学生的积极性。这就要求我们在开发课程资源时,要更多地从学生的角度来看待周围的一切。因为教师和学生由于生活阅历和知识经验体系不同,看待问题往往具有不同的视角,自然也会有不同的认识。所以我们要尽力探索学生的兴趣,力求使选择和开发出的课程资源体现出儿童化或学生化特点。只有这样的课程资源,学生才会有亲切感,也才能更好地融入课程资源提供的学习情境。

2.从师资条件出发开发课程资源

师资条件是开发课程资源的一个基础要素,师资条件既制约着课程资源的开发,也直接制约着课程资源的合理与有效利用。因为有些课程资源虽然学生需求强烈,也非常感兴趣,但限于师资的特点和水平,教师确实无法去开发或开发出来的效果不好,这是在课程开发中经常会碰到的具体问题。所以开发课程资源,就要从学校现有的师资情况出发,认真分析教师队伍的素质现状和特点、专长,扬长避短,充分发挥每个教师的特长,才能使他们在开发课程资源过程中得心应手、游刃有余。这是开发课程资源的一种非常实际而又有效的方法。

3.从学校的特色出发开发课程资源

所谓学校的特色也就是学校的资源优势,这种优势既可能是精神文化等软件方面的,也可能是设施设备等硬件方面的。要充分利用好学校课程资源的优势,这也是对学校进一步形成和深化学校办学特色的促进。教育部、农业部颁布的《关于在农村普通初中试行"绿色证书"教育的指导意见》,就特别强调因地制宜、自主选择确定"绿色证书"教育的具体内容,这也体现出课程资源的开发思路,即不同的学校有着各自独特的课程资源优势,学校要充分开发和利用这些优势性课程资源。

联系实际,有的学校可能是声名显赫的百年老校,学校的文化积淀很深,曾培养出一大批各行各业的拔尖人才,形成了学校与众不同的悠久人文传统,开发课程资源就可以花力气向这个方向努力。可以通过各种文字、图片、影像以及校友们的讲述,让学生了解学校辉煌的过去,引导学生在这种浓郁的学校传统文化氛围中生活和学习,感受和领略这种传统文化的熏陶和感染。有的学校则可能是硬件条件好,设施设备现代化的水平高,计算机已经在学校得以普及。那就可以在信息类课程资源开发方面多花点心思,通过多种方式,让学生与信息技术紧密接触,使学校成为建构在信息技术基础之上的学校。这样不仅能使学生掌握信息技术,更重要的是培养了学生的信息素养。

4.从社会需要出发开发课程资源

新课程改革的一个重要理念就是强调以学生为本,关注学生的发展。但以学生为本并不排斥学校要为社会培养人才。毕竟学校的一个主要任务就是要为社会输送合格的成员。因此也就要求从社会需求的角度开发课程资源,培养学生的社会生活与实践能力和素质,使学生能在将来更好地适应社会。

上述课程资源的开发途径并不是截然分开的,需要在开发时进行有机地整合。各级各类学校应依据自身的条件和特点,充分发挥各种优势构筑课程资源的开发合力,致力于开发适应学生特点、教师能力水平等校本特色和能够适应社会需求的优秀的课程资源。这就要求每位授课教师,一要深入挖掘教材的积极内涵,沟通学科知识与生活的联系;二要联系生活实际,适度剪裁和补充教学内容,使教材内容更贴近学生的生活经验和认识水平;三要善于及时捕捉课堂教学中随机生成性的课程资源并适时加以利用；四要积极引导学生阅读相关学科的知识，以丰富教材内容；五要善于经常不断地总结和整理记录教学中已被开发利用的优秀课程资源，构建并完善自己的课程教学资源库存容量，以促使自己课程资源开发能力和教学能力不断提升。

总之，教材资源的开发与利用是一种极富主动性、创造性的工作。在具体的教学过程中，教师必须从多角度、多渠道出发，开发、利用好课内外的课程资源，构建丰富的课程资源，使学生在轻松愉悦的情境中汲取知识营养，促进学生全面健康积极和谐地发展。

第二节 农村中小学课程资源开发与利用现状调查及分析

一、调查对象

在大同、忻州、吕梁、运城四个地区，采取分层随机抽样法，共抽取教师334名、学生482名。其中，中小学教师119名，初中教师87名，高中教师138名。小学生176名，初中生175名，高中生131名。师生所属学校既有公办，也有民办和民办公助；既有农村的，也有县城的。所选对象有很好的典型性与代表性。需要说明的是在下面的统计分析中，每个问题的不规范问卷单独做了处理。因此会出现每个题的总人数有所不同的现象。每个问题单独处理，不影响对其他问题的统计处理，这也符合统计学要求。教师与学生抽样的具体情况见第一章的表1与表2。

二、调查方法

1.测量工具

问卷分为教师卷和学生卷。问卷是课题组成员自行编制的《山西省农村基础教育课程改革发展现状调查问卷》,采用无记名方式进行调查。

2.调查内容

课程内容的调查可以通过教材的结构与选用、教学内容来映射。调查分教师卷和学生卷。教师卷问题20个,维度有:对课程资源开发意义及其认识、开发的途径、开发方法、开发的目的、开发的内容、开发难度6个维度;学生卷问题有2项,包括教材的使用、教学资源与设施。整个调查以教师调查为主,学生调查起辅助、支撑作用。

三、农村中小学课程资源开发与利用的现状调查及分析

(一)教师对课程资源认识的调查

认识主导行动。如果教师对课程资源开发与利用的意义或作用认识不足或认识错误,自然不会积极开发,更谈不上自觉利用。农村中小学教师对课程资源开发的态度及认识如何呢？具体情况见表1。

表1显示:第一,各地区各层级学校的教师对课程资源知之较多,占66.1%,虽然完全不知道的教师非常少,但还有近33.9%的教师知之甚少。不知道的教师全在大同市,且还是知道较少的人数最多的市。第二,小学、初中、高中学校的教师仅有50%多认为开发和利用课程资源的作用很大,另有40%多的教师则认为开发和利用课程资源的作用一般。第三,各地区各层级学校30%的教师

表 1 农村中小学教师对开发与利用课程资源认识统计表

题目	选项	小学 频数	小学 百分比	初中 频数	初中 百分比	高中 频数	高中 百分比	吕梁 频数	吕梁 百分比	大同 频数	大同 百分比	忻州 频数	忻州 百分比	运城 频数	运城 百分比
对课程资源的相关知识	完全知道	3	2.6	4	4.6	18	13.0	6	7.3	12	8.2	5	8.8	2	3.7
	知道较多	67	57.8	57	66.3	76	55.1	59	72.0	77	52.4	30	52.6	34	63.0
	知道较少	45	38.8	24	27.9	42	30.4	17	20.7	54	36.7	22	38.6	18	33.3
	不知道	1	0.8	1	1.2	2	1.5	0	0.0	4	2.7	0	0.0	0	0.0
	总和	116	100.0	85	100.0	138	100.0	82	100.0	147	100.0	57	100.0	54	100.0
开发利用课程资源的作用	作用很大	66	56.9	43	51.2	62	44.9	46	56.1	64	44.1	31	54.4	30	55.6
	作用一般	47	40.5	37	44.1	68	49.3	33	40.2	72	49.7	25	43.9	23	42.6
	作用较小	2	1.7	2	2.4	8	5.8	3	3.7	8	5.5	1	1.8	1	1.9
	没有作用	1	0.9	2	2.4	0	0.0	0	0.0	1	0.7	0	0.0	0	0.0
开发利用课程资源对课堂教学内容的作用	促进模式开发	62	21.0	37	19.7	83	24.0	45	22.6	70	20.3	37	25.7	30	21.3
	促进教法变革	80	27.1	44	23.4	82	23.7	45	22.6	95	27.5	36	25.0	30	21.3
	丰富教学内容	94	31.9	64	34.0	108	31.2	61	30.7	111	32.2	45	31.3	49	34.8
	弥补教材空白	59	20.0	43	22.9	73	21.1	48	24.1	69	20.0	26	18.1	32	22.7
开发利用课程资源对学生的作用	促进学法优化	62	19.9	39	18.7	82	20.2	51	22.3	71	18.7	32	19.6	29	18.6
	拓展学生视野	98	31.5	67	32.1	123	30.2	67	29.3	127	33.5	47	28.8	47	30.1
	激发学生兴趣	76	24.4	57	27.3	104	25.6	57	24.9	100	26.4	43	26.4	37	23.7
	与生活联系	75	24.1	46	22.0	98	24.1	54	23.6	81	21.4	41	25.2	43	27.6
开发利用课程资源对教师学习的作用	提升教师能力	88	29.2	57	27.8	98	25.7	57	27.0	95	25.8	44	30.1	47	29.2
	开阔教师视野	77	25.6	53	25.9	91	23.9	53	25.1	95	25.8	30	20.6	43	26.7
	促使教师学习	58	19.3	39	19.0	85	22.3	42	19.9	80	21.7	31	21.2	29	18.0
开发利用课程资源对课堂教学效果的作用	提高教学效果	78	25.9	56	27.3	107	28.1	59	28.0	99	26.8	41	28.1	42	26.1

认为课堂教学中开发与利用课程资源起着丰富教学内容的作用，促进教学模式的开发、促进教学方法的变革和弥补教材空白的各占20%。第四，各地区各层级学校30%的教师认为课堂教学中开发与利用课程资源有拓展学生视野的作用，25%的教师认为可以激发学生的阅读兴趣，24%的教师认为可以实现课堂与生活的联系，20%的教师则觉得可以促进学生学习方法优化。第五，各地区各层级学校近30%的教师认为课堂教学中开发与利用课程资源可以提升教师的能力，而25%左右的教师则认为可以开阔教师的视野和提高教学效果，另有20%左右的教师认为可以促使教师学习。

（二）教师对课程资源的开发和利用目的和态度调查

表2　农村中小学教师开发利用课程资源的目的和态度统计表

题目	选项	小学		初中		高中	
		频数	百分比	频数	比分比	频数	百分比
开发利用课程资源的目的	提高学生成绩	28	21.5	15	17.2	32	20.5
	增强实践能力	56	43.1	34	39.1	48	30.8
	推进素质教育	24	18.5	20	23.0	41	26.3
	便于自主学习	22	16.9	18	20.7	35	22.4
	总和	130	100.0	87	100.0	156	100.0
开发利用课程资源的态度	会利用就行	15	11.3	11	12.8	12	8.2
	必要时参与	22	16.5	13	15.1	27	18.5
	尽量利用，适当参与	55	41.4	29	33.7	58	39.7
	积极开发利用	41	30.8	33	38.4	49	33.6
	总和	134	100.0	86	100.0	146	100.0

表2显示：第一，在课程资源开发和利用的目的上，各级学校中有37%教师认为，教学中开发利用课程资源的主要目的是增强学生的实践能力；22.8%的教师倾向于提高学生的综合素质，且高中比例最高，达到26.3%；有20.1%的教师认为提高学生成绩是关

键;第二,各层级学校的教师开发利用课程资源的态度表现为:38.8%的教师认为会尽量利用,适当参与开发;33.6%的教师认为要积极利用,主动开发;16.9%的教师认为如果有必要,偶尔可以参加开发;但仍有10.7%的教师对课程资源的开发持消极态度,认为只要会利用现成的就行。这一不良倾向一定要引起学校的注意。

(三)教师对教学资源开发与利用需求的调查

表3显示:实施课改最需要的课程教学资源上,小学首选教具(43.8%),中学首选网络资源,初中与高中分别是40.0%、39.8%;吕梁(43.8%)和运城(45.0%)的教师首选各类教具,大同和忻州的教师则首选利用校内外网上资源,分别是36.7%、53.5%。最少选择的是校外环境和社区资源,比例是9.3%,主要集中在吕梁与大同,分别占其中的31.6%、47.4%。从上述需求现状可以看出一个特点,就是教师在教学实践中开发和利用课程资源越多,需求就会越大;反之,平时开发利用越少,如校外环境和社区教学资源,其需求也会越小。当然,这里也同样涉及一个平时利用的习惯、难度与熟练程度的问题。显然,校外环境和社区教学资源是利用最不熟练且难度最大的教学资源。

开发与利用农村课程教学资源所希望的形式是什么呢?首选是校际合作,小学、初中与高中的比例分别是42.5%、50%与42.9%,鉴于教师能力与时间等限制,教师们注重资源共享。其次是27.2%的教师选择学校组织开发的课程资源。再次,高中和吕梁、大同、忻州的教师也倾向于教师自己开发,比例分别是19.1%、15.9%、16.9%;小学(15.9%)和运城(16.9%)教师倾向于上级教育研究部门组织专家研究开发,成果供教师选择使用。

开发课程资源肯定会遇到众多的困难,尤其是对农村教师更是如此。教师们希望在开发课程教学资源方面得到的帮助顺序是:

表 3 农村中小学教学资源开发需求统计表

题目	选项	小学 频数	小学 百分比	初中 频数	初中 百分比	高中 频数	高中 百分比	吕梁 频数	吕梁 百分比	大同 频数	大同 百分比	忻州 频数	忻州 百分比	运城 频数	运城 百分比
实施课改最需要的课程教学资源是	各类设施	60	43.8	20	21.1	58	33.0	35	36.1	56	31.1	20	28.2	27	45.0
	图书馆文本	19	13.9	22	23.2	36	20.5	17	17.5	40	22.2	9	12.7	11	18.3
	网上资源	47	34.3	38	40.0	70	39.8	33	34.0	66	36.7	38	53.5	18	30.0
	校外环境和社区	11	8.0	15	15.7	12	6.8	12	12.4	18	10.0	4	5.6	4	6.7
	总和	137	100.0	95	100.0	176	100.0	97	100.0	180	100.0	71	100.0	60	100.0
希望开发利用农村课程教学资源的最佳形式是	教师开发	13	9.7	7	8.0	32	19.1	12	12.5	26	15.9	12	16.9	2	3.4
	学校组织开发	45	33.6	25	28.3	36	21.4	28	29.2	46	28.1	18	25.3	14	23.7
	校际合作共享	57	42.5	44	50.0	72	42.9	45	46.9	67	40.9	30	42.3	31	52.5
	上级专家组织	18	13.4	7	8.0	28	16.7	10	10.4	22	13.3	11	15.5	10	17.0
	其他	1	0.8	5	5.7	0	0.0	1	1.0	3	1.8	0	0.0	2	3.4
	总和	134	100.0	88	100.0	168	100.0	96	100.0	164	100.0	71	100.0	59	100.0
开发课程教学资源得到的帮助是（多选）	专家指导	79	24.8	50	23.0	98	27.1	57	26.8	85	22.4	47	30.3	38	26.6
	同事合作	90	28.3	62	28.6	105	29.0	57	26.8	115	30.3	42	27.1	43	30.1
	资金和时间	72	22.6	48	22.1	81	22.4	52	24.4	82	21.6	24	15.5	34	23.8
	社区的支持	38	12.0	15	6.9	29	8.0	17	8.0	45	11.9	17	11.0	5	3.5
	校际支援	39	12.3	42	19.4	49	13.5	30	14.1	52	13.7	25	16.1	23	16.1

首先倾向于同事间的合作（43.5%），其次是期望得到专家的指导（25.3%），再次是资金和时间（22.4%），但忻州教师与之区别的是首选期望得到专家的指导（30.3%）。不管是哪种选择，显然广大教师在资源开发实践中感到了难度，甚至是茫然；相对而言，选择兄弟学校对口支援和社区支持的比例较小，这与他们平时得到的相应帮助与支持较少分不开。

（四）关于教师对教学资源开发和利用途径和方法的调查

表4显示：教师对课堂教学中开发与利用课程资源的方法了解一些的占74.6%以上，但亦有25%左右教师了解甚少，甚至不知道。

在教学中开发课程资源的主要方法方面，教师首选通过互联网查找(37.5%)，其次是充分挖掘教科书的隐性知识和图书馆查阅资料(42.9%)，问题是还有16.1%教师缺乏学生主体的理念，很少发动学生到家庭和社区中收集课程资源。

课程资源开发模式的出发点是什么？首先考虑的是学生的兴趣爱好，占43.7%；其次是学生的需要，占31.7%；这说明有75.4%的教师开发课程资源是从学生的需要出发来开发的。然后是课程需求和社会发展需要。离开课程需求和社会发展需求，课程开发是盲目的，会失去生存的活力与政治价值。

课程资源开发与利用的类型方面，小学、初中、高中首选的是分别文本资源(83人)、学生资源(58人)、教师资源(90人)，其次的选择是学生资源（81人）、信息资源（54人）、学生资源(88人)，再次的选择是教师资源与文本资源（66人、49人、79人），而较少开发利用自然资源、信息资源与生活资源。其实,生活资源与自然资源能联系实际，成本又低，应成为开发的重点之一，这一问题必须重视。

表4 农村中小学教学资源开发利用的途径和方法统计表

题目	选项	小学 频数	小学 百分比	初中 频数	初中 百分比	高中 频数	高中 百分比	吕梁 频数	吕梁 百分比	大同 频数	大同 百分比	忻州 频数	忻州 百分比	运城 频数	运城 百分比
对中小学课程资源开发利用方法的了解	知道很多	7	5.9	7	8.1	8	5.8	7	8.5	11	7.5	1	1.7	3	5.5
	了解一些	89	75.4	56	65.1	88	63.8	52	63.4	94	64.0	49	84.5	36	65.5
	了解甚少	21	17.8	22	25.6	36	26.1	23	28.1	39	26.5	7	12.1	12	21.7
	不了解	1	0.9	1	1.2	6	4.3	0	0.0	3	2.0	1	1.7	4	7.3
	总和	118	100.0	86	100.0	138	100.0	82	100.0	147	100.0	58	100.0	55	100.0
开发课程资源的主要方法（多选）	图书馆查资料	60	22.5	35	20.0	75	24.0	38	20.1	77	24.3	26	21.3	29	22.8
	互联网上查找	97	36.3	70	40.0	118	37.7	73	38.6	115	36.3	49	40.2	48	37.8
	发动学生到家庭和社区搜集	45	16.9	25	14.3	44	14.1	30	15.9	54	17.0	18	14.7	12	9.5
	发掘教材隐性知识	65	24.3	45	25.7	76	24.3	48	25.4	71	22.4	29	23.8	38	29.9
	总和	267	100.0	175	100.0	313	100.0	189	100.0	317	100.0	122	100.0	127	100.0

续表

题目	选项	小学		初中		高中		吕梁		大同		忻州		运城	
		频数	百分比	频数	百分比	频数	百分比	频数	百分比	频数	百分比	频数	百分比	频数	百分比
课程资源开发的出发点	课程需求	19	14.1	7	7.5	34	18.4	17	16.4	22	12.9	15	20.3	6	9.7
	学生兴趣爱好	64	47.4	46	49.5	67	36.2	41	39.4	75	44.1	30	40.5	31	50.0
	学生需要	42	31.1	29	31.2	59	31.9	35	33.7	61	35.9	18	24.3	16	25.8
	社会发展需要	10	7.4	11	11.8	25	13.5	11	10.6	12	7.1	11	14.9	9	14.5
	总和	135	100.0	93	100.0	185	100.0	104	100.0	170	100.0	74	100.0	62	100.0
开发利用课程资源的类型（多选题）	文本资源	83	21.5	46	16.6	79	17.2	45	17.4	87	18.4	39	21.1	37	18.2
	自然资源	37	9.6	22	7.9	46	10.0	28	10.9	49	10.4	13	7.0	13	6.4
	生活资源	60	15.5	48	17.3	82	17.9	46	17.8	84	17.8	24	13.0	35	17.2
	信息资源	60	15.5	54	19.5	74	16.1	41	15.9	75	15.9	37	20.0	35	17.2
	学生资源	81	20.9	58	20.9	88	19.2	54	20.9	93	19.7	39	21.1	41	20.2
	教师资源	66	17.1	49	17.7	90	19.6	44	17.1	85	18.0	33	17.8	42	20.7
开发利用课程资源的途径（多选题）	社会调查	54	15.4	27	11.3	57	14.5	31	14.1	52	12.8	21	13.8	33	16.8
	日常活动	82	23.4	44	18.4	89	22.6	44	20.0	102	25.2	35	23.0	35	17.8
	图书馆实验室	67	19.1	43	18.0	73	18.5	37	16.8	77	19.0	31	20.4	37	18.8
	学生情况	51	14.6	42	17.6	65	16.5	37	16.8	75	18.5	18	11.8	28	14.2
	校外课程资源	34	9.7	30	12.6	34	8.6	23	10.5	34	8.4	16	10.5	25	12.7
	网络资源	62	17.7	53	22.2	76	19.3	48	21.8	65	16.1	31	20.4	39	19.8

在开发与利用课程资源的途径上,小学、高中、大同、忻州占比最大的是日常活动,其次是图书馆、实验室和网络资源,而初中和吕梁占比最大的则是网络,其次才是日常活动和图书馆、实验室资源,运城教师各种途径的占比接近均衡,区别不大。

(五)教师对教学资源开发和利用难度的调查

表5显示:农村中小学中有80.4%教师能够有意识地开发一些可利用的课程资源,有着较大的积极性和自觉性;但还有20%的教师开发课程资源的意识不强,自觉性不够。高中和大同地区亦有25%左右的教师开发利用的积极性显然不是太高。究其原因,认为课程开发有较大难度的,小学、初中、高中分别占91.5%、90.7%、92%,仅有10%农村教师认为可以根据教学需要和学生需要,自觉开发。

因为近89.1%的教师认为开发与利用课程资源需要专业知识与技能,如果不具备相应的知识与技能,将无法完成课程的开发与实施。正因为此,在表3中才会显示在开发课程教学资源方面期望得到同事间的合作、帮助和专家的指导。9.4%的教师认为开发与利用课程资源需要一定的专业知识与技能,但较少;认为不需要专业知识与技能的仅占1.5%,即约11%的教师认为不需要知识和技能。

(六)教师对开发和利用教学资源类型的调查

表6显示:各地区各层级学校的教师87.7%在备课时除指定的教学参考资料外还参考其他的资料,只有为数极少的教师没有其他参考。在参考资料中,首选教辅资料,占教师的44.5%;其次选网络资料,占教师的38.5%;学科杂志和图书馆资料的所占比很小,分别占8.4%与8.63%。这与他们的教学条件密切相关,因为有70.2%教师认为学校能上网,而且有66.5%的教师们也有机会上

表 5 教学资源开发和利用的难度情况统计表

题目	选项	小学 频数	小学 百分比	初中 频数	初中 百分比	高中 频数	高中 百分比	吕梁 频数	吕梁 百分比	大同 频数	大同 百分比	忻州 频数	忻州 百分比	运城 频数	运城 百分比
能有意识开发可利用资源	完全符合	29	24.6	21	24.7	35	25.4	34	41.5	23	15.8	17	29.3	11	20.0
	基本符合	71	60.1	48	56.5	70	50.7	38	46.3	84	57.5	31	53.5	36	65.4
	较少符合	18	15.3	14	16.5	33	23.9	9	11.0	38	26.0	10	17.2	8	14.6
	不符合	0	0.0	2	2.3	0	0.0	1	1.2	1	0.7	0	0.0	0	0.0
	总和	118	100.0	85	100.0	138	100.0	82	100.0	146	100.0	58	100.0	55	100.0
开发课程资源的难度	难度很大	10	8.6	10	11.6	19	13.8	6	7.3	20	13.7	5	8.6	8	14.6
	有些难度	97	82.9	68	79.1	108	78.2	71	86.6	108	74.0	47	81.1	47	85.4
	难度较小	10	8.5	8	9.3	11	8.0	5	6.1	18	12.3	6	10.3	0	0.0
	没难度	0	0.0	0	0.0	0	0.0	0	0.0	0	0.0	0	0.0	0	0.0
	总和	117	100.0	86	100.0	138	100.0	82	100.0	146	100.0	58	100.0	55	100.0
开发利用课程资源需否专业知识技能	很需要	68	57.6	39	45.4	91	65.9	44	53.7	76	51.7	45	77.6	33	60.0
	一般	39	33.2	35	40.7	33	23.9	31	37.8	48	32.7	10	17.2	18	32.7
	较少需要	10	8.4	10	11.6	12	8.7	7	8.5	18	12.2	3	5.2	4	7.3
	不需要	1	0.8	2	2.3	2	1.5	0	0.0	5	3.4	0	0.0	0	0.0
	总和	118	100.0	86	100.0	138	100.0	82	100.0	147	100.0	58	100.0	55	100.0

第四章 农村中小学课程资源开发与利用调查研究

表6 农村中小学开发和利用教学资源类型统计表

题目	选项	小学		初中		高中	
		频数	百分比	频数	百分比	频数	百分比
备课除指定教参,你还参考其他资料	完全符合	36	30.8	48	55.8	54	39.1
	比较符合	69	59.0	29	33.7	63	45.7
	不太符合	12	10.2	9	10.5	18	13.0
	很不符合	0	0.0	0	0.0	3	2.2
	总和	117	100.0	86	100.0	138	100.0
备课参考的资料是	网络	44	34.3	34	37.4	65	42.8
	学科杂志	8	6.3	11	12.0	12	7.9
	图书资料	8	6.3	1	1.1	23	15.1
	教辅资料	68	53.1	45	49.5	52	34.2
	总和	128	100.0	91	100.0	152	100.0
学校能否上网	能	69	59.0	62	72.9	107	78.1
	不能	48	41.0	23	27.1	30	21.9
	总和	117	100.0	85	100.0	137	100.0
教师的上网机会	有	56	48.3	49	57.0	84	60.9
	较多	13	11.2	12	14.0	12	8.7
	较少	33	28.4	18	20.9	32	23.2
	没有	14	12.1	7	8.1	10	7.3
	总和	116	100.0	86	100.0	138	100.0

网。但还有近三成的学校没有网络,自然也不能上网和利用网络资源。从硬件配置就可以推断,通常这类学校的期刊、图书资料也很少,他们的教学确实存在一定的问题,这是值得教育主管部门关心和亟待解决的问题。

(七)农村中小学生对农村教学资源环境条件及利用的调查

表7显示:第一,有多媒体教学设备的小学、初中、高中比例分

表 7 农村中小学教学资源的环境条件及利用情况统计表

题目	选项	小学生 频数	小学生 百分比	初中生 频数	初中生 百分比	高中生 频数	高中生 百分比	吕梁 频数	吕梁 百分比	大同 频数	大同 百分比	忻州 频数	忻州 百分比	运城 频数	运城 百分比
多媒体教室情况	有	88	50.6	129	73.7	98	74.8	91	84.3	44	39.3	94	59.5	85	85.0
	没有	56	32.2	20	11.4	8	6.1	13	12.0	24	21.4	44	27.9	2	2.0
	有多功能教室	30	17.2	26	14.9	25	19.1	4	3.7	44	39.3	20	12.7	13	13.0
图书资料室情况	有,资料很多	94	53.7	74	42.5	26	19.9	39	35.8	42	37.2	41	25.8	71	71.0
	有,资料非常少	36	20.6	38	21.8	41	31.3	30	27.5	41	36.3	21	13.2	24	24.0
	没有	45	25.7	62	35.6	64	48.9	40	36.7	30	26.6	97	61.0	5	5.0
学校有无电脑,能否上网情况	有,能上网	40	22.6	42	24.0	57	43.5	18	16.4	18	15.9	31	19.5	71	71.0
	有,不能上网	103	58.2	87	49.7	49	37.4	67	60.9	79	69.9	66	41.5	27	27.0
	没有	34	19.2	46	26.3	25	19.1	25	22.7	16	14.2	62	39.0	2	2.0
除教材外有无课外学习资料	每科都发	17	9.6	38	21.8	45	34.4	30	27.3	30	26.6	21	13.3	19	19.0
	大部分学科发	39	22.0	31	17.8	23	17.6	28	25.5	25	22.1	32	20.3	8	8.0
	主要学科发	34	19.2	57	32.8	32	24.4	23	20.9	38	33.6	38	24.1	23	23.0
	没有	87	49.2	48	27.6	31	23.7	29	26.4	20	17.7	67	42.4	50	50.0
	总和	177	100.0	174	100.0	131	100.0	110	100.0	113	100.0	158	100.0	100	100.0

别是50.6%、73.7%、74.8%，呈现递增趋势，且运城85%的学校配置有多媒体教室，位居山西之首；大同39.3%学校配置有多功能教室。但大同有21.4%、忻州有27.9%学校没有多媒体设施，这个比例还是比较大的。由此可见，地区之间、学校之间多媒体教学设施的配置是不平衡的。第二，从学校图书资料室的建设上看，山西农村学校有图书馆并且资料多的小学、初中、高中比例分别占53.7%、42.5%、19.9%，呈递减趋势，且从运城的71%到忻州的25.8%，表现出地区间差异明显。有24%的教师认为学校有图书馆但资料非常少，不能满足教学需要。约占35.6%的教师认为学校就没有图书馆。教育局应加大相应投资，建立每个学校的图书馆。第三，给学校配置电脑，运城最高达71%，其他地区的比例在15.9%到19.5%之间；高中配置比例最高，为43.5%。有电脑但不能上网的教师占教师总数的49.8%，即一半的教师；这样的教师主要集中在大同（69.95%）和吕梁（60.9%）。认为学校纯粹没有电脑的小学、初中、高中分别占19.2%、26.3%、19.1%，地区分布在忻州（39%）和吕梁（22.7%），区域差异较大，这就迫使许许多多的教师只能选择教辅材料作教学参考。第四，从学生课外学习资料看，除教材外没有课外学习资料的小学、初中、高中比例分别是49.2%、27.6%、23.7%，呈下降趋势。主要集中在运城（50%）和忻州（42.4%），这种以考试为唯一，"教教材"的做法必须改变。

（八）关于学生对学校电脑使用情况的调查

表8的调查显示：小学、初中、高中电脑的利用率分别52.6%、41.6%、22.9%，有随着年级升高而下降的趋势。尽管有电脑，但很少让学生使用的小学、初中、高中比例分别是27.4%、22.5%、32.1%；而纯粹不让学生使用的也是随年级的升高而升高，呈正相关。

表8 农村中小学生使用电脑情况统计表

题目	选项	小学		初中		高中	
		频数	百分比	频数	百分比	频数	百分比
配置的电脑，学生可以用吗	可以	42	24.0	50	28.9	12	9.2
	一般可以	50	28.6	22	12.7	18	13.7
	使用很少	48	27.4	39	22.5	42	32.1
	不能用	35	20.0	62	35.8	59	45.0
	总和	175	100.0	173	100.0	131	100.0

四、农村中小学课程资源开发与利用存在的问题

通过对回收的有效问卷结果的统计、分析，我们发现了一些在农村中小学课程改革进程中有关课程资源开发与利用的主要问题，这些问题的出现，在一定程度上影响了新课程的有效实施。

（一）许多农村教师对课程资源这一概念存在认识上的偏差

由于受到传统思想的影响，很多人认为课程资源就是书面印刷品，甚至将教科书视为唯一的课程资源。调查表1所显，农村小学、初中、高中对什么是课程资源知道很少或不知道的教师分别占39.6%、29.1%、30.4%。这样一来，现实生活中很多有价值的却不能直接拿来使用，有待于进一步开发的资源或以非文字形式存在的如自然资源、文化资源等多样化的课程资源载体形式都被排除在教师的考虑范围之外。

（二）教师对课程资源的识别、开发与运用意识淡薄

传统的自上而下的课程开发模式使教师处于课程权力的最底层，他们缺少参与课程开发的机会与意识。许多教师认为课程资源开发是校外的学科专家和课程专家的事，与自己毫无关系。这就造成了教师对身边宝贵的课程资源视而不见，无法将周边的众多资

源与教学内容联系起来。如表6所示，农村小学、初中、高中分别有89.8%、89.5%、84.8%的教师认为，备课不需要参考指定参考书之外的资料。课程资源的匮乏，直接导致教师上课不能脱离课本，教学内容枯燥无味，缺乏生活气息，脱离学生的生活实际。

（三）课程资源严重不足，利用率低

在信息化时代，电脑已成为人们获取知识的主要渠道。从对问卷分析的结果看，现阶段的农村学校中大部分学校的课程资源处于不足的状态，如农村小学、初中、高中没有电脑的占被调查教师的22.7%、14.2%、19.1%，即1/5以上，其中，忻州的比例最高，达到39%。有电脑但不允许学生使用的占到1/3。学校图书资料少，甚至没有图书馆的小学、初中、高中比例分别是46.3%、57.4%、80.2%，农村小学的问题最重。有3/3的小学没有多媒体教室（多功能教室），这一问题随年级的升高而下降，初中、高中没有的比例为11.4%和6.1%。有一半的小学没有教材及教辅资料之外的其他课程资源，在中学约占1/4。课程资源的严重不足，势必影响课堂教学质量，影响教师的教学效果，甚至直接导致师生关系的紧张。

（四）教师开发与利用课程资源的能力低下，相关理论知识欠缺

长期计划体制下的学校和教师完全习惯于对课程资源的等、靠、要，这种过于依赖和被动服从的工作方式致使教师不可能也不需要具备多少课程资源开发能力，这样一来部分农村教师即便是发现了具有教育意义的自然或社会资源，也只能眼睁睁看着它们从身边溜走而束手无策。随着新课改的步步推进以及多种方式培训的进行，教师的教育理念都在一定程度上得到了更新，因而有大多数的教师开始意识到教学活动课程资源对教学活动的支持，认识到课程资源开发的重大意义。但是在具体的开发过程中教师还

是不同程度地存在各种各样的困难,如小学、初中、高中分别有57.6%、45.4%、65.9%的教师觉得缺乏课程开发的知识与技能,认为课程开发难度大的教师占九成以上,觉得对开发方法了解很少甚至不了解的,小学、初中、高中分别占18.7%、26.8%、30.5%。开发课程资源所需的技术、时间、资金等等外部条件都需要学校以及国家给予更多的支持和帮助。同时在对课程资源的利用过程中由于教师自身能力以及理论知识的限制,也存在利用不足的问题。因此现阶段的问题主要是在具体的开发及利用过程中如何提升农村教师的开发及利用能力,以及如何给予教师的开发活动以足够的保障与支持的问题。

(五)课程资源的开发不够关注学生需要,忽略学生开发主体的作用

学生是新课改的最终受益者,学生的学习是否得到满足是我们新课改成功的关键。从调查的结果可知,现有的学校课程资源是不能满足农村大部分学生的学习需要的,并且学校和教师采取的一些措施,大多数学生也认为是不够有效的,这说明我们现有的课程资源和正在开发的一些课程资源没有切实地关注学生的需要,不能完全体现新课改以学生为本的理念。但现在的学生们已经开始有意识地主动通过各种途径去获得自己所需的课程资源,以弥补学校和教师所提供课程资源的不足。问题的关键是在课程资源开发的过程中如何才能够开发出更加符合学生需要的课程资源,真正体现以学生为本的理念;如何能够更好地调动学生的积极性、主动性和创造性,自主地去开发所需的课程资源并共享给老师和同学,让学生通过自己的探索活动来满足自己的需求,培养学生的探索和创新能力。

（六）学校与教师视野局限，开发范围狭窄，利用途径与方式单一

由于课程资源意识的淡薄与开发能力的不足，许多学校和教师在开发社区课程资源过程中，视野比较局限。在开发目的上，仅仅囿于利用社区课程资源对学生进行道德教育，或团队开展课外校外活动，而没有真正发挥社区课程资源对于学校课程目标、课程内容、课程实施、课程评价与管理等方面的支持作用；或者仅仅从某一方面出发，将目标局限于某一领域，而对其他方面目标的达成则考虑不够。如在开发范围上，仅仅囿于开发社区内文化、企事业单位等有限的人力资源，而没有充分挖掘社区内丰富的物质环境资源以及民族文化、地方文化等资源，只将视野局限在农村资源的显性部分，而对大量的隐性资源视而不见。根据调查结果我们发现，仅有20.1%和36.7%的学校在开发农村文化资源和物质环境资源这两方面进行了一定的尝试，而其余大部分学校则无动于衷。在开发途径与方式上，仅局限于组织学生进行参观调查和聘请社区人士到校做报告、开讲座，而对于有利于直接指导学生的学习与活动、丰富课程内容与教学手段、完善课程评价与管理等方式则运用得不多，这大大降低了农村课程资源对学生发展的实际效果和功能。

（七）组织机构缺失，制度不健全，保障措施不力

学校与社区的沟通和交流，需要一定的组织机构和相应的法规、政策作保证。没有这些组织机构的控制和协调，缺少这些法规政策的规范和约束，学校与社区的合作就会无章可循，变得随机零散。通过调查笔者发现，近一半(48.3%)学校根本没有设立课程资源开发领导小组，即便在不足总数1/4的中小学中设有这样的组织，形式也比较单一（仅限于家长委员会），机构建设很不健全，缺

乏必要的配套制度。我们知道,开发课程资源必然会大幅度增加教师的工作量,使教师面临更大的压力,对于教师这些付出,如果学校没有及时给予相应的物质或精神奖励,就会使教师认为做与不做一个样,做好与做坏一个样,极大地挫伤他们参与此项工作的积极性。

（八）学校与社区长期隔离,沟通不畅,资源开发困难重重

长期以来,由于受到保守封闭的办学思想以及分数驱动的教育模式等因素的影响,学校与社区之间彼此隔离,缺乏交流,关系疏远,使原本属于社区有机组成部分的学校成为游离于社区的文化孤岛。笔者通过访谈了解到,出现这种局面,原因是多方面的。首先,学校和教师主动与社区保持距离,认为社区人士缺乏教育教学的相关知识与技能,他们中的部分人可能在某个领域具有专门知识和技艺,但对学校教育而言,他们还不能完全胜任教育者的角色,而有关课程决策、管理与评价等方面的事务更是与社区毫不相干,因而对社区参与学校课程及教学活动持抵制态度,他们绝不允许外界对学校课程"指手画脚";其次,由于社区人士长期以来一直被阻隔在学校教育之外,很多社区人士认为学校是教书育人的权威机构,自己没有资格,也没有能力参与学校课程与教学的具体事务,参与意识与要求均不强烈,对学校教育也不关注,甚至认为教育就是学校与教师分内的职责,与自己毫无关系,因而自己没有必要也没有义务充当教师的协助者;再次,部分社区领导和工作人员目光短浅,急功近利,只潜心于经济本位、效率至上的社区建设,而对周期长、见效慢的教育则关注不够,甚至将学校问题视为"麻烦",力求避而不谈,使学校在开发社区课程资源过程中遭遇诸多窘境。正如调查结果所显示的那样,35.2%的被调查者认为社区相关机构和人员对于协助学校搞好此项工作并不积极,甚至采取消

极不配合的态度,这也给新课改的深入实施带来诸多障碍。[①]

通过对农村中小学教师和学生的调查可以了解到虽然在各个学校之间存在一定的差异,但从整体上来看,他们开发课程资源的现状及存在的问题是基本一致的,即在新课程的实施中,课程资源起到了举足轻重的作用,新的课程资源观已经初步形成,但是却存在学校课程资源不足,缺乏有效的开发措施;教师开发课程资源困难,缺乏内部与外部的支持;学生对课程资源的需求不能得到充分满足,缺乏学生自主性的关注等。针对目前我国农村学校课程资源开发所面临的问题,关键是没有一个整体的开发机制能将学校、教师、学生等各个开发环节有效地统整起来,没有一种内部的力量能够让各种开发的信息在各个开发主体之间自由流动、共享共创,同时也缺乏一种完善的社会保障为整个开发过程提供强有力的外部支持。所以,本研究认为解决现阶段课程资源开发问题的对策是要建构一个合理的课程资源开发模式,以这个模式统整课程资源开发的各个环节,以保证课程资源开发的顺利进行。

第三节 加强农村中小学课程资源开发与利用的对策

一、明晰课程资源的内涵与类型

正确的认识是行动的先导。开发课程资源,首先要明确课程资源的含义及类型。由于课程资源的概念是丰富多样的,相对应的课

[①] 王媛:《农村中小学课程资源开发存在的问题及对策研究》,辽宁师范大学,2008年,第30—31页。

程资源的界定也是多样的。不同的研究者从不同的研究立场、研究角度出发可以有多个关于课程资源的定义。对学校课程资源的开发与利用来说，一方面要很好地界定课程资源的内涵，不至于出现内涵泛化或窄化的现象，另一方面要把握好课程资源分类，做到逻辑上清晰划分，类型不自相矛盾和过多交叉重叠，又要使得这种分类有利于分析和解决学校课程资源开发与利用实践层面存在的主要问题。只有首先在课程资源的逻辑概念上分析清楚，课程资源的开发与利用才会按正确的轨道运行。

二、调整开发策略，从学校实际出发，充分挖掘和有效利用校内课程资源

校内课程资源是学校课程资源建设的基础和重点，便于教师的选择与使用，是学校课程实施质量的主要保证。在校内课程资源中，课程标准和教材是课程资源最基本的组成部分，是中小学课程的基本素材和课程实施的基本条件之一。教师对于其他课程资源的开发和利用，要建立在课程标准和教材的充分利用基础之上，并且要积极主动地从"教教材"向"用教材教"扩展，使标准和教材成为支持教学的课程资源，而不是束缚教学的绳索。随着时代的发展和社会的进步，教材的形式和内容也会不断地发生变化。学校选用什么样的教材，除了课程政策上的考虑之外，还应该对教材本身的内在品质及其对学校师生的适应性问题进行深入的研究。一方面，我们要确认教材是最基本的课程资源，重视教材研究，充分发挥教材在教学中的重要作用。但另一方面，又必须认识到教材不是唯一的课程资源。我们要改变教材作为唯一课程资源的观念，合理构建课程资源的结构和功能。学校的校长、教师和学生应该积极主动地参与中小学的教材开发和建设，反映和表达自己的意见和建议。广大教师和学生在教学互动的过程中动态生成的知识、技能、方式、方法、情感、态度和价值观等方面的成果,不仅是校内课程资源的重要组成部分,而且是更加鲜活和细致的素材性课程资源。对于这类课程资源的开发和利用,在很大程度上决定着学校的教学质量和办学特色。

但农村学校在开发和利用课程资源的前提下,鉴于教育经费的紧张,学校一定要树立课程成本的观念,提高课程资源的利用效益,提倡因地制宜、因陋就简和师生共同创造性地开发和利用各种课程资源,鼓励学生之间、师生之间交流各种学习资源。学校不能不顾学校和学生的经济负担能力而一味追求条件性课程资源的现代化,而让现有课程资源大量地闲置和浪费。学校要对学校内部的课程资源进行整合,提高使用效率。要充分发挥农村学校现有的图书馆、实验室、专用教室及各类教学设施和实践基地的作用。图书馆、阅览室等肩负着特殊的责任,应该帮助学生有效地接触体现在学者、科学家及艺术家作品中的人类遗产。这些作品的意义在于它们的资源价值,在于学生能从中吸取终身受益的教诲。学校在图书馆、实验室和其他专用设施、设备等的服务时间、服务方式和使用效率上,需要不断地调整和完善,以适应学生日益个性化的学习需要。各门课程之间要尽可能形成共用的专用教室、计算机房、实践基地等,做到物尽其用和一物多用。

三、有效整合外部资源

(一)处理教材,让教材不再是固定不变的课程资源。教材是一种重要的课程资源,但用信息社会的观点审视课程内容,教材已不是唯一的课程资源。所以,教师应该能动而有创造地处理教材,为教材"添砖加瓦",拓展教材的课程资源功能。

(二)开发校本课程资源,走特色之路。校本课程资源是指具有学校特色的课程资源,在新课程背景下以学校为基地进行课程资源开发是民主开放的决策过程,教师处于"平等中的首席",拥有前所未有的自主权。这就要求教师具备敏锐的观察能力和课程资源意识,根据新课程的理念和学校自身的办学指导思想,构建适合学校实际和符合课程发展要求的课程资源。

　　(三)利用家庭和社会课程资源,带领学生走向生活。对适合课程的家庭和社会教育资源的运用,不仅能在一定范围内提高课程教学效果,而且有利于教师把课程资源的开发辐射到更广阔的空间。在外部课程资源的开发和利用上要注重精致,从而使其既能引起学生的强烈兴趣,为教学活动的展开服务,又不超越学生的理解能力,不加重师生的工作和课业负担,力避课程资源开发可能引起的负面效应。

四、充分捕捉与利用学生资源

　　(一)从学生的现状中捕捉课程资源。首先,学生的经验是一种资源。学生的经验是我们教学的起点,知识只有与学生的经验结合起来并最终内化为经验才是有价值的。倡导学生主动参与、探究发现、交流合作,实质上是要丰富和发展学生的经验。学生的发展不仅仅是知识的积累,更是经验的不断拓展和提升。其次,学生的兴趣是一种资源,兴趣是学习的动力。要想使学生获得成功,就要想办法将学生的兴趣与教学结合起来。要使学生乐有所获,教师便要善于寓教于乐,充分调动学生多方面的兴趣,激励学生自主探究,从而达到事半功倍的效果。最后,学生的差异是一种资源。学生在生活经验、兴趣、智能倾向上有差异,从逻辑上讲,差异可能导致两种状况:冲突与共享。学生之间可能会因为差异而形成冲突。但是如果引导得好,学生可以共享差异,在差异中丰富和拓展自己。因此,将差异看成资源更有利于学生的发展。

(二)从学生的提问中捕捉课程资源。新课程的教学是以满足学生的学习需要为出发点的,教师组织教学的有效性,取决于教师对学生的关注点和兴奋点的注意和利用。课堂上学生的提问正是学生学习兴奋点和关注点的体现,教师只要抓住这些"问题"加以引导,就可以引发更深更广的问题,就会产生出其不意的教学效果。

(三)从学生的学习过程中捕捉课程资源。学生的学习过程是思维的真实反映,随着教学的推进,教师的活动引发学生的活动,师生活动融合在一起,这时教师把学生普遍关注的问题作为重要的课程资源,可以激起学生的有效学习。

(四)从学生的学习结果中捕捉课程资源。学生的学习活动结果,是学习情况的真实反映,它既体现出学生学习的收获,也反映出学习过程中存在的问题,这些资源的有效利用,可以深化理解,升华认识,拓宽视野。教师要把学生探索的结果作为重要的课程资源加以利用,使教学推进的策略产生于学生的学习需求、学习积极性和主动性格外的高涨,学生在面临问题意识、满怀探究欲望的活动与讨论中,完成了学习任务,并收获了许多的实验方案和更准确的实验结果,大大超出了本节课学习目标的要求。①

五、关注学生主体,满足学生需要

21世纪是一个关注人的价值与意义的世纪,它强调对人性的理解和尊重,坚持"以人为本"就是要在肯定和重视人的价值与意

---

①霍洪田:《课程资源开发及利用研究》,《职业时空》,2008,(12):第43页。

义的同时,想方设法为人能够创造出更大价值,生成更大意义创造条件。①具体到学校教育,就是要坚持以"学生发展为本","基于学生发展,关注学生发展,为了学生发展"。这也是本次课程改革的核心理念之一。学校在开发与利用农村课程资源过程中,必须将着眼点放在学生的全面和谐发展上,密切联系学生的兴趣和经验,使资源的开发与利用与学生的长远发展相适应,培养学生的归属感和社会责任感,使学生在学会知识与技能的同时形成健康的个性和正确的人生观、价值观,为学生的终身发展创造条件。②

六、加强教师培训,提高教师的课程资源意识和课程开发技能

新课程使得教师的角色有了很大的改变,由课程的实施者转变为课程的开发者和实施者。教师自身对这种角色变化的理解直接影响到他们能否参与课程资源的开发与利用,并在其中起积极作用。因此培训过程中要加强教师这种角色意识的认识与转换,帮助教师从自身专业发展的角度去认识参与课程开发的意义,自觉促进自身的角色转变,从而充分调动教师参与课程开发和利用的积极主动性,使他们以主人翁的姿态投入进去,并在参与过程中不断地提高课程意识和课程开发技能。另外,在培训当中要使教师树立正确的课程资源观,教材不是唯一的课程资源,在日常教学中教师可以创造性地把自身的学识、经验、体验、价值观等重要的课程资源融入学校课程当中。面对同一课程目标即便是条件很简陋的

---

① 国际 21 世纪教育委员会:《教育——财富蕴藏其中》,教育科学出版社 1998 年版,第 97 页。

② 李征:《社区教育资源开发研究——基于上海市闸北区的现状分析》,华东师范大学,2004,第 42—43 页。

山区学校,教师也可以挖掘各种课程资源实现教育目标。在职前的培训中,也要改变师范教育课程内容缺失的状况,强化课程内容的教学,并把课程改革前沿最新的东西让师范生掌握,使他们一走上工作岗位就能胜任新课程改革对其提出的课程资源开发与利用的要求。

七、充分发挥多主体的作用,合理建构和优化课程资源的结构

不同的课程资源对学生来说有不同的价值,这就要求课程资源的开发与利用要打破课程资源结构单一的局面,完善和调整课程资源结构,合理建构课程资源的结构和功能。课程资源的结构要做到合理平衡,就要改变过去那种只重视学科知识而忽视学科知识新进展以及学科之间的渗透和学生生活经验的做法,改变只依靠教材和校内课程资源的狭隘做法,尽可能地充分开发和利用有利于教育教学活动的一切课程资源。

在课程资源开发的主体上,除了肯定学科专家的学术成就外,也要充分地意识到教师、学生、家长、社会力量在课程资源开发与利用的主体地位,意识到这些群体在课程资源开发的丰富性与适切性的意义。吸收教师参与课程资源的开发与利用,允许教师对已开发的课程资源做进一步的解读与发挥。鼓励学生参与课程资源的开发与利用,珍视学生的个体知识、经验、体验、情感。吸收家长和其他的社会力量参与课程资源的开发与利用,最大限度地开发和利用课程资源。

八、注意联合,建立校内外课程资源的协调和共享机制

农村学校要根据教学实际情况和学生发展的具体需要,广泛

利用校外的图书馆、博物馆、展览馆、科技馆、青少年活动中心、电影院、工厂、农村、部队、政府机关、企事业单位、职业学校、成人教育机构、高等院校和科研院所等各种社会资源以及丰富的农村自然资源;积极利用和开发信息化的课程资源,有效发挥各种公众网络的资源价值。网络不仅是课程资源共享的手段,而且它本身就是一座具有巨大发展潜力的课程资源库,应该成为课程资源开发、利用、交流和共享的重要平台。农村地区的中小学可以根据农村建设和发展的实际开发各种独特的课程资源。

从中小学课程资源的现实情况来看,建立校内与校外课程资源的协调和共享机制具有非常重要的意义。一方面学校要善于合理发掘和运用其他兄弟学校的课程资源,另一方面学校内部的课程资源也可以向社区和其他学校辐射。比如,可以在特色课程、专业教师以及场地设施等课程资源方面广泛地开展合作,互通有无,优势互补。真正的课程资源共享还必须建立相应的经验交流和合作研讨机制,定期和不定期地开展教学经验交流和办学思想研讨等活动。从技术层面来讲,网络技术的发展开始逐渐打破校内与校外课程资源的划分界线,从而在很大程度使得课程资源特别是素材性课程资源的广泛交流和共享成为可能,校内课程资源和校外课程资源相互转化的可能性和优越性越来越大了。

九、农村学校的课程资源的开发与利用要切合实际

我国农村地域辽阔,资源丰富多样。地区间各种资源在种类、多寡、存在状态上和结构上差异很大,不能盲目追求课程资源的统一,应保持不同地区间这种资源的差异,扬长避短,开发出适合本地区农村学校实际情况的课程资源,凸显学校的个性。像条件性资源不足的山区学校,不应盲目追求条件性课程资源的扩充,应善于

发掘素材性课程资源,如缺乏体育器材和运动场所的山区学校可以采用爬山的方式弥补体育教学的缺陷。如果农村学校搁置现有的课程资源不用而一味地追求体育器材、运动场所,反而会耗时耗力且达不到很好的教育效果。因此课程资源的开发与利用要从本地、本学校的现有条件出发,因地制宜,特别是在经济条件不足,课程资源欠缺的情况下更应如此。

参考文献:

[1]王媛:《农村中小学课程资源开发存在的问题及对策研究》,辽宁师范大学,2008年。

[2]国际21世纪教育委员会:《教育——财富蕴藏其中》,教育科学出版社1998年版。

[3]李征:《社区教育资源开发研究——基于上海市闸北区的现状分析》,华东师范大学,2004年。

[4]鲍淼芳:《基础教育课程改革中课程资源开发研究》,陕西师范大学,2007。

[5]刘德庆:《农村小学校本课程资源开发和利用的现状及对策研究》,辽宁师范大学,2010年。

[6]吴刚平:《中小学课程资源开发和利用的若干问题探讨》,《全球教育展望》,2009,38(3)。

[7]王嵘:《贫困地区课程资源的开发与利用》,《教育研究》,2001,(09)。

[8]李芳:《论当前课程资源开发利用中存在的问题与对策》,《湖南经济管理干部学院学报》,2005,16(3)。

[9]霍洪田:《课程资源开发及利用研究》,《职业时空》,2008,(12)。

第三部分
课程实施

第五章　农村中小学教学预设与生成调查研究

"以学生为本""基于学生发展,关注学生发展,为了学生发展"是新课程改革的核心理念,反映在课程的改革上就是强调处理好教学的预设与生成之间的关系。一堂符合新课程标准要求的课,应该以课前预先设计和课中动态生成的辩证统一为最高境界。一方面,通过课前预先设计来突出教学是有目的、有计划的育人活动的教育学特征,另一方面通过课中动态生成,促使教师在预设方案的实施中关注变化着的人的整个生命,使教学充满着人成长的生命气息。可以说,能否处理好"教学预设"与"动态生成"之间关系是课程教学改革成功与否的重要前提。

第一节　教学预设与生成理念的概述

一、教学中的预设

教学预设表现在课前,指的是教师对课堂教学的规划、设计、假设、安排,它是备课的重要组成部分。预设可以体现在教案中,也可以不体现在教案中。预设表现在课堂上,指的是师生教学活动按照教师课前的设计和安排展开,课堂教学活动按计划有序地进行;

预设表现在结果上,指的是学生获得了预设性的发展,或者说教师完成了预先设计的教学方案。课堂教学是一种有目的、有意识的教育活动,预设是课堂教学的基本特性,是保证教学质量的基本要求。教师在课前必须对教学目的、任务和过程有一个清晰、理性的思考和安排。课堂上也需要按预先设计开展教学活动,保证教学活动的计划性和效率性。

二、教学中的生成

教学生成表现在课前,指的是教师的"空白"意识,给教学活动留下拓展、发挥的时空。生成表现在课堂上,指的是师生教学活动离开或超越了原有的思路和教案;表现在结果上,指的是学生获得了非预期的发展。课堂教学不应当是一个封闭系统,也不应拘泥于预先设定的固定不变的程式。预设的教案在实施过程中需要开放地纳入直接经验和弹性灵活的成分,教学目标必须潜在和开放地接纳始料未及的体验。不能让活生生的师生围绕"死"的教案转,要鼓励师生互动中的即兴创造,超越目标预定的要求。[1]

新课程强调生成,这是由其所倡导的人本观、课程观、教学观所决定的。

其一,从人类学角度说,人是生成性的存在,生命发展是不可预测的,"生命不能被保证",儿童的发展具有丰富的可能性,是不确定的、不可限量的。教师不应该用僵化的形式作用于学生,用预先设定的目标僵硬地规定学生、限定学生,否则就会限定和束缚学生的自由发展。教师只能引导学生自由、主动地生成和发展。学生

---

[1] 李小波:《知识的传递还是经验的改造——关于课堂教学的思考》,《上海教育科研》,2006,(2):第51页。

是具有主观能动性的人。学生作为一种活生生的力量,带着自己的知识、经验、思考、灵感、兴致参与课堂活动,并成为课堂教学不可分割的一部分,从而使课堂教学呈现出多样性、丰富性和随机性。要改变学生是知识的接受者、是配角的思想。

其二,从课程角度说,课程不只是"文本课程"(课程计划、课程标准、教科书、教学参考资料等文本),而更是"体验课程"(被教师与学生实实在在地体验到、感受到、领悟到、思考到的课程)。这意味着,课程的内容和意义在本质上并不是对所有人都相同的,在特定的教育情境中,每一位教师和学生对给定的内容都有其自身的理解,对给定内容的意义都有其自身的解读,从而对给定的内容不断进行变革与创新,以使给定的内容不断转化为"自己的课程"。因此,教师和学生不是处于课程的之外的执行者,而是课程的有机构成部分,是课程的创造者和主体,他们共同参与课程开发的过程,从而使课程实施过程成为课程内容持续生成与转化、课程意义不断建构与提升的过程。

其三,从教学角度说,教学不是教师教学生学、教师传授学生接受的过程,而是教与学交往、互动的过程,师生双方相互交流、相互沟通、相互启发、相互补充,在这个过程中教师与学生分享彼此的思考、经验和知识,交流彼此的情感、体验与观念,丰富教学内容,求得新的发现,教学是一个发展的、增值的、生成的过程。可以说,生成是新课程课堂教学的一个亮点,它体现了课堂教学的丰富性、开放性、多变性和复杂性,激发了师生的创造性和智慧潜能,从而使课堂真正焕发出生命活力。如果说,传统课堂把"生成"看成一种意外收获,那么新课程则把"生成"当成一种价值追求;如果说传统课堂把处理好预设外的情况看成一种"教育智慧",新课程则把"生成"当成彰显课堂生命活力的常态要求。正像叶澜教授所指出:

"教师只要思想上真正顾及了学生多方面成长、顾及了生命活动的多面性和师生共同活动中多种组合和发展方式的可能,就能发现课堂教学具有生成性的特征。"①

如何才能做到教学的生成?

首先要求教师要尊重学生的学习权利和创造性。

学生在课堂上的学习权利主要表现在:作为平等的一员参与课堂教学并受到平等对待的自由和权利;独立思考、个性化理解、自由表达的自由和权利;质问、怀疑、批判教师观点或教材观点及其他权威的自由和权利。

其次,教师要转变角色和教学行为。教师要成为学生学习活动的组织者以及课堂信息的重组者,不断地捕捉、判断、重组课堂教学中从学生那里涌现出来的各种各类信息,把有价值的新信息和新问题纳入教学过程使之成为教学的亮点,成为学生智慧的火种;对价值不大的信息和问题,要及时地排除和处理,使课堂教学回到预设和有效的轨道上来,以保证教学的正确方向。教师要有意识地对自己的课堂教学行为进行审视和反思,即时修订、更改、充实、完善自己的教学设计和方案,使教学活动成为生成教学智慧和增强实践能力的过程。

总之,对教师而言,课堂教学绝不是课前设计和教案的展示过程,而是不断思考、不断调节、不断更新的生成过程,这个过程也就是师生富有个性化的创造过程。

三、教学中预设与生成之间的关系

预设与生成是辩证的对立统一体,课堂教学既需要预设,也需

---

① 叶澜:《让课堂焕发出生命活力——论中小学教学改革的深化》,《教育研究》,1997,(9):第4—5页。

要生成,预设与生成是课堂教学的两翼,缺一不可。预设体现教学的科学性、计划性和封闭性,生成体现教学的艺术性、动态性和开放性:两者具有互补性。在教学实践中,预设与生成的关系突出表现为以下两对关系。

(一)一元与多元的关系

一元指的是一元标准、共性认识、普遍价值,多元指的是多元解释、独特认识、多元文化。认识和思维的多样化和个性化是新课程的重要理念。为此,新课程教学提倡和强调学生对文本的多种解读、对问题的多种解答和对情景与生活的多种体验。多样化和个性化激活了课堂,使课堂焕发出生命活力。但是,不能由此走向认识和思维的另一个极端:否定答案的唯一性,拒绝真理、共识和标准。

当前,在鼓励学生多样化解读的同时要注意和强调:第一,重视文本的价值取向。接受美学家伊瑟尔说得好:"文本的规定性严格制约着接受活动,以使其不至于脱离文本的意向和文本结构,而对文本意义作随意理解和解释。"[1]例如一位教师上《狐狸和乌鸦》一课,初读课文后,让学生畅所欲言,说说对狐狸的看法。有的说狐狸"狡猾",说的话一次比一次动听,最后终于骗到乌鸦嘴里的肉。有的说狐狸"聪明",而且有意志力,理由是狐狸善于察言观色,不断改变说话的内容,直到乌鸦开口。教师在学生发言的基础上,引导学生展开讨论:狐狸究竟是"狡猾"还是"聪明"?通过讨论,统一了认识:狐狸是狡猾的,因为它用欺骗的手段获取不正当的利益,是不道德的。这是文本的价值取向。这种教法既珍视了学生的独特体验,又注意了文本的价值取向。第二,追求自我超越和更优答案。

---

[1] 王立根:《语文教学之痛:文本解读的缺席》,《福建论坛》(社科教育版),2006,(11):第4页。

教师要引导学生认识到每个人的认识和思维都是有限的，因而个人解决问题的策略和答案并不一定是最好的，个人对问题的认识也并非必然是正确的，也有可能存在片面性。教师应帮助学生克服自己的视野局限，消除囿于各种主客观因素而形成的偏差，欣赏和汲取他人有益的看法、有价值的观点，不断反思自我，超越自我。

(二)结论与过程的关系

结论与过程的关系也是预设与生成关系的体现。

从教学的角度讲，所谓教学的结论，即教学所要达到的目的或所需获得的结果。所谓教学的过程，即达到教学目的或获得所需结论而必须经历的活动程序。毋庸置疑，教学的重要目的之一，就是使学生理解和掌握正确的结论，所以必须重结论。但是，如果不经过学生一系列的质疑、判断、比较、选择，以及相应的分析、综合、概括等认识活动，即如果没有多样化的思维过程和认知方式，没有多种观点的碰撞、论争和比较，结论就难以获得，也难以真正理解和巩固。更重要的是，没有以多样性、丰富性为前提的教学过程，学生的创新精神和创新思维就不可能培养起来。所以不仅要重结论，也要重过程。

从学习角度讲，重结论也即重学会，重过程也即重会学。学会，重在接受知识，积累知识，以提高解决当前问题的能力，是一种适应性学习；会学，重在掌握方法，主动探求知识，目的在于发现新知识、新信息以及提出新问题、解决新问题，是一种创新性学习。正因为如此，新课程强调过程，强调学生探索新知的经历和获得新知的体验，并把过程与方法作为新课程目标的重要组成部分，从课程目标的高度突出过程方法的地位。对于学生的发展，预设与生成都只是手段和措施，我们一定要从提高教学质量、立足学生可持续发展的高度，用长远的、动态的观点来辩证地认识和处理两者的关系，重视培养学生独立学习能力和创新素质这一教学的根本目标。

第二节　农村中小学教学预设与生成现状调查及分析

教学的预设与生成是教师教学改革理念的直接体现，直接关系到教师教学改革的成败。为了解广大农村教师在预设与生成理念的掌握和实际处理状况，特此进行了调查。

一、调查对象

在大同、忻州、吕梁、运城四个地区，采取分层随机抽样法，共抽取教师334名。其中，小学教师119名，初中教师87名，高中教师138名。这些教师所属的学校，既有公办，也有民办和民办公助；既有农村教师，也有县城教师；既有高职称教师，也有中初级及未定级教师。所选对象有很好的典型性与代表性。需要说明的是，在下面的统计分析中，每个问题的不规范问卷单独做了处理。因此出现每个题的总人数有所不同的现象。

本研究共发放教师问卷334份，每个问题单独处理，不影响对其他问题的统计处理，这也符合统计学要求。具体抽样情况见第一章表1。

二、调查方法

1. 测量工具

问卷是课题组成员自行编制的《山西省农村基础教育课程改革发展现状调查问卷》(教师卷)，采用无记名方式进行调查。

2. 调查内容

关于"教学预设与生成"问题共有 22 个问题。其二级维度主要包括新教学理念(4个)、教学目标(2个)、参考资料(3个)、一堂好课标准(1个)、教学内容的选择与确定(6个)、对教案的态度(3个)、教学反思(3个)。

三、调查结果及分析

(一)"以学生为本"的理念

1.各地区教师比较

表 1　各地区中小学教师"以学生为本"教学理念调查表

教学设计要"以学生为本"	大同地区		吕梁地区		忻州地区		运城地区	
	频数	百分比	频数	百分比	频数	百分比	频数	百分比
完全认同	56	40.3	44	54.3	25	44.6	21	38.9
认同	80	57.5	31	38.3	27	48.3	33	61.1
不太认同	3	2.2	6	7.4	4	7.1	0	0
总和	139	100.0	81	100.0	56	100.0	54	100.0

从表 1 中可以看到,各地区 96.06% 的教师坚持"以学生为本"的理念,充分尊重学生,以学生为主体。但从总体来看,有 13 个教师(占 3.94%)没能接受"学生为主体"的理念,仍然坚持"教师为中心"的传统教学理念。

2.不同层次教师比较

表 2　农村中小学教师"以学生为本"教学理念调查表

选项	小学		初中		高中	
	频数	百分比	频数	百分比	频数	百分比
完全认同	51	44.3	31	39.2	64	47.1
认同	58	50.5	43	54.5	70	51.4
不太认同	6	5.2	5	6.3	2	1.5
总和	115	100.0	79	100.0	136	100.0

从表2中分析,小学、初中、高中教师对"以学生为本"理念的不认同率分别达5.2%、6.3%、1.5%,农村中小学教师的认同率平均达96%,这是值得肯定的。

(二)新理念的运用

为了解新理念在教学设计中的作用以及教师运用新理念的自觉性,通过"教学设计与生成新理念的体现、运用的自觉性以及对新理念在教学中的应用"三个问题进行调查。

1.不同地区教师比较

调查显示,在"教学设计与生成教学理念的体现"问题上,认为体现多的教师有243人,占72.1%;认为体现较少的有91人,占27%;认为教学中没体现的有3人,占0.9%。这说明约有1/3的农村教师在教学设计中,没能有意识地体现预设与生成等新理念,这是个值得关注的问题。在"新的教学理念对教学设计的指导意义"上,认为作用很大、一般、不大、没作用的分别占47.7%、46.5%、4.7%、1.1%,这说明52.3%的教师对新教学理念理解不到位,运用的自觉性较差,需要加强这方面的培训和提高。在"教学设计中教学理念的体现"上,有90.4%的教师能自觉以新理念为指导,积极组织教学活动,主流是好的;仅有9.6%的教师很少或没有在教学中运用新的教学理念。地区差异是存在的。其中忻州与运城两地区,全部能贯彻新理念,这说明教学设计与生成的理念已深入人心。

2.不同层次教师比较

在对教学新理念的认识以及运用方面,小学、初中与高中有没有明显的差异呢?调查结果如下:

从表3可以看出,能处理好"教学设计与生成"问题的比例小学与高中分别达到71.5%、76.8%,初中阶段的问题较大,处理不好

表3 教学新理念在中小学教师设计中的认识及运用调查表

问题	选项	小学		初中		高中	
		频数	百分比	频数	百分比	频数	百分比
教学设计与生成教学理念的体现	完全体现	41	35.3	25	30.1	48	34.8
	体现较多	42	36.2	29	35.0	58	42.0
	体现较少	33	28.4	27	32.5	31	22.5
	没体现	0	0.0	2	2.4	1	0.7
	总和	116	100.0	83	100.0	138	100.0
新的教学理念对教学设计的指导意义	很大	57	50.0	29	34.5	74	53.6
	一般	49	43.0	50	59.5	57	41.4
	不太大	6	5.3	4	4.8	5	3.6
	没作用	2	1.7	1	1.2	2	1.4
	总和	114	100.0	87	100.0	138	100.0
教学设计中新理念渗入的自觉性	非常高	88	75.9	57	70.4	90	65.2
	较高	18	15.5	19	23.5	31	22.5
	较低	10	8.6	4	4.9	17	12.3
	没自觉性	0	0.0	1	1.2	0	0.0
	总和	116	100.0	81	100.0	138	100.0

以及不能处理的占到34.9%，即1/3。在"新教学理念意义的认识以及体现的自觉性"上，无论在哪个层次，认同的占总人数在90%以上，这是主流。9%左右的教师认识不正确，自觉体现新理念的积极性差，小学与高中所占比略高于初中。

(三)教学设计中的参考资料

为针对性地购买教学资料，了解教师在教学设计中主要依据的参考资料种类以及对教材的态度也就非常有必要。调查结果如下：

1.对教学参考资料的调查

表4 中小学教师备课中教学参考资料的调查统计表

问题	选项	小学		初中		高中	
		频数	百分比	频数	百分比	频数	百分比
你平时阅读最多的与教学有关的书籍（多选）	课程方案	17	14.5	4	4.8	19	14.0
	课程标准	26	22.2	11	13.1	23	16.9
	教师用书	66	56.4	57	67.9	78	57.4
	教育理论书	4	3.4	8	9.5	1	0.7
	本学科教育理论书	18	15.4	10	11.9	23	16.9
教学设计中，你参考最多的是	教师用书	75	64.1	42	50.6	63	45.7
	学科杂志	9	7.7	6	7.23	15	10.9
	上网查询	31	26.5	31	37.4	57	41.3
	与同事交流	2	1.7	4	4.8	3	2.2
	总和	117	100.0	83	100.0	138	100.0

从表4可以知道，教师平时阅读最多的是国家统一编写的不同阶段的"三大文本"，即课程方案、课程标准与教科书（包括与教科书相互配套的教学参考书），小学、初中、高中的比例分别是93.16%、85.7%、88.7%；注重提高自身的专业素养，积极阅读与所教学科有关的教育理论书，小学、初中、高中的比例分别是15.38%、11.91%、16.9%；但阅读最少的是一般的教育理论书，平均只占全部被调查教师的4.55%，这说明教师们不注意提高自身的教育素质，教育理论素养的整体水平很低。

教师在教学设计中参考最多的是教师用书。小学、初中、高中的比例分别是64.1%、50.6%、45.65%，无论是哪个层次的教师，均占绝对比例，平均占被调查教师的53.25%。居第二位的是网上搜集相关资料。小学、初中、高中的比例分别是26.5%、37.35%、41.31%，平均占被调查教师的35.21%。这两项合计达88.46%。教师用书与网上查询资料成为教师备课时参考的主要依据。其他两项比例太低。

2.对教材态度的调查

教材课标的具体体现,也是教师教和学生学的主要依据。教师对教材的态度直接影响到学生对教材的掌握程度,影响到教师教学设计的进程与内容。调查结果如下表：

表5 中小学教师在设计中对教材态度的调查表

问题	选项	小学		初中		高中	
		频数(116)	百分比	频数(84)	百分比	频数(137)	百分比
备课时,您对教科书的基本态度	严格遵循教科书的内容体系	11	9.5	4	4.8	9	6.6
	只需遵循课程标准的要求,不必拘泥于任何教科书	26	22.4	18	21.4	42	30.7
	是否遵循教科书要求要看教材是否体现了课程标准的要求	15	12.9	6	7.1	26	19.0
	是否遵循教科书要求要看教材是否符合学生实际	19	16.4	11	13.1	19	13.9
	处理教科书既要体现课程标准要求又要符合学生实际	45	38.8	45	53.6	41	29.9

课标只是规定了教师教学的最低要求,有范围的浮动,是知识大框架的体现。从表5可以看到2、3、4、5选项都符合新课改的精神,大约占全体教师的93%,层次间的差异不明显。但小学教师中传统的以教材为主要依据的备课方式比例较高,占到小学教师的9.48%。

（四）教学目标

教学目标是教师教学首要关注的问题,也是教学设计的核心问题,新课改规定了每单元的三维教学目标。农村教师在教学设计中能否考虑到三维教学目标,根据什么来确定教学目标成为调查的两个问题。调查结果如下表:

表6 不同地区中小学教师"教案设计中的教学目标"调查表

选项	大同地区		吕梁地区		忻州地区		运城地区	
	频数	百分比	频数	百分比	频数	百分比	频数	百分比
知识、能力目标	23	15.8	10	12.2	12	21.4	5	9.1
过程与方法目标	14	9.5	10	12.2	1	1.8	4	7.3
情感、态度、价值观目标	23	15.8	14	17.1	5	8.9	2	3.6
三者都有	86	58.9	48	58.5	38	67.9	44	80.0
总和	146	100.0	82	100.0	56	100.0	55	100.0

新课改一个重大变化就是由单一注重知识转变为教学三维目标。三维目标是教师教学的核心,一切教育活动都应围绕它来组织和设计。表6表明:63.7%的教师能结合所讲的内容,从知识能力目标、过程与方法目标、情感态度价值观目标三方面来设计每单元的教学目标,但只关注一维目标的教师达36.3%,其中,只关注知识传授,没适时进行转变的教师约占14%。

表7 各地区中小学教师"教学设计中教学目标确定的依据"调查表

选项	大同地区		吕梁地区		忻州地区		运城地区	
	频数	百分比	频数	百分比	频数	百分比	频数	百分比
教材或教学参考书的目标	35	24.0	31	37.8	10	17.5	20	37.0
该学科课标规定的目标	51	35.0	32	39.0	25	43.9	25	46.3
据自己对教学内容理解确定目标	25	17.0	9	11.0	11	19.3	8	14.8
据学生兴趣和需要确定教学目标	35	24.0	10	12.2	11	19.3	1	1.9
总和	146	100.0	82	100.0	57	100.0	55	100.0

表7表明:教师在设计教学目标时,根据课标所确定的目标制定教学目标的教师有39.1%。由于我国幅员辽阔,各地学校的具体情况差异较大,因此,60.9%教师能结合学生兴趣、其他参考书以及对学科内容的理解,制定教学的三维目标,这正好体现教学的预设与生成之间的关系。但无论怎么制定,课标是规范教师教学行为的指南。

(五)对教学设计的态度

教学设计(俗称教案)是保证教学取得成功、提高教学质量的基本条件。教学过程是由教师的教和学生的学所组成的双边活动过程。如果不认真进行教学设计,教学过程中必然目标模糊、心中无数、要求不当、随心所欲而不可能取得好的教学效果。教学设计不仅有利于提高教师的教学水平,也有助于教研活动的开展。教师对教学设计是什么态度呢,能否及时调整内容及科学分配教学时间?调查结果如下:

表8 农村中小学教师教学设计态度调查表

选项	小学		初中		高中		总数	
	频数	百分比	频数	百分比	频数	百分比	频数	百分比
严格按照事先准备的设计进行教学	7	6.8	1	1.2	12	8.7	20	5.9
精心设计,但在教学中要适当调整	98	83.8	74	87.0	115	83.3	287	84.7
公开课严格按教案教学	8	6.8	8	9.4	9	6.5	25	7.3
教案无须精心准备,课堂上的动态生成才是最重要的	3	2.6	2	2.4	2	1.5	7	2.1
总和	116	100.0	85	100.0	138	100.0	339	100.0

从表8可以看出,重视教学设计与教学生成的教师占到教师总数的84.7%,这说明大部分教师已掌握教学设计与生成的理念,

能有意识地收集相关资料,充分发挥多主体的建构课堂内容的作用,使教学内容处于动态的发展变化过程中。小学与中学没多大区别。但有2.1%的教师不能正确处理教学设计与生成之间的关系,无视教学设计的基础性和重要性。13.2%的教师仍然把教案看作是教学的唯一的依据,照本宣科,不能根据教学情境和学生的实际及时调整内容。这一结果在另一问题中也得到印证。具体情况看表9。

表9 "农村中小学教师在课堂教学中对于教案的做法"调查表

选项	小学		初中		高中		总数	
	频数	百分比	频数	百分比	频数	百分比	频数	百分比
严格按教案进行教学	16	13.6	3	3.5	14	10.1	33	9.7
创造性地运用	14	12.0	10	11.9	18	13.0	42	12.4
根据学生特点和教学情境对教学内容进行调整	87	74.4	68	81.0	105	76.2	260	76.7
其他	0	0	3	3.6	1	0.7	4	1.2
总和	117	100.0	84	100.0	138	100.0	339	100.0

把选项2与3合起来分析,就可以清楚地看出:有302名教师(89.1%)能灵活运用教案,教师的主流是好的。但还有33名教师(9.7%)不顾学生实际,严格按死的教案教学,这是有悖于教改精神的。

在"能否科学合理分配教学时间"问题上,275名教师(81.6%)能科学合理地分配各教学环节的时间,突出重点,突破难点,较好地实现教学目标。但有18名教师(5.3%)不能科学分配教学时间,且高中问题最大。很少能根据需要科学分配时间的小学、高中教师分别占该层次教师的15.5%、13.0%,这应引起重视。详情见表10。

表 10　农村中小学教师科学分配教学时间调查表

您能根据教学目标与内容自主分配课堂教学时间	小学		初中		高中		总数	
	频数	百分比	频数	百分比	频数	百分比	频数	百分比
完全不符	5	4.3	1	1.2	12	8.7	18	5.3
较少符合	18	15.5	8	9.6	18	13.0	44	13.1
基本符合	85	73.3	68	81.9	101	73.2	254	75.4
完全符合	8	6.9	6	7.3	7	5.1	21	6.2
总和	116	100.0	83	100.0	138	100.0	337	100.0

（六）备课内容

编写教案是教师进行课前准备的主要内容，也是备课工作好坏的主要体现，直接关系到教学效果的好坏。有专家说过，若认真准备了教案，课就相当于已成功一半。农村教师课前的准备工作做得如何？为此，从备教材、教学内容的确定及对教案的调整三个方面进行了调查。

1.备教材

备教材、备学生、备教法是教师备课要做的三项主要工作。备教材不仅仅指通读教学用书，还包括教学参考书、网上查阅资料、平时的资料积累等。调查结果如下表：

表 11　农村中小学教师备课现状调查表

问题:您的备课状况是?	小学		初中		高中		总数	
	频数	百分比	频数	百分比	频数	百分比	频数	百分比
认真钻研教材,依照教材编写教案	32	27.4	22	26.2	42	30.4	96	28.3
阅读大量资料(包括教材),并根据学生实际编写教案	73	62.4	52	61.9	89	64.5	214	63.1
照抄相关参考书上的教学设计	10	8.5	8	9.5	4	2.9	22	6.5
不写教案,课前浏览一下就直接上课	2	1.7	2	2.4	3	2.2	7	2.1
总和	117	100.0	84	100.0	138	100.0	339	100.0

凡选"阅读大量资料（包括教材），并根据学生实际编写教案"的 214 名教师，备课时的工作做得比较到位，占到总教师数的 63.1%，且小学与中学的比例差异不大。只钻研教材，依据教材编写教案的有 96 人，占 28.3%，其中，小学与初中问题较大，分别占各层次的 8.5%、9.5%；不认真在课前备课，通过照搬别人或不写教案，以敷衍态度对待教学的有 29 人，占总人数的 8.6%。

2.教学内容的确定

教学内容是教师教案中的主要组成，也是教师与学生活动的主要对象。教学内容的选择与确定对于实现教学目标，完成教学任务，培养学生素质意义重大，农村教师在备课时如何选择与确定教学内容，成为调查的问题之一。调查结果如下：

表 12 "农村中小学教师教学内容选择"调查表

问题及选项		小学		初中		高中		总数	
		频数	百分比	频数	百分比	频数	百分比	频数	百分比
您根据社会和学生的需要选择教学内容	完全不符	10	8.8	6	7.2	16	11.6	32	9.4
	较少符合	36	25.7	29	34.5	66	47.8	131	38.9
	基本符合	66	61.9	48	57.1	52	37.7	166	49.3
	完全符合	3	3.6	1	1.2	4	2.9	8	2.4
	总和	113	100.0	84	100.0	138	100.0	337	100.0
教学内容源于教材的比例	全部是	16	13.8	6	7.1	13	9.4	35	10.3
	大部分是	96	82.8	71	83.5	121	87.7	288	85.0
	小部分是	4	3.4	7	8.2	4	2.9	15	4.4
	不是	0	0	1	1.2	0	0	1	0.3
	总和	116	100.0	85	100.0	138	100.0	339	100.0

从表 12 可以看出，约 95.3%教师在教学设计中基本能以教材内容为主，同时结合社会发展和学生的实际需要，综合考虑教学内

容,这是非常准确的。但完全照本宣科而不顾学生实际与社会发展现状的占到9.4%,这一做法违背教学内容回归生活的原则,削弱教学的有效性与实用性,如有48.3%教师教学中很少顾及或完全忽略社会发展与学生实际,条条框框严重,理论性过强。

3.教学内容的调整

表13 "农村中小学教师对教学内容的调整"调查表

问题及选项		小学		初中		高中		总数	
		频数	百分比	频数	百分比	频数	百分比	频数	百分比
您经常自觉地对教学内容的合理性、难度进行评价	完全不符	10	8.8	6	7.2	13	9.4	29	8.7
	较少符合	29	25.7	22	26.5	36	26.1	87	26.0
	基本符合	70	61.9	51	61.5	82	59.4	203	60.8
	完全符合	4	3.6	4	4.8	7	5.1	15	4.5
	总和	113	100.0	83	100.0	138	100.0	334	100.0
经常与学生交流对教学内容的理解与认识,甚至是不同观点	完全不符	3	2.6	4	4.8	10	7.2	17	5.0
	较少符合	22	18.8	24	28.6	27	19.7	73	21.5
	基本符合	84	71.8	51	60.6	85	61.5	220	64.9
	完全符合	8	6.8	5	6.0	16	11.6	29	8.6
	总和	117	100.0	84	100.0	138	100.0	339	100.0
即使教学内容相同,教案也不断更新	完全不符	10	8.8	4	4.8	4	2.9	18	5.4
	较少符合	21	18.4	20	24.1	25	18.1	66	19.7
	基本符合	74	64.9	46	55.4	90	65.2	210	62.7
	完全符合	9	7.9	13	15.7	19	13.8	41	12.2
	总和	114	100.0	83	100.0	138	100.0	335	100.0

我们知道,教材不可能朝令夕改,常变常新。教材一旦确定,往往几年内不会有大的变化。只有这样,教师才能适应,才能谋改革、求发展。但教材不变不等于教学内容一成不变。老师需要结合日常的教学和自己学生的实际情况,在课堂教学中进行必要的增删和

教学方法的改革。因此,有 73.5%教师经常与学生交流,加深对教学内容的理解与认识,拓展对知识的深入理解,有 62.3%的教师经常自觉地对所授的教学内容的合理性、难度、进度、方法等方面进行评价。也就是说,即使教学内容不变,74.9%的教师教案也是不断改变的,表现为增加一些资料、进一步梳理教学思绪、切入点的转变等。但做不到以上几方面或很少能做到的比例也不低,大约在 1/4。

(七)一堂好课的标准

教师对一堂好课的标准定位,直接影响他的教学设计与课堂教学行为。什么样的课才是一堂好课?教师们看法不一。调查结果如下:

表 14 "农村中小学教师心目中好课的标准"调查表

一堂好课的标准?(多选题)	小学		初中		高中	
	频数	百分比	频数	百分比	频数	百分比
学生在情感、态度、价值观方面有所发展	66	56.9	48	57.1	74	53.6
学生参与广泛,师生交流充分,课堂气氛热烈	83	71.6	57	67.9	98	71.0
学生能自主思考,探究学习	83	71.6	53	63.1	85	61.6
学生掌握知识要点,会做题	33	28.4	32	38.1	41	29.7

从表 14 可以看出,农村中小学教师中 70%左右的人能坚持多元化的评价标准,从知识、能力、主体性等方面来综合评价课堂的好坏。但小学、初中、高中还分别有 28.4%、38.1%、29.7%教师还是坚持"唯分数唯一"。

(八)教学反思

教学反思是指教师对教育教学实践过程进行再认识、再思考,并以此来总结经验教训,进一步提高教育教学水平。教学反思一直以来是教师提高个人业务水平以及自身成长的一种有效手段与途径。教师通过对自己教育实践得失的反思,通过教育案例、教育故事或教育心得等来提高教学质量。按教学的进程,教师的教学反思可分为教学前、教学中、教学后三个阶段。教学前的反思是指凭借以往的教学经验,对新的教学活动进行批判性的分析,并作为调整性的预测,这种反思具有前瞻性。教学中的反思是指对发生在教学过程中的问题及时发现,自觉反思,迅速调控。这种反思表现为教学中的一种机智,具有敏感性。教学后的反思是在某一教学活动告一段落(如上完一节课,或上完一个单元的课等等)后,在一定的理念指导下,去发现和研究过程中的问题,或者对有效的经验进行理性的总结和提升,这种反思具有批判性。本次调查主要了解中小学教师教学反思的积极性、反思内容、反思的频数三方面。

1. 对自己教学目标、教学内容、态度、情绪、教学方法反思的调查

为了解反思的内容,针对"你经常对自己在教学中的态度、情绪、教学方法进行反思与评价"的问题进行了调查,结果如下表:

表15 农村中小学教师"教学态度、情感、方法"反思的调查表

选项	小学		初中		高中		总数	
	频数	百分比	频数	百分比	频数	百分比	频数	百分比
完全符合	4	3.4	7	8.3	8	5.8	19	5.6
基本符合	86	73.5	55	65.5	92	66.6	233	68.7
不太符合	24	20.5	19	22.6	31	22.5	74	21.9
完全不符	3	2.6	3	3.6	7	5.1	13	3.8
总和	117	100.0	84	100.0	138	100.0	339	100.0

从表15可以看出,重视反思的老师占到总人数的74.3%左右,但约有1/4的老师,只关注知识传授而忽略教学过程与方法以

及情感、态度、价值观的培养的任务。

2.中小学教师对教学反思的时间及频数的调查

为了解中小学教师在教学反思方面的积极性与自觉性,从教学反思的时间及频率做了问卷调查,结果如下表:

表16 农村中小学教师教学反思的时间及频率调查表

选项		小学		初中		高中		总数	
		频数	百分比	频数	百分比	频数	百分比	频数	百分比
会及时把感悟写下	完全符合	10	8.5	4	4.8	9	6.5	23	6.8
	基本符合	81	69.2	47	56.0	86	62.3	214	63.1
	不太符合	21	18.0	29	34.4	36	26.1	86	25.4
	完全不符	5	4.3	4	4.8	7	5.1	16	4.7
	总和	117	100.0	84	100.0	138	100.0	339	100.0
经常在课后做教学反思	完全符合	30	25.6	8	9.6	15	10.9	53	15.7
	基本符合	67	57.3	56	67.5	86	62.3	209	61.8
	不太符合	15	12.8	16	19.3	34	24.6	65	19.2
	完全不符	5	4.3	3	3.6	3	2.2	11	3.3
	总和	117	100.0	83	100.0	138	100.0	338	100.0

这实际是一个问题的两种不同问法。从表16可以看出,两个题的一致性比较高,大约分别有69.9%、77.5%的教师能及时把感悟、想法、体会、课题上存在的问题等记录下来、在课后及时做反思,主流是好的。但问题还是存在,约有30.1%的教师没有记录教学体会或做教学后记的习惯,有22.5%的教师很少做教学反思,这样的状况会直接影响这些教师的专业进步与成长。

四、农村中小学教学预设与生成存在的主要问题

(一)教学预设与生成理念不明确

在进行教学设计时,"基于学生发展,关注学生发展,为了学生

发展"是新课改的核心理念，以学生为本是教育教学改革的主旨思想。调查表明，约有 3.94% 的教师不认同这一理念，认为教师在教学中的权威地位是不容动摇的。究其原因，是有 5.9% 的教师认为新理念对教学作用不大，甚至不起任何作用。这样的认识自然导致他们不能以新理念自觉指导自己的教学工作，仍然采用教师讲学生听的方式进行教学的教师达 0.89%，体现新理念较少的教师有 24.04%。这说明有 24.93% 教师教学行为缺乏新理念的指导，并且体现新理念的自觉性也很差，如表 3 所示，体现较少和没能体现的教师占 9.65%，约 1/10 的比例应引起人们的重视。

(二) 教师不注意提升自身的教育理论素养

教师只是注意阅读与平时教学相关的"三大文本"，阅读学科杂志和学科参考资料，对一般的教育理论书籍，如教育学、心理学、教育心理学、教学法、新课程改革的理论等，几乎从不涉猎，这是急功近利的直接表现。老师们狭义理解教师专业发展的内涵，忽略了对普通文化知识、教育学科知识及娴熟教师技能技巧的掌握，教师缺乏应有的自觉性，外界的各种招聘和任用的制约缺乏直接导致了教师的专业发展滞后与倦怠。

(三) 教学的三维目标体现不完全

教学的三维目标是每单元教学必须完成的任务和实现的目标。但有 63.7% 的教师只顾及其中一方面目标而忽略其他目标。其中只关注知识传授，没适时进行转变的教师约占 14%。许多教师不知道过程与方法目标、情感态度价值观目标该如何制定与实施，这直接影响到教学的组织与效果。

(四) 部分教师不能正确处理预设与生成之间的关系，仍把教案作为教学不变的剧本

农村有 9.7% 的教师对预设的含义理解不到位，将教案作为教

学的唯一依据,以不变应万变。教学时的各种因素千变万化,教学的内容、进度、提问的内容与方式、授课的节奏等都应及时进行调整,若老师们不做相应的变化,只能还是"以教为中心",教什么,就学什么,学生学习被动,其自觉性、主动性被限制。"要我学"成为学生学习的主旋律。

(五)备课只参照教材,以不变应万变,敷衍了事

备课是课前的必做工作。如果只读教材,甚至还不认真地逐字逐句地阅读,可以断定这样的课是肯定不成功的,这样的教师占到8.6%。一旦教案确定,不顾学生和社会发展实际,不注意反思教学过程和学生学习中反应,照本宣科,以不变应万变的教师约占48.8%,这一数字非真可怕!

(六)只关注知识的传授,难以实现三维目标

如表5所示,7.12%的教师对教材非常依赖,用传统的备课方法来应对新课程,致使他们还是以完成知识传授为主,忽略学生能力培养,过程与方法及情感、态度、价值观教学任务,难以实现教学的三维目标及有机统一。

(七)没有进行教学反思的习惯

调查显示,约有26.9%的教师不记录教学体会,很少做教学反思,这样的状况会直接影响这些教师的专业进步与成长。

第三节 平衡农村中小学教学预设与生成的对策

一、组织各种教育理论学习,让教师明确教学的预设与生成的辩证关系

教学的预设与生成的辩证关系是本章探讨的核心问题,很多

教师的对此不理解,甚至根本不知道。当地教育局或学校要有计划地组织教师们参加教育理论学习,让老师理解教学的预设与生成的含义及辩证关系,掌握一定的处理二者关系的技能。课前预先设计和课中动态生成的辩证统一为新课程的最高境界。一方面,通过课前预先设计来突出教学的有目的、有计划性育人活动的教育学特征。另一方面,通过课中动态生成,促使教师在预设方案的实施中时刻关注变化着的学生学习状态、教学过程的每个细节,把课堂教学变成一个开放的、变化的过程,也不应拘泥于预先设定的固定不变的程式。预设的目标在实施过程中需要开放地纳入直接经验、弹性灵活的成分以及始料未及的体验,要鼓励师生在互动中的创造,超越目标预定的要求。只有这样,课堂才能真正回归学生,充满生命活力,使课堂教学充满着人的成长的生命气息。

"生成"是一个相对于"接受"的说法,"预设"是相对于"灌输"的一种行为准备,从教师灌输、学生接受到教师预设、师生生成,是教师教学行为方式转变的结果。"生成"是一个思考活动的过程,不是借学生之口说老师想说的话。因此,教学的艺术有时可以简化为教师把握预设与生成的艺术。即如何在一节课中,通过"预设"去促进"生成",通过"生成"完成"预设"的目标。在"预设"中体现教师的匠心,在"生成"中展现师生智慧互动的火花。[①]

二、摈弃三种意识,掌握处理预设与生成的技能,灵活组织课堂教学,实现预期目标

为实现预期的教学目标,在新课程的课堂上,教师不仅仅是教

[①] 姚国平:《课堂教学目标设计的效果:预设与生成的和谐》,《扬州教育学院学报》,2007,25(03):第95—96页。

者、述者、问者、领导者,而且是学者、思者、听者,更是整体活动进程的灵活调度者、领导者和局部障碍的排除者,是课堂信息的捕捉者、判断者和组织者。因此,面对越来越复杂的学生和教学任务,中小学教师必须摈弃三种意识:教案意识、替代意识、控制意识。

教案是教师对教学设计、教学活动的组织安排。教案意识是指教师按自己课前准备的教学程序活动过程,或讲解,或与学生"一问一答"地执行教案,按预期的时限,完成预定的任务。而它却常常忽略了我们的教学对象是一个个活生生的、有着不同个性、不同基础、不同经历的人,且人的思维是不断变化的。摈弃教案意识就是要树立这样的思想,课堂教学最重要的是培养学生自主学习能力、创新意识与能力,课程进程的调整是必要的,且一节课的教学任务完成与否并不影响学生的整体发展。教师在课堂上展现出的应是一种以学生发展为主的根据学生情况适时调整教学环节的课堂调控能力。

替代意识就是替学生思考、替学生做作业、替学生生活,尤其面对屡屡启而不发的学生,教师无法完成教案内容,就替学生回答了自己设计的问题,而学生仍没有得到主动发展。摈弃替代意识就是要认识到学生是学习活动的主体,具有不可替代性。面对出现的问题,教师只能教会学生如何处理,不可以替代,更不能用老师预想的规范、预设的路线、剧本来约束学生。课堂应围绕"问题"步步展开,通过疑问的不断解决、不断深化,让学生带着疑问走进教室,走出教室时仍然怀抱好奇。杜绝教学中"教师唱主角""学生当配角"的表演课。

控制意识就是教师始终没忘记自己"主体"的身份,在课堂上唯恐学生抓不住重点,化解不了难点,就紧扣目标,严格按预先设计的程序、提出的问题、设想的线路来完成教学任务,否则就认为教学不完美。面对学生偏离正确答案的回答，老师总会不露痕迹地、从容不迫地、循循善诱地，充分地、人为地、主观地发掘学生见解中的"合理"因素——和正确（标准）答案有联系的因素，将学生拉回到预设的轨道。教师确实做到了随机应变而不露痕迹，很自然地就把不利局面扭转过来了，不管学生怎么跳终究跳不出老师的"手心"。此时，教师的老练、精明和睿智之处，就在于他如此巧妙而自然地又似乎不伤自尊心地把学生独立的、各自的、发散的思考引导到"轨道"上来。于是，教师以其"教育机智"使课堂教学按照原先的设定出色地完成了任务，学生也在这看似"宽松"的氛围中，在不断的赞赏中学到了特定的知识。这看似"完美"的做法，慢慢地泯灭着儿童的天性，消磨着儿童创造的欲望，侵蚀着儿童思维的品质。摈弃控制意识就是要认识到，在课堂教学中，教师要善于捕捉能够引发学生思考、争辩、探讨的信息，善于发现学生思想碰撞的火花，将学生在课堂上表现出的"异想天开""与众不同"等引向对已有知识和经验的利用，引向对新问题出现的促进和对新知识的渴求，使学生获取知识经历一个更为充分更加丰富的过程，获得更多更深的体验与感受，真正实现从"学会"到"会学"，由"教"到"不教"，从"社会文化"到"个体成长"的真实有效的转化。

三、教案充分体现三维目标，集体备课，教学设计与管理要突破常规

教学的改革必将促进教学管理部门对教案的管理方法，实现个性化管理。

教师在进行教学设计时，要给学生留足自由思维的空间，形式上必须体现教学的知识技能目标、过程与方法目标、情感态度价值观目标，结构上不要过于封闭和程式化，而是要体现内容的概要

性、形式上的模糊性和结构上的不确定性，以便适应新环境、容纳新内容、确立新策略，为师生之间的互动交流、互生新知、建立情感，形成特有的"张力"，从而实现课堂教学的生态化。具体措施如下：

(一)从个人独立备课过渡到集中智慧、同伴互助的集体备课

作为教师和学校，要意识到长期以来，思维狭窄、负担繁重的个人独立备课的传统模式，已远远不能适应新课程的要求。新课程的单元备课，教学方法与教学形式的不确定性，教学资源的拓展，学生创新能力的培养，等等，都对教师的专业素质和教育实践提出了挑战和更高的要求，单靠个人独斗难以完成以上任务。突破教师个人的独立备课，加强教师间的讨论与合作创新，采用集体备课是新课程教师进行教学设计所必需的。

(二)从形式主义的抄写教案到注重实效思考教学结构地

很多学校都有在学期初检查教案的习惯。但这样的检查只是流于形式，注重结果(纸质教案)而忽略过程，有多一半的教师是重新抄写或让人代写，对教学效果的提高作用不大。赵亚夫教授曾说过：如果教师把抄写教案的时间用于思考教学结构，其教学效果会有大的提升。

所谓教学结构：是指在一定教育思想、教学理论、学习理论指导下的，在某种环境中展开的，由教师、学生、教材和教学媒体这四个要素的相互联系、相互作用而形成的教学活动的进程的稳定结构形式。教学结构的呈现方式多种多样，可用文字简述，可以图示，可以表格。教学结构强调的是理清思路、把握准单元的教学目标和每节课的整体结构，强调教学过程、教学方法、组织形式、关键性提问、指导语等。不要求教师写出课堂上要讲的每句话，教师也不需要把教材或教参已有的内容照搬照抄在教案上，只写出相关的提

纲即可,甚至对于开放性问题可以不提供答案。关注教学结构对教师提出较多的要求,如教师对教材能融会贯通,相当熟悉;可以将教参带进课堂;可以在教材上做批注。学校要鼓励教师创造性地使用教材。下面是长沙市开福区的谭兴茂老师结合语文课的特点和本区教师的教学实际,归纳出的"教学结构"的基本要点,大家可以做参考,把握教学结构的大的框架。

1.课程的三维目标及要求

2.学情实际(学习基础)

3.教学目的(单元)与目标(本课,评价教学效果的依据)

4.教材使用与自主调整补充等(依据学情与教学目的、目标)

5.课程资源的利用与开发

6.教学过程简述(附预期板书设计)

7.教学反馈(学生学习效果的多种方式测评)

8.教学反思(记述教学的成功与遗憾,乐趣与困惑)[①]

(三)用行为目标来明确表述三维目标

教师制定的课程目标,要采用行为目标的方式来表述。行为目标价值取向主张以人的行为方式来陈述目标的精确化、标准化、具体化。要求行为主体学生化;行为状况多样化,行为要多样化、多观察,可用写出、背出、列出、认出、辨别、解决、设计、对比等;行为条件情景化,要描述行为发生的媒体、限定时间、提供信息,如"通过听说交流……"等。行为标准表现程度具体化,如"能用符号语言表示三角形"实际是强调教学目标避免含糊不清和不切实际的语言表述。下面附一则教学主题的教学目标,以体会其要求。

---

① 黎奇:《新课程背景下的有效课堂教学策略》,首都师范大学出版社2006年版,第6—7页。

附①

认识三角形

教学内容：北师大版《数学》七年级（下册）第五章第一节

教学目标：

1.通过操作、测量、对比、观察、推理、交流等活动，认识三角形，能用符号语言表示三角形；

2.经历用三条小木棒摆三角形的实践活动，理解三角形三边不等的关系并发展学生有条理的表达能力；

3.判断三角形三条线段能否构成一个三角形的方法，并用于解决有关问题；

4.让学生树立几何知识源于客观实际，用于实际的观念，激发学生学习兴趣，培养学生的探索精神。

四、突破教材的束缚，拓展备课资源，为教师教学创设更空旷的空间

教师要突破三个教学文本，多阅读、多积累，合理开发与利用课堂教学资源，让学生的生活和经验进入教学过程，让那个教学"动"起来。教师应树立这样的理念："整个世界"都是课程资源，教师要做有心人，善于发现每一个具有无限生机的契机，精心梳理、引导，发挥学生的积极性与主动性，为学生发展提供广阔空间。教师要在以下几方面下工夫：

1.在师生互动、生生互动生成的资源中，及时把握，引导学生对生成的资源进一步挖掘，实现资源的优化与重组。

2.注重课堂上与学生的交流。叶圣陶说："解放孩子的脑，让他

---

① 黎奇：《新课程背景下的有效课堂教学策略》，首都师范大学出版社2006年版，第75页。

去想;解放孩子的口,让他去说;……孩子的创造思维和创新才能才能得到很好的发展。"比如在讲完"一个降落伞包"课文后,老师问学生还有没有问题,大家表示没问题啦。这时,一个学生怯生生地说,他有个更好的办法:周总理与小杨共用一个伞包。老师问为什么,他说,小杨最多30公斤,周总理可以抱着小杨,也可以把他俩拴在一起,这样两人都有生存的希望。老师非常兴奋,真是好办法!你是怎么想出来的?他说:"我不想周总理有危险!"老师顺势引导全班学生:是呀!总理爱孩子,孩子们也爱总理。你想出的好办法,说出了大家的心声,真是太棒了!这位老师尊重学生,发挥学生的主体作用,引导他们认真思考,鼓励他们大胆说出自己的想法,还原教与学的自然过程,为教师积累教学资源提供珍贵的素材。

3.挖掘学生本身所蕴含的教学资源。学生是有着一定发展积累的活生生的个体,他们的知识、经验、个性特点、心理特征、接受能力等,因接受的教育、所处的家庭背景以及社会环境的不同而不同。我们在设计教学时,既要有所准备,但也要随时准备调整,真正体现学生是主体的思想。比如,有个教师在准备讲《分数》时,刚导入进去,就有几个学生着急举手,说他们已学过了,很不耐烦。老师一问才知道,他们是从外班转来的。为了既不让这些同学闲着,又能巩固他们的知识,锻炼他们的口才,老师灵机一变,让学会的学生当小老师,带领大家学习以及"动手做分数",他们之间可以互相提问。由于尊重学生,调动了全班学生的积极主动性,效果出奇地好。

五、加强教学反思,促进教师的专业成长

教学反思是教师提高个人业务水平的一种有效手段,当代教育家非常重视它。农村的中小学教师要掌握相关理论,有意识地从

自己的教育实践中来反观自己的得失,通过教育案例、教育故事或教育心得等来提高教学反思的质量,从而促进教学。

(一)反思方法

1.反思日记。在一天的教学工作结束后,要求教师写下自己的经验,并与其指导教师共同分析。

2.详细描述。教师相互观摩彼此的教学,详细描述他们所看到的情景,对此进行讨论分析。

3.实际讨论。来自不同学校、不同学科的教师聚集在一起,首先提出课堂上发生的问题,然后共同讨论解决的办法,最后得到的方案为所有教师及其他学校所共享。

4.行动研究。为弄明白课堂上遇到的问题的实质,进行探索用以改进教学的行动方案,教师以及研究者合作进行调查和实验研究。它不同于研究者由于外部进行的旨在探索普遍法则的研究,而是直接着眼于教学实践的改进。[①]

(二)反思内容

教学反思包括教学前反思、教学中反思、教学后反思。

教学前反思的内容包含反思确定内容、阶段、具体实施方法,以及达到这些目标所需要的动机、教学模式和教学策略。要对本学科、本册教材、本单元、本课时进行教学计划时列出反思的关键项目。如:需要教给学生哪些关键概念、结论和事实;教学重点难点的确定是否准确;教学内容的深度和范围对学生是否适度;所设计的活动哪些有助于达到教学目标;教学内容的呈现方式是否符合学生的年龄和心理特征;哪些学生需要特别关注;哪些条件会影响课

[①] 曾光微:《对高中新课程改革下的教学反思——关于进一步推进课堂教学改革的思考》,《教育教学论坛》,2013,(8):第129页。

的效果……

教学中反思是教师在教学过程中，对不可预料情况发生进行的反思以及教师在和学生互动作用中，根据学生的学习效果反馈，对教学计划进行的调整。不可预料情况发生时，教师要善于抓住有利于教学计划实施的因素，因势利导，不可让学生牵着鼻子走。根据学生反馈对教学计划的修改和调整要适当，不可大修大改。教学中反思要求教师全身心地投入到教学活动中，调动各种感官捕捉反馈信息，快速、灵活地做出调整和反应。教学中反思教师可运用录音和录像技术，与观察手段一起为以后的教学后反思提供信息。

教学后反思围绕教学内容、教学过程、教学策略进行。具体为：

第一，教学内容方面：确定教学目标的适用性；对实现目标所采取的教学策略做出判断。

第二，教学过程方面：1.回忆教学是怎样进行的。2.对教学目标的反思：是否达到预期的教学效果。3.对教学理论的反思：是否符合教与学的基本规律。4.对学生的评价与反思：各类学生是否达到了预定目标。5.对执行教学计划情况的反思：改变计划的原因和方法是否有效，采用别的活动和方法是否更有效。6.对改进措施的反思：教学计划怎样修改会更有效……

第三，教学策略方面：1.感知环节：教师要意识到教学中存在问题与自己密切相关；2.理解环节：教师要对自己的教学活动与倡导的理论、行为结果与期望进行比较，明确问题根源；3.重组环节：教师要重审教学思想，寻求新策略；4.验证环节：检验新思想、新策略、新方案是否更有效，形成新感知，发现新问题，开始新循环。

教师教学反思的过程，是教师借助行动研究，不断探讨与解决教学目的、教学工具和自身方面的问题，不断提升教学实践的合理性，不断提高教学效益和教科研能力，促进教师专业化的过程。也是教师直接探究和解决教学中的实际问题,不断追求教学实践合理性,全面发展的过程。

参考文献:

[1]李小波:《知识的传递还是经验的改造——关于课堂教学的思考》,《上海教育科研》,2006,(02)。

[2]叶澜:《让课堂焕发出生命活力——论中小学教学改革的深化》,《教育研究》,1997,(09)。

[3]陈杰:《建构语文教学中预设与生成的新型关系》,《上海教育科研》,2005,(09)。

[4]姚国平:《课堂教学目标设计的效果:预设与生成的和谐》,《扬州教育学院学报》,2007,25(03)。

[5]黎奇:《新课程背景下的有效课堂教学策略》,首都师范大学出版社2006年版。

[6]杨凤艳:《"教学反思"之反思》,《吉林教育》,2013,(01)。

第六章　农村中小学教学方法改革调查研究

21世纪是一个国际化和全球化的时代,高科技与现代化社会的发展,迫切需要德智体全面发展的人才资源。国运兴衰,系于教育。基础教育是一个国家教育的基础,是整个教育活动系统的基石。而农村基础教育不仅是农村发展的基础,也是国家教育基础中的基础,在全面建设小康社会的进程中,农村基础教育更具有基础性、先导性、全局性的重要作用。因此,深化农村基础教育教学改革势在必行。而通过方法的改革,提高教学效率、培养创造性人才是深化教育教学改革最基本的,也是必不可少的条件。本章内容主要以现代化的教学方法为指导,结合对山西省农村基础教育教学方法改革的调查现状,分析其问题存在的原因,进而探讨出符合山西省农村实际需要的有益的教学方法。

第一节　教学方法概述

一、教学方法的概念

关于教学方法,从国内外有关教学理论的内容来看,国内外学者对其也没有完全一致的解说,我们可以把这些众多的定义加以概括、归纳，主要有以下几种。

"教学方法是教师和学生为完成教养任务而进行理论和实践认识活动的途径。"①

"教师和学生在教学过程中为解决教养、教育和发展任务而展开有秩序的、相互联系的活动的办法，就称为教学方法。"②

"教学方法是教师和学生为了完成某种教学任务而特别组合在一起的教学活动成套化、系列化的总称。"③

"教学方法是为完成教学任务而采用的方法，它包括教师教的方法和学生学的方法，是教师引导学生掌握知识技能、获得身心发展而共同活动的方法。"④这一概念目前比较认可。

二、中小学常用的教学方法

目前，我国中小学常用的教学方法从宏观上讲主要有：以语言形式获得间接经验的教学方法，以直观形式获得间接经验的教学方法，以实际训练形式形成技能、技巧的教学方法等。这些教学方法之所以经常被采用，主要是因为它们都有极其重要的使用价值，对提高教学质量具有特定的功效。但任何教学方法都不是万能的，它需要教育者切实把握各种常用教学方法的特点、作用、适用范围和条件，以及应注意的问题等，使其在教学实践中有效地发挥作用。

（一）以语言传递为主的教学方法

1.讲授法。这种教学方法是教师通过语言系统连贯地向学生

---

① 巴拉洛夫等编：《教育学》，人民教育出版社1980年版，第164页。
② 巴班斯基主编：《教育学》，人民教育出版社1986年版，第206页。
③ 睢文龙、廖时人、朱新春主编：《教育学》，人民教育出版社1994年版，第275页。
④ 王道俊、郭文安主编：《教育学》，人民教育出版社2009年版，第234页。

传授知识的方法。它包括讲述、讲解、讲读、讲演等具体形式。讲授法是一种最常见的教学方法。讲授法具有传递知识信息和控制学生的认识活动两方面作用,通过这些作用可以发展学生的智力,激发学生的学习动机,培养学生的学习兴趣,使学生的思维活动处于积极的状态中。他们一边在紧张地思考,一边又在感受求知的乐趣。教师在讲授中既可通过分析和比较、归纳和演绎、综合和概括,又可通过讲重点、讲关键、讲难点、讲思路、讲规律、讲方法等多种形式来促进学生掌握知识、认识知识的价值,并将其内化为一种学习的动力。

2.谈话法。又称问答法,是教师根据一定的教学目的要求和学生已有的知识经验,通过师生间的问答对话而使学生获得新知识或巩固知识、发展智力的教学方法。谈话法分为复习谈话和启发谈话两种形式。谈话法可使教师直接了解学生的学习状况,有利于学生独立思考,并培养学生的表达能力。一般来说谈话法花费的教学时间较长,对学生知识准备情况要求较高,所以在一堂课中,谈话法一般与其他的教学方法配合使用。

3.读书指导法。这种方法是教师指导学生通过阅读教科书和参考书以及课外读物,使学生获得知识、发展能力的一种方法。它包括指导学生预习、复习、阅读参考书、自学教材等形式。读书指导法是加深理解和牢固掌握知识,扩大学生的知识领域,培养学生自学能力的一种很好的方法。在使用此方法的时候,教师要明确教学目标,同时教给学生读书的方法。当学生读书完毕后,教师还要根据实际情况组织学生相互交流,加深对学习内容的理解。

(二)以直接感知为主的教学方法

1.演示法。这种教学方法是教师通过展示各种实物、直观教具或作示范性实验和动作,使学生通过观察获得感性知识或印证所学书本知识的方法。演示法分为三种形式。第一,为了使学生获得对事物的感性认识,主要通过实物、挂图、模型等演示。第二,为了使学生了解事物发展变化的过程,主要使用幻灯片、投影仪、多媒体等现代化的教学媒体。第三,教师身体力行的示范性动作,例如体育课中的示范性动作。演示法是通过视觉刺激完成的,所以要养成学生有目的的知觉习惯,促进学生思维能力的发展。使用演示法,要依赖一定的物质条件,同时作为一种辅助性的教学方法,要与讲授法、谈话法等方法结合使用。

2.参观法。这种教学方法是教师根据教学内容的需要,组织学生去实地观察学习,从而获得知识或巩固、验证已学知识的方法。参观法有准备性参观、并行性参观、总结性参观三种形式。参观法可使教学方法改革与实际生活紧密联系起来,有利于学生更好地理解所学知识,丰富感性经验,开阔视野,又可以在实际中受到生动的思想品德教育。在参观过程中,为了防止学生偏离参观目的,教师要在参观过程中对学生加强指导,参观结束后要安排学生讨论参观心得,或布置与参观相关的作业。

(三)以实际训练为主的教学方法

1.实验法。这种教学方法是指学生在教师指导下,利用一定的仪器设备,进行独立操作,通过观察研究获取知识,培养技能、技巧的方法。实验法可分为感知性实验和验证性实验两种形式,被广泛应用于中学理科教学,如:物理、化学、生物等自然学科的教学中。实验法不仅可以培养学生的动手操作能力、观察能力,而且有助于培养学生热爱科学的情感和实事求是的科学态度。

2.实习作业法。这种教学方法是学生在教师的组织和指导下,在校内外的一定场所,综合运用所学的理论知识进行实际操作或其他实践活动,以掌握知识,形成技能技巧的方法。实习作业法的特点是感性、综合性、独立性和独创性,在自然科学和技术学科中占有重要地位,如数学的测量实习,物理、化学的生产技术实习,生物课的植物栽培和动物饲养实习,地理课的地形测绘实习,劳动技术课的生产技术实习等。实习作业法有利于贯彻理论联系实际原则,培养学生独立工作能力和工作技能。

3.练习法。这种教学方法是学生在教师指导下进行巩固知识、运用知识,形成技能技巧的教学方法。练习法分为各种口头练习、书面练习、实际操作练习、模仿性练习、独立性练习、创造性练习等形式。练习法以一定的知识为基础,具有重复性特点,在各科教学中被广泛使用。它不仅能使学生巩固和运用所学的知识,形成一定的技能、技巧,而且还有利于培养学生克服困难的毅力、一丝不苟的工作态度等优良品质。

(四)以引导探究为主的教学方法

1.讨论法。这种教学方法是教师指导学生以小组或班级的形式,围绕某一中心议题发表自己的看法,相互交流、相互学习,从而获得知识的方法。通过讨论可以使学生们集思广益,取长补短,加深对所学知识的理解和增长新知识,有利于活跃课堂气氛,发挥学生的主动性、积极性,发展学生的思维能力和口头表达能力。同时,也有利于培养学生民主协商的人际关系技能及合作解决问题的能力。

2.研究法。这种教学方法是在教师指导下学生通过独立地探索、创造性地分析问题和解决问题,以获取知识和发展能力的方法。使用研究法时,教师要为学生独立思考提供必要的条件,选择正确的研究课题,让学生可以独立思考与探索问题。

三、现代教学方法概述

素质教育作为一种崭新的教育模式,旨在以培养学生的学习能力和创造能力为重点,德智体美劳诸育同时并举,促进全体受教育者生动活泼地、主动地得到全面和谐的发展。现代教学方法在整个素质教育系统中尽管居于从属地位,但起着不可忽视的作用。具体而言,在教育目的和教育内容确定的前提下,教师个人若不能在深刻领会教学目的、教学内容的基础上,灵活运用现代化的教学方法,以达成教育教学目的,教育教学也就失去了应有的实效性。从这点来说,现代教学方法的重要性便显而易见了。那么,在素质教育的深入发展中,基础教育教学中又出现了哪些现代教学方法呢?

(一)六步教学法

这是我国特级教师魏书生创设的语文教学方法。所谓六步是指教学的基本程序为:(1)定向。首先向学生交代当堂课的学习重点和难点,明确学习目标。(2)自学。组织学生自学教材,独立完成课文后的作业。(3)讲座。组织学生分组讨论自学中尚未解决的问题,寻求答案。(4)答疑。由教师和学生共同回答讨论中提出的尚未解决的疑难问题。(5)自测。由每个小组根据重点、难点自拟10分钟左右的测试题目,自己回答,自己评分,自我检查学习效果。(6)自结。下课前要求每个学生口头总结学习结果和收获,教师选取有代表性的学习收获小组在全班交流,及时强化知识。[①]六步教学法以知、情、行、恒相互作用的规律为依据,重点培养学生的自学能力。

(二)导学式教学法

这是我国江苏南通中学创造的一种新教学方法。其主导思想要求教师的任务是"导"不是"讲",学生的任务是"学"不是"听"。通

[①] 瞿文龙、廖时人、朱新春主编:《教育学》,人民教育出版社1994年版,第295—297页。

过教师巧妙引导,促进学生主动学习。对教师的要求是导得精要、导得有序、导得灵活。学前导兴趣,善设情境,激发学习动机;学中导思路,因势利导,引流导向,启发开拓思路;学完导结论,善于总结概括,使认识升华,取得明晰结论。导学式教学法的实质是在教师启发下学生通过自学获得知识技能的一种教学方法。它从克服注入式、实行启发式的教学思想出发,提出教学方法改革的基本要求,没有具体框架模式,因而对任何学科的教学都是适用的。

（三）快乐教学法

这是我国在基础教育改革中涌现出的小学教学新方法,其目的在于减轻学生课业负担,培养孩子们愉悦的学习情绪,让孩子们在快乐中进行学习,在快乐中成长。快乐教学法的实施途径和基本要求是:(1)创设快乐的环境,使孩子们乐于学习。这种快乐的环境包括愉悦的学习环境、丰富的心理环境、友爱和谐的师生人际关系环境和文明优雅的校园文化环境。学生在这样的环境中必然感到学习之乐与生活之乐,从而激发学习欲求。(2)激发学习动机,促使学生主动学习。要根据教材特点,采用组织活动、游戏等多种生动活泼的方式进行教学,寓教于乐,学有所思,学有所得。(3)帮助学生获得学习成功的情感体验。教师要根据学生个别差异,选取适应不同年龄、不同智力水平学生的活动方式,使他们都在自己原来的基础上有所进步,取得成功,心理上产生愉快的情绪体验,增强进一步学习的兴趣。实践表明,快乐教学法符合小学生天真活泼好动的心理特征,有利于促进少年儿童在德、智、体诸方面生动活泼和谐的发展,全面提高学生的素质,发挥学校教育的整体效应。但是应该指出,实施快乐教学法,还是要按照各科教学大纲和教材的需求,采取多种快乐教学的方式,完成教学任务,使学生掌握应该学习的基本知识与技能,并受到思想教育,智力、体力都得到发展。

(四)发现教学法

发现教学法是美国心理学家和教育理论家布鲁纳提出的,其精要在于使学生参与教学活动,主动去发现问题,研究问题,获取知识。这种方法要求在教师的指导下,学生像科学家进行科学研究那样,通过自己的学习,发现事物变化的起因和事物的内部联系,从中找出规律。发现法的具体步骤是:(1)教师选定要由学生自行发现的一个或几个一般原理;(2)建立问题情境;(3)组织提问或演示活动,以帮助学生提出解决问题的方案;(4)组织活动,帮助学生进行对比分析;(5)实施方案,得到一般原理式概念;(6)把新发现的一般原理和概念运用于实际。①发现教学法在指导思想上,要求学生在学习期间就去应付新的问题,发现新的东西。它需要运用分析、综合、归纳、演绎等高级的心理活动过程。在具体操作上,它强调培养学生对学科本身的兴趣,例如利用儿童的好玩、好动、好问等天性来从事学习。在形成效果上,他主张教师应该在概念领域中,充分利用新奇、怀疑、困难、矛盾等去引起学生的思维冲突,使他们主动地去解决问题。

(五)掌握学习教学法

掌握学习法于20世纪60年代由美国北卡罗来纳大学的卡罗尔首先提出,后经芝加哥大学教授布卢姆发展为掌握学习的教学法。他们认为,学生的学习进度有快慢之分,但只要给足够的时间,几乎每个学生都能学会,掌握课程要求的各项教学内容。布卢姆的研究表明,如果正确运用这种方法,可以使80%的学生掌握80%的教学内容,大大超过了美国一般中学的教学效果。

---

① 眭文龙、廖时人、朱新春主编:《教育学》,人民教育出版社1994年版,第297—298页。

掌握学习教学方法的基本指导思想是：只要是合适的教学条件，"每个学生的智力都可以达到很高的水平，是可以完成学习任务的"。运用这一教学法的要求是：教师要把教材内容组成若干单元，每个教学单元结束后对学生进行一次"诊断测验"，测验结果不计入学生的成绩档案；测验及格者可以做补充练习，不及格者由教师针对他们没有掌握的问题进行补充讲解，学生继续学习，接着再进行针对性测验，直到彻底掌握为止。然后才开始第二单元的教学。实施这种教学法的具体步骤是：(1)确定教学内容和要求；(2)实施教学计划；(3)测定学生是否掌握了学习内容；(4)根据学生存在的问题，给学生第二次学习的机会；(5)有针对性地再讲述有关内容，即对已确定的教学目标再进行一次强化。

第二节　农村中小学教学方法改革现状调查及分析

一、调查对象

本次调研以大同地区、吕梁地区、忻州地区、运城地区的小学、初中和高中教师及学生为调查对象，采取分层随机抽样法，共抽取教师344名，学生482名。其中，小学教师119名，初中教师87名，高中教师138名；小学生176名，初中生175名，高中生131名。这些教师和学生所属的学校，既有公办，也有民办和民办公助；既有农村的，也有县城的，所选对象有很好的典型性与代表性。需要说明的是，在下面的统计分析中，对于每个问题的不规范问卷单独做了处理，因此会出现每个问题总人数有所不同的现象，这样做也符合统计学原理。教师与学生抽样的具体情况见第一章表1与表2。

二、调查方法

1.测量工具

问卷分为教师卷和学生卷。问卷是课题组成员自行编制的《山西省农村基础教育课程改革发展现状调查问卷》,采用无记名方式进行调查。

2.调查内容

关于"农村学校教学方法现状"的调查既有教师问卷,也有学生问卷。教师的调查问题有17个,学生的调查问题有12个。其二级维度包括教师角色(3个)、教改意识(8个)、教学目标(4个)、教学策略(7个)、课堂师生互动(3个)、教学辅导(4个)。

三、农村中小学教学方法现状调查及分析

(一)教师的角色

在现代社会,教师作为文化传承的执行者的基本职能并没有变,但教师不再是单纯的传递者,也同时作为学生的同伴、活动的组织者、学生学习过程的支持者和帮助者等,教师的角色越来越向多重化方向发展。对此的调查结果如表1:

表1 农村中小学教师角色认知调查表

问题	选项	忻州地区		吕梁地区		运城地区		大同地区	
		频数	百分比	频数	百分比	频数	百分比	频数	百分比
在教学中,您经常充当的角色是	知识的传授者	17	29.8	31	37.8	22	40.0	66	44.8
	方法的点拨者	33	57.9	42	51.2	26	47.3	60	41.4
	情感的鼓励者	7	12.3	9	11.0	7	12.7	19	13.8
	总和	57	100.0	82	100.0	55	100.0	145	100.0

续表

问题	选项	忻州地区 频数	忻州地区 百分比	吕梁地区 频数	吕梁地区 百分比	运城地区 频数	运城地区 百分比	大同地区 频数	大同地区 百分比
您每节课用于讲授的时间大约是	0—10分	1	1.8	2	2.4	2	3.6	2	1.4
	11—20分	22	38.6	25	30.5	27	49.1	59	40.7
	21—30分	28	49.1	39	47.6	22	40.0	75	51.7
	31—45分	5	8.8	16	19.5	4	7.3	9	6.2
	总和	57	100.0	82	100.0	55	100.0	145	100.0
你认为教师的"自我反思"	很重要	109	68.6	84	77.1	90	90.0	72	63.7
	比较重要	33	20.8	22	20.2	10	10.0	31	27.4
	一般重要	15	9.4	3	2.7	0	0	9	8.0
	不重要	2	1.2	0	0	0	0	1	0.9
	总和	159	100.0	109	100.0	100	100.0	113	100.0

从以上调查数据可以看出，四个地区有将近30%～45%的教师认为自己扮演的角色是知识的传授者，有40%～60%的教师认为是方法的点拨者，而相比之下，认为是情感的鼓励者的教师角色所占比例不到15%。从课堂讲授中所占的时间调查上来看，20—30分钟的课堂讲授时间占到了将近一半。这说明，大多数教师在教师角色的认知与定位上相对较传统，重在对知识的传授，忽视了对学生情感上的支持与鼓励。从学生角度来看，60%以上的学生都认为教师的自我反思很重要。这说明教师作为反思者的角色已被大多数学生所认可。

总体上讲，教师对新课程的理念和内涵理解还不到位，仍存在偏差，教师角色还没有实现完全的转换，作为教学的组织者，课堂中仍然以教师的讲解为主，以教师本位而非学生本位的教学，形成了学生在学习过程中思考机会和空间的缺乏、参与机会的减少、学习动机低落及不专心等问题，教师的引导和促进作用发挥不明显。

这些问题都直接或间接地影响着教学效果的实现。

(二)教师的教改意识与行动

教改的关键是教师,由于教师职能与任务的变化,在传授知识、培养能力、进行思想教育过程中,都应考虑贯彻教改精神,反映出新的教育思想。这是当前进行教学改革的重要问题。对此,本研究从教师是否会有意识地探索新教学方法、新理论等方面来调查,具体调查结果如下:

表2　农村中小学教师教改意识与行为调查表

问题	选项	忻州地区		吕梁地区		运城地区		大同地区	
		频数	百分比	频数	百分比	频数	百分比	频数	百分比
看到新的教学理论和方法,就想去学与尝试	完全不符	0	0.0	3	3.8	1	1.7	11	7.6
	有点不符	7	12.7	17	21.3	12	21.8	33	22.9
	基本符合	34	61.8	48	58.8	34	61.8	91	63.2
	完全符合	14	25.5	13	16.1	8	14.5	8	6.3
	总和	55	100.0	81	100.0	55	100.0	143	100.0
您在教学中探索新的教学方法的情况是	很少考虑	9	16.4	8	9.9	5	9.1	35	24.3
	有想法,但怕影响学生	36	65.4	49	60.5	27	49.1	80	55.2
	没有考虑	1	1.8	4	4.9	3	5.5	4	3.8
	经常尝试	9	16.4	20	24.7	20	36.3	24	16.7
	总和	55	100.0	81	100.0	55	100.0	143	100.0
您对自己运用教学方法的情况是否满意?	很满意	7	12.3	10	12.3	1	1.9	12	8.8
	较满意	27	47.4	37	45.7	28	51.9	68	50.4
	一般	21	36.8	31	38.3	23	42.5	48	35.6
	很不满意	2	3.5	3	3.7	2	3.7	7	5.2
	总和	57	100.0	81	100.0	54	100.0	135	100.0

续表

问题	选项	忻州地区		吕梁地区		运城地区		大同地区	
		频数	百分比	频数	百分比	频数	百分比	频数	百分比
您愿意使用现代教学媒体吗?	很愿意	20	36.3	11	13.4	7	12.7	12	8.3
	愿意	31	56.4	31	37.8	22	40.0	67	46.2
	一般	3	5.5	37	45.1	22	40.0	64	44.1
	不愿意	1	1.8	3	3.7	4	7.3	2	1.4
	总和	55	100	82	100	55	100	145	100
您会尝试运用新的教学方法吗?	经常	23	40.4	32	39.0	28	51.9	41	37.0
	偶尔	31	54.4	44	53.7	24	44.4	87	55.5
	很少	3	5.2	6	7.3	2	3.7	11	5.4
	从不	0	0.0	0	0.0	0	0.0	3	2.1
	总和	57	100.0	82	100.0	54	100.0	142	100.0

从以上表中的调查结果得出,教师在尝试新的教学理论和方法方面,有60%以上的教师都想去尝试。但对于"您在教学中探索新的教学方法的情况"调查显示,有50%～60%的教师有改革创新的想法,但怕影响学生成绩,因此放弃改革的尝试。与此对应,在"您会尝试运用新的教学方法吗?"调查得出,37.5%的教师经常进行教学改革,55.5%的教师偶尔会尝试运用新的教学方法。对于"您愿意使用现代教学媒体吗?"这一问题,有40%以上的教师选择愿意。

在关于"您授课的教法已成形,基本不做大的调整"问题调查中,小学教师、初中教师和高中教师在"基本符合"项的有效百分比分别占到40.2%、44%、46.4%,从地区差异来看,大同地区的有效百分比为44.1%,吕梁地区为45.1%,忻州地区为43.9%,运城地区为40%。该结果表明,半数以上的教师对于新教学理论和方法在认知态度和教学理念上相对较为积极,但仍有一半的教师会沿袭传统。各年级、各地区近半数的教师对已成形的传统教法不会太积极地去改革,即便有改革的意识,但能将改革意识转化为行动的表现不明显,改革的积极性仍不够强。

另外,在学生看来,认为教师对教材有补充的比例,运城地区占 59%,忻州地区占 50.3%,吕梁地区占 56%,大同地区占58.4%。这说明有一半的教师对教材的补充较少。新课程改革过程中,教师对教学方法改革准备工作的认识和态度还不到位,受传统观念的影响,对新课改的内涵并没有真正领会,导致在教学中的改革意识并不强烈。再加上新课改后教材的设计本身比较系统、生动、易懂,一些教师认为只要照本宣科把课本上的内容传授给学生就可以了,无须自己再进行整合与组织。可见,传统的教育制度对教师教学方法改革的影响确实是根深蒂固的。

(三)教学目标

教学的根本任务是为了有效促进学生身心的全面发展,而不是某一方面或某学科的发展,教师要关注学生的知识、技能、态度、情感和价值观等多元发展。新的课程标准要求教师在关注知识与技能,过程与方法的同时,关注学生学习的情感与态度,既注重知识的传授,又注重实际操作能力的培养,使学生在学习活动中获得成功的体验,最大限度地满足每一个学生学习的需要,让每一个学生都能得到发展。关于教学目标方面的调查情况如下:

表3 农村中小学教师对教学目标重视情况调查表

问题	选项	小学		初中		高中	
		频数	百分比	频数	百分比	频数	百分比
老师在上课时,除过完成知识、技能目标外,关注教学过程与方法目标吗?	关注	127	73.3	101	58.1	31	23.8
	较多关注	33	19.1	51	29.3	53	40.8
	很少关注	11	6.4	19	10.9	37	28.5
	不关注	4	1.2	3	1.7	9	6.9
	总和	175	100.0	174	100.0	130	100.0

续表

问题	选项	小学		初中		高中	
		频数	百分比	频数	百分比	频数	百分比
老师在上课时,除过完成知识、技能目标外,关注情感、态度、价值观目标吗?	关注	110	62.9	91	52.9	26	20.0
	较多关注	43	24.5	48	27.9	25	19.2
	很少关注	17	9.7	29	16.9	59	45.4
	不关注	5	2.9	6	2.3	20	15.4
	总和	175	100.0	174	100.0	130	100.0
课堂上,学生除过听之外,经常动手、动脑,探索学科问题	完全符合	60	33.9	71	41.0	7	5.3
	较多符合	94	53.1	56	32.4	44	33.6
	不太符合	12	6.8	41	23.7	61	46.6
	不符合	11	6.2	5	2.9	19	14.5
	总和	177	100.0	173	100.0	131	100.0

从表3可知,小学、初中和高中教师对学生在教学过程和方法目标方面关注和较为关注的比例达到了60%~90%。在对"老师在上课时,除过完成知识、技能目标外,关注情感、态度、价值观目标吗?"调查中,选择比较关注的比例从不同年级学生对比来看,小学生认为教师比较关注情感、态度和价值观目标的比例占24.5%,初中生占27.9%,高中生占19.2%。在"很少关注"的选项中,高中学生占到了将近一半。对于动手、动脑、探索学科问题能力的培养方面,从不同年级学生调查结果显示来看,完全符合的在小学和初中学生的选项分别占到33.9%和41.0%,而高中生只占到5.3%。可见,小学生与初中生在"完全符合"与"较多符合"选项所占比例较高,而高中生在这两项所占比例上偏低,一定程度上说明高中生在动手和进行思考的时间与机会较少,主要以听讲为主,小学生的师生互动较好。由此说明,随着年级的升高,教师在情感、价值观与动

手操作能力的培养与关注方面呈下降趋势。教师在教学过程中,主要还是侧重知识的传授,对于学生在过程和方法目标以及态度、情感、价值观等新课程所提倡的目标方面的培养和发展还有很大的差距,学生的学习动机不强,学习的积极性不高,会导致学习效果大打折扣。

根据调查可知,导致学生在多元发展目标尚未实现的原因可以从外部和内部两方面来分析。一方面,学校的基本教学条件比较差,有些教学实践活动无法实施。比如实验器材、多媒体资源、艺体器材等缺乏,对学生实践动手能力的提高会有一定的影响。当然,有些学校在教学条件具备的情况下,教师教学能力和素质的欠缺,也是影响教学目标实现的重要原因。另一方面,学生自身的身心特点、认知与发展水平、学习动机等方面的个体差异,同样也会影响学生能力和素质的提高。

(四)教学方法的选择

教学策略在动态的教学活动维度上,它是指教师为提高教学效率而有意识地选择筹划的教学方式方法与灵活处理的过程。各种教学方法具有互补的特点,而且在实现教育目标方面都有着自己的特殊的作用。教学方法改革中并没有一成不变的所谓最好的方法,随着教学方法改革目标的多元化,当前教学方法改革的一个重要趋势是努力建构多样化、最优化的体系,教学中要坚持各种教学方法的有机结合,综合地灵活地运用教学方法,做到"教学有法,但无定法",以取得最优化的教学效果。关于在教学中,教师经常采用的教学方法的调查情况如下:

调查数据显示,教师经常采用的教学方法排在前三位的是讲授法、问答法和练习法。而使用较少的教学方法是演示法、实验法和实习作业法。从各地区学生问卷的调查结果来看,几乎将近50%

表4　农村中小学教师教学方法选择调查表

问题	选项	忻州 频数	忻州 百分比	吕梁 频数	吕梁 百分比	运城 频数	运城 百分比	大同 频数	大同 百分比
在教学中,您经常采用哪些方法?(多选)	讲授法	46	78.1	66	80.0	46	83.5	114	77.6
	问答法	30	50.9	53	64.2	31	54.5	96	65.4
	读书指导法	13	22.1	17	20.6	10	18.1	46	31.3
	练习法	28	47.5	34	38.8	34	61.7	56	38.4
	演示法	13	22.1	25	30.1	9	16.3	20	13.9
	实验法	2	3.4	4	4.8	1	1.8	14	9.7
	实习作业法	9	15.3	15	18.0	3	5.4	17	11.7
	讨论法	25	42.5	30	36.3	23	41.6	64	43.6
您常使用的教学策略有哪些?(多选)	老师讲解,学生倾听	15	25.5	42	51.0	22	40.0	74	50.2
	让学生自学阅读为主,教师辅以点拨	40	67.9	49	59.7	36	65.3	82	55.7
	创造情境,引导学生探究	35	59.4	47	57.2	44	79.9	87	59.0
	开展小组交流活动	25	42.4	32	38.9	31	56.3	74	50.3
	运用多媒体技术	14	23.8	26	31.5	17	30.8	25	17.2

的学生都认为教师除了采用讲授法外,有采用其他的方法,但不多。这一点在不同年级的学生调查结果上差异不明显。对于教师所采用的教学策略调查显示,各地区都比较重视引导学生进行探究,创设情境,引导学生探究的选项各地区达到了一半以上,但忻州和吕梁地区较之运城和大同地区在进行小组交流活动的比例相对较低一些,不过,四个地区采用多媒体技术的比例都比较少。

这些都说明山西省大多数农村基础教育教学方法的改革并没有很好地与新课程改革的步伐合拍,多数教师依然采用传统的教学方法进行教学,教学方法相对呆板、单一。学生依然是被动地接受知识,主动性得不到良好的发展。在访谈中了解到,多数教师愿意以讲述法为主进行教学。采用讲授法本身无可厚非,但如果单一采用以教师为主的讲授就值得商榷了,而事实上所调查的结果确实如此。主要原因是他们认为讲述法比较容易操作,而诸如演示法、实验法等比较难以操作,之前准备工作较复杂,操作不当还会使课堂秩序陷入混乱,并且由于时间的关系会影响教学的进度,从而对课堂的效果大大不利。但讲述法的过度使用,教师作用的过度发挥,形成了学生在学习过程中思考机会和空间的缺乏、参与机会的减少、学习动机低落及不专心等问题,更不利于有效地提高教学效果,并造成教师"出力不讨好"的局面。

（五）师生互动

师生之间的互动交往被看作是影响教学实效性的一个关键因素,良好的教学效果取决于师生间良好的互动交往。关于农村中小学师生互动的调查结果如表5：

表5 农村中小学教师课堂提问调查表

问题	选项	忻州		吕梁		运城		大同	
		频数	百分比	频数	百分比	频数	百分比	频数	百分比
您在教学中,对学生的提问	很多	7	12.3	22	26.8	14	25.5	25	17.2
	经常	44	77.2	52	63.4	38	69.1	100	69.0
	偶尔	4	7.0	5	6.1	2	3.6	17	11.7
	不	2	3.5	3	3.7	1	1.8	3	2.1
	总和	57	100.0	82	100.0	55	100.0	145	100.0

调查显示,"教师在教学中对学生的提问"比例在忻州、吕梁、运城、大同四个地区分别占到89.5%、90.2%、94.6%、86.2%,说明多数教师与学生可以形成互动,但是互动对象的范围及互动的效果

并没有达到真正的要求和满意程度。这一点在不同年级的学生对于课堂气氛的调查中存在明显的差异。具体情况如表6。

表6　农村中小学生积极性调动调查表

问题	选项	小学 频数	小学 百分比	初中 频数	初中 百分比	高中 频数	高中 百分比
你认为每天的课堂气氛	积极思考，气氛活跃	95	54.0	71	40.6	14	10.7
	部分学生活跃	43	24.4	60	34.3	76	58.0
	学生能轻松学习	27	15.3	30	17.1	11	8.4
	沉闷，学生被动	11	6.3	14	8.0	30	22.9
	总和	176	100.0	175	100.0	131	100.0
你认为教师在课堂上，能否有意识地调动学生主动性、积极性？	完全能	94	53.3	85	48.9	17	13.0
	基本可以	67	38.1	71	40.8	70	53.4
	很少做到	14	8.0	15	8.6	36	27.5
	没有考虑过	1	0.6	4	1.7	8	6.1
	总和	176	100.0	175	100.0	131	100.0

从表6可以看出，相对高年级学生学习的积极性并不是很高。究其原因主要表现在：

1.教师互动对象差异性明显。根据所调查的班级来看，教室中桌椅的排列都是秧田型。即老师居于教室前面讲台的中央，桌椅在讲台的下面均分为若干行和若干列。但分布在不同座位上的学生被提问以及举手回答问题的机会不一样。总体上是：课堂上老师提问的学生大多分布在教室的前半部分和中间部分，而居于教室两侧、中间偏后和后面的学生被提问的机会大大减少。

2.师生互动主体比例不合理。课堂上的提问大多数属于教师与个体、教师与学生全体间的互动，缺少教师与学生学习小组间的互动。从调查结果可以看出，随着升学压力的逐级加大，教师重在对知识的讲授与学生的自学,因此在高中阶段的课堂气氛整体较为沉闷,学生为被动学习。

(六)教与学活动方式地区、年级差异

在教学中,除了教师的课堂讲授以外,课前学生的预习、课堂中的练习与讨论以及课后的辅导不仅是实施有效教学的重要组成部分,也是培养学生良好的自学习惯与能力,改革传统教学方法,由教师的枯燥说教走向民主教学的有效方法。对此,具体的调查情况如表7:

表7 农村中小学生活动方式调查表

问题	选项	忻州地区		吕梁地区		运城地区		大同地区	
		频数	百分比	频数	百分比	频数	百分比	频数	百分比
您在课堂上给学生自学、练习或讨论的时间有多长?	0—7分	6	10.7	13	16.5	5	9.1	21	14.7
	8—14分	30	53.6	49	60.5	20	36.4	86	60.1
	15—21分	19	33.9	16	19.3	27	49.1	34	23.8
	21分以上	1	1.8	3	3.7	3	5.4	2	1.4
	总和	56	100.0	81	100.0	55	100.0	143	100.0
您是否要求学生课前预习?	要求	44	77.1	50	62.5	41	75.9	89	65.9
	偶尔要求	12	21.1	26	32.5	10	18.5	34	25.2
	不要求	1	1.8	4	5.0	3	5.6	12	8.9
	总和	57	100.0	80	100.0	54	100.0	135	100.0

从教师给予学生的自学、练习或讨论的时间调查结果来看,四个地区的教师在时间上占比例较多的为15分钟左右。在要求学生课前预习方面,有224名教师要求学生预习,占总教师数的68.7%。但仍有31.3%的教师为偶尔要求或不要求。以上两组调查数据说明,教师在培养学生的主动性、积极性以及自学能力方面还有一定的差距。另外,对于课后的作业批改以及辅导方面在不同层

次的年级也有差异,具体见表8：

表8 农村中小学生作业批改与课后辅导调查表

问题	选项	小学		初中		高中	
		频数	百分比	频数	百分比	频数	百分比
老师能认真批改每个学生的作业？	完全能	148	84.6	112	64.4	32	24.5
	基本可以	20	11.4	56	32.2	79	60.8
	很少	5	2.9	6	3.4	11	8.5
	不能	2	1.1	0	0	8	6.2
	总和	175	100.0	174	100.0	130	100.0
针对差等生和优等生，能否进行课外辅导？	完全能	111	63.8	72	42.1	11	8.5
	基本可以	51	29.3	66	38.6	42	32.6
	很少	7	4.0	26	15.2	57	44.2
	不能	5	2.9	7	4.1	19	14.7
	总和	174	100.0	171	100.0	129	100.0

从表8的调查数据可以看出,教师完全能认真批改作业的比例随年级的升高而降低,但基本可以的比例却随年级的升高而有所增加。在对差等生和优等生的课后辅导调查中,小学阶段完全能做到的比例达到63.8%,而高中阶段的比例只有8.5%,很少进行辅导的比例占44.2%。调查说明,导致不同年级在课后辅导比例的差异较明显的原因是,随着年级的升高,升学压力的加大,教师可能更多会顾及大部分努力学习的学生,以集体性辅导为主,特别是高中阶段,为了提高学校的高考升学率,教师在关注集体性辅导的同时,对于部分学习成绩较好的优等生进行个别性的辅导也有,但对于差等生的辅导相对会较少。

四、农村中小学教学方法存在的问题

通过以上对调查问卷结果的分析可以得出,四个地区的农村中小学在教学方法方面随着新课程改革的实施有了很大的进步与改观,但仍存在不少的问题,需要引起我们的重视。

(一)教师的教育理念相对陈旧,教改意识淡薄

从前面的调查数据可以看出,教师对新课程的理念和内涵理解不到位,仍存在偏差。大多数教师在教师角色的认知与定位上相对较传统。作为教学的组织者,课堂中仍然以教师的讲解为主,重知识的传授,忽视对学生情感、态度、价值观目标的追求。以教师本位而非学生本位的教学,形成了学生在学习过程中思考机会和空间的缺乏、参与机会的减少、学习动机低落及不专心等问题,教师的引导和促进作用发挥不明显。这些都反映出教师的教改意识仍然比较淡薄。

(二)教师的教改行为表现不够积极

通过对调查结果的分析统计,教师在探索和尝试采用新的教学方法方面,有将近一半的教师即使有过改革创新的想法,但没有付诸实施,或只是偶尔可能会尝试一下。同时,各年级、各地区近半数的教师对已成形的传统教法不会太积极地去改革,即便有改革的意识,但能将改革意识转化为行动的表现不明显,改革的积极性仍不够强。另外,对教材内容的整合方面,调查结果分析显示,进行积极钻研、整合形成个性化的教学方式的教师相对较少。

(三)教师在职培训不够完善,教师的教学能力和素养不高

通过调查情况的了解可知,由于受传统观念的影响,再加上一些客观或主观条件的限制,多数教师在任职以后参加各级各类形式的培训机会相对较少,因此,教师的教改意识不强,有效利用现

代多媒体和网络技术的能力与素养不高。

(四)传统的教学方法运用较多,与现代教育技术的结合度较差

从各地区学生问卷的调查结果来看,大多数教师多采用传统的讲授法,采用其他的方法不多。四个地区采用多媒体技术的比例都比较少。从教师经常采用的教学媒体调查结果来看,四个地区排在前两项的均为教科书与黑板,而诸如模型、图片、电视片、电影片、投影片等媒体很少采用。学生的学习主动性不高、学习目标不够明确、学习兴趣不浓、对知识的理解不深。这些问题的存在与教师教学方法的单一及传统有很大的关系。

(五)课堂师生互动与课后辅导的实效性较低

从课堂上师生互动情况来看,一些教师在课堂上也有互动,但多数局限于对知识点的巩固、复述或较为简单的问题回答,而且在互动对象的范围及互动的效果上并没有达到真正的要求和满意程度。比如,由于普遍班容量较大,为保证教学任务的顺利完成,教师相对较多关注教室靠前排的学生或班委来回答问题,这样必然导致互动的实效性大打折扣。同时,课后对于学习较差的后进生欠缺及时而有针对性的辅导,必然会影响到整体教学质量的提高。

第三节 加强农村中小学教学方法改革的对策

通过对忻州、吕梁、运城和大同四个地区的农村小学、初中、高中学生以及教师的有关教学方法改革问题的调查了解到,教师的角色认知、教师的教改意识与行动、教学目标、教学策略的选择、师生互动、教学辅导等方面存在的问题都体现出了目前农村学校教学方法改革的低效性。事实上,影响农村学校教学方法改革缺乏真

正的实效性的因素跟当地的教学条件、学生水平差异、教师的教学士气、考评制度等有关。我们结合以上这些相关因素的分析,对提高山西省农村学校教学方法改革的实效性提出一些针对性措施。

一、深刻领会新课程理念,强化教改意识,实现个性化的教学组织

调查可知,农村课堂的教学气氛活跃,场面都是热热闹闹。但透过现象的背后,不难发现过浓的作秀成分,很多教师只追求了场面的热闹,而没有顾及效果,学生的主体地位没能真正体现,学生的自主发展能力、学生的实践能力、学生的创新精神没能得到最大程度的提高,新的教育理念还没有真正内化成为教师自觉的教学行为。因此,要使教学方法改革真正体现实效,教师需要深刻领会新课程的理念,并认真落实在对教材的理解、吃透和内化上,落实在对教学方法改革活动的精心设计与组织上。

备好课是上好课的前提。在备课时应该先围绕所讲授的教材内容,集中精力解读,吃透教材。第一次不看任何教参用书独立备课,备好后第二次再翻阅各种参考资料,找出自己的理解与参考书之间的差异,比较分析优缺点重新备课。在可能的情况下,最好再听取有经验的教师对教学方法改革的反思,同时联系自己的教学实际、班级学情,修正原来的教学思路,重新调整、设计教学方案,努力做到教学目标全面,处理教材科学、条理、生活化,落实"教什么""怎样教",并从教学理念上理解"为什么这样教"。教师只有重视备课环节中对教材的内化处理和对教学活动的精心设计,在上课环节中才能胸有成竹,讲课游刃有余,才能谈得上真正调动学生的积极性,培养学生的活动能力。从另外一个角度讲,教师只有从内心和行为上真正重视教学前的准备工作,始终坚持认真备课,精

心设计教学过程,并不断反思自己的教学行为,才会使自己的专业能力和专业素养真正得以提高。

二、地方政府、学校要不断完善教师的培训计划,努力提高教师的教学能力和素养

只有提高教师的教学能力和素养,教师才能拥有与新课程改革同步的教学理念,才能在教学中自觉地进行改革,教学方法改革的实效才会凸显,因此在地方政府的政策支持和资源配套的情况下,地方学校可以坚持以校本为原则,采取请进来与走出去相结合、校内培训与校外培训相结合,同时积极参加省市县举办的各类培训的方式,为教师教育教学能力和素养的提高创建一个平台。

1.教师省市级培训。学校采取"送出去,请进来"的方式,每年组织教师到省和市内先进学校观摩,听专家讲座;同时聘请教学专家、先进教师到学校传经送宝,与各校优秀教师零距离接触,从而达到向先进学校学习取经的目的。每学年寒暑假期间,各科教师参加县(市)教育局组织的学科培训,包括课程改革的培训,新教材的培训、教学方法的培训等。

2.教师县级培训。学校每学年寒暑期认真组织全校教师参加县教育局举办的教师寒暑期集训。以"师德教育、专业素养、职业技能、新课程实践与应用"为主要内容,加强理论学习,开展业务培训,努力实现教师队伍整体素质全面提高。

3.教师校级培训。一是学校各教研组,进一步优化学习形式,通过经验交流使教师将所学的教学理论知识及时用于教学实践;鼓励教师自学业务材料,反省自己的教学行为,用更新的教育观念去推广、发展自己的成功的教学实践经验,起到学科教学示范作用。二是开展集体备课、教学设计竞赛、教学方法改革竞赛、课件大

赛等岗位练功活动，促进教研活动的开展和教师业务技能与水平的提高。三是开展"备课、说课、上课、评课、改课"等系列教研活动。结合学生和课堂实践，把实践中的疑问、困惑进行归纳、筛选，确定一个讨论专题，组织交流讨论，求得问题的解决。真正改善自己的教学实践，提高教育教学研究能力。四是在条件具备的情况下，加强对教师现代化教学手段的培训。要针对不同学科的教师进行相应的培训，使每位教师都熟练地掌握现代化教育技术和使用方法，充分利用好多媒体教室、现代远程教育网等现代化的教育资源，为丰富课程资源，提高教学方法改革效果服务。

三、合理运用多种教学方式和方法，增强学生知识习得的有效性

学习方法决定了学习的效果。现代社会提倡终生学习，而终生学习的基础就是能掌握正确的学习方法。联合国教科文组织在《学会生存》一书中指出："在未来社会里，文盲将不是不识字的人，而是那些不懂得学习方法、不会自行更新知识的人。"[1]在教学方法改革过程中，学生知识的获得、能力的培养、智力的发展，不可能只依靠一种教学方式和方法，应把多种教学方式合理地结合起来，与知识、技能、情感、价值观等教学目标有机结合，调动全体学生的思维主动性，让学生在轻松、有趣、生动的情境中获得发展。

(一)教师要提高语言的生动性和科学性，采用启发式教学

在调查中发现，有很多教师的教学语言随意性很大，这对于学生的听课效果会间接产生影响。因此在传统的讲授过程中，一方面

---

[1] 联合国教科文组织国际教育发展委员会：《学会生存——教育世界的今天和明天》，北京师范大学出版社1996年版，第28页。

诙谐幽默、妙趣横生的语言是思想、学识、智慧和灵感在语言运用中的结晶,具有极高的精神愉悦感,它可以有效调节课堂气氛,提高教育对象的学习兴趣。另一方面,教学方法改革语言的多姿变化,比如语音的轻重、语调的高低、语速快慢的变化等能够改变过度单一带来的枯燥乏味,使得教学内容富有吸引力。与此同时,教师的课堂语言表达要明白清晰、言简意赅、严密周全,教师必须在确切理解和领会的基础上选择最恰当的词句表达所要表达的教学内容,力戒含混模糊、模棱两可的词句,以免造成学生认识和理解上的偏差。

在访谈中还了解到,大多数教师认为在教学方法改革中经常遇到的问题是:学生的学习主动性不高、学习目标不够明确、学习兴趣不浓、对知识的理解不深。这些问题的存在直接影响到教师的教学方式方法、教学过程的设计、教师的辅导等。因此在保证教学语言生动性和科学性的基础上,在教学设计时,教师应根据教学内容、教学目标、教学条件、学生的认知水平等多方面的情况,灵活采用讲授法、启发法、问答法、讨论法等多种方法,然后选择更为合适的教学方式,激发学生学习的兴趣,让学生明确教学目标,启发引导学生的思维,调动学生学习的积极性,让学生真正喜欢课堂,也让课堂真正成为师生互动的主阵地。

(二)有效利用现代化教学手段辅助教学

现代化教学手段可以增强教学方法改革的生动性和趣味性,把静态的课堂变为动态的课堂,增加教学方法改革的知识总量和知识的传授效率,使学生的学习兴趣得到提高。但无限制地使用反而会适得其反,因此,在学校具备这些条件的情况下,教师要在认真钻研教材的基础上适时、适度、适量地使用现代化教学手段,把抽象难懂的知识通过多媒体演示形象化、生动化,增强学生对知识的理解度,把传统教学手段与现代化教学手段结合起来,有效地提高教学效果。鉴于有些学校不具备这些条件的限制,为了在教学设备上的经费投入既合理,又避免不必要的浪费,学校可以在关键的学科上适当增加一些多媒体、实验器材、教具等关键设备,这样既节省了资金,又合理利用了设备,同时也可改变"一支粉笔,一张嘴,一块黑板讲到底"的局面,以更好地促进学生能力的发展和教学效果的提升。

四、增强课堂互动实效,合理利用课堂上学生自由支配的时间

从调查结果来看,大多数老师都赞同应该提高学生的参与度,理论联系实际,真正进行小组合作学习,调动学生学习的主动性。事实上,课堂小组活动的确给学生增加了说和做的机会,为师生的交流与合作提供了一个平台。在新课改的理念下,教师应多尝试开展课堂小组活动,通过有效引导,给每个学生提供真正参与课堂的机会,真正提高课堂互动的实效。

在开展小组活动时,教师要参与到学生中间,了解他们有什么困难,存在什么问题,本次活动的设计有什么不妥,通过本次活动学生得到了什么。值得一提的是,教师更应该将目光关注到后进生中,了解他们的学习情况,及时利用组员之间优势,帮助后进生,使他们树立起学习的信心,体验成功的快乐。活动之后,教师应及时进行小结,用诚恳的、发自内心的语言及时表扬小组活动中表现好的学生。每次小组活动都要作记录,反馈小组活动中出现的问题。另一方面,教师要在课前精心准备,合理安排教学流程,在教学方法改革各个环节中科学合理地分配和使用时间,让学生真正拥有足够的自由支配的时间。苏霍姆林斯基指出,要毫不犹豫地尽量留

出时间让学生掌握新教材,这些时间会得到百倍的补偿。新教材掌握得越牢固,学生完成家庭作业所需的时间就越少,下一节课上检查功课所花的时间就越少。对于学生可以自由支配和利用的时间,教师可以在预习和复习方面进行一些学法指导,以更好地提高学生学习的自觉性、主动性和有效性。

五、与课堂教学相配合,做好课后的辅导工作

课后辅导是教学系统运转的环节之一,也是课堂教学的辅助与补充形式。教师除了在课堂上将知识通过合理的教学方式方法传授给学生,并对学生在掌握知识、培养能力方面提出相应要求外,课后通过作业批改,针对学生作业中存在的问题进行集体性的或个别性的辅导也尤为重要。因此,课后辅导与课后作业的批改与讲评密切相关。但课后辅导的内容较为广泛,不一定只围绕作业问题。课后辅导要有的放矢,需要事先确定辅导的对象与内容,课后辅导的主要内容是答疑解难、查漏补差、扩展提高、端正态度、指导方法等。课后辅导的对象应该既包括学习困难者,也包括学有余力者。而通过前面的调查可以看出,课后辅导的对象在不同年级特别是高年级学生中的学优生和学差生存在差异。事实上,课后辅导一般应以"补差"和"提高"为重点。

要做好课后辅导,首先需要认真分析学生的情况,准确找出补差的原因:是知识技能的问题还是方法、能力的问题;是学生的问题还是老师的问题;是家庭出现的问题还是学校的问题等等。对于这些问题,更重要的是学习思想的辅导,要先解决他们的心结,认识到学习的重要性与必要性,进而萌发学习兴趣,在此基础上,教给他们学习的方法,提高他们的技能。后进生通常存在很多知识断层,所以要注意把以前学习的知识断层补充完整。对于后进生,要给予鼓励与赞扬。对于学优生,可以辅导一些概括性强、难度较大的问题,培养他们敏捷的思维、拓宽知识面,开阔视野,让他们灵活地掌握各种知识,发挥其多方面的优势。同时,对于那些问题不多或学习一般的学生,也要适当兼顾,注意引导,不能不闻不问。

综上所述,通过对四个地区农村中小学教学方法改革问题的调查了解与探讨,深感教学方法改革是教学改革过程中的一个重要组成部分,许多国内外学者也探讨了不少有效的教学方法与教学模式,但如何能结合农村教学的实际、教师的实际,提出行之有效的教学方法并得以实施,今后在这方面仍需要众多一线教师的努力探索,并继续深入下去。

参考文献:

[1]巴拉洛夫等编:《教育学》,人民教育出版社1980年版。

[2]巴班斯基主编:《教育学》,人民教育出版社1986年版。

[3]睢文龙、廖时人、朱新春主编:《教育学》,人民教育出版社1994年版。

[4]王道俊、郭文安主编:《教育学》,人民教育出版社2009年版。

[5]商继宗主编:《教学方法:现代化的研究》,华东师范大学出版社2001年版。

[6]联合国教科文组织国际教育发展委员会:《学会生存——教育世界的今天和明天》,北京师范大学出版社1996年版。

[7]李静、郑玉飞:《新课程背景下再论讲授法与讨论法》,《教学与管理》,2009,(09)。

[8]魏爱国、张龙生、丁增鑫:《现代化教学方法体系解析》,《高等教育研究学报》,2005,(02)。

[9]杜佩屏:《对我国中小学教学方法分类的新探析》,《课程·教材·教法》,1988,(06)。

[10]胡继渊、陈文彬:《浅析中小学教学方法的现代化走向》,《外国中小学教育》,1995,(06)。

[11]李有成:《谈谈传统教学方法的弊端与现代教学方法的特点》,《渭南师范学院学报》,2002,(S2)。

第七章　农村中小学生学习方式调查研究

第一节　学习方式概述

　　学习方式是指学习者在学习时所具备的或偏爱的方式,是学习者一贯表现出来的具有个性特色的学习策略和学习倾向的总和。它不指向于具体的学习策略和方法,而是学生在自主性、探究性和合作性方面的基本特征。学习方式作为教学过程中的基本变量,是教学研究的一个重要组成部分,它反映了学生在完成认知任务时的思维水平。改变学生学习方式,意味着要改变学生的学习态度、学习意识和学习习惯等品质。

一、现代中小学学习方式的基本特征[①]

　　学习方式是一个组合概念,可以看作行为参与、情感参与和认知参与方式及社会化参与的有机结合,它带有明显的个性化和相对稳定性的特征。从本质上讲,现代学习方式是以弘扬人的主体性

[①]时伟:《中小学新课程改革的理论与实践》,合肥工业大学出版社2004年版,第50—53页。

为宗旨、以促进人的可持续发展为目的,由许多具体方式构成的多维度、具有不同层次结构的开放系统。认识并把握现代学习方式的本质特征是我们创造性地引导和帮助学生进行主动的、富有个性的学习的重要保证。

(一)主动性

主动学习是现代学习的首要特征,它对应于传统学习方式的被动性,二者在学生的具体学习方式环境中表现为:我要学和要我学。我要学是基于学生对学习的一种内在需要,要我学则是基于外在的诱因和强制。学生学习的内在需要一方面表现为兴趣。兴趣有直接和间接之分,直接兴趣指向过程本身,间接兴趣指向活动结果。学生有了学习兴趣,特别是直接兴趣,学习活动对他来说就不是一种负担,而是一种享受、一种愉快的体验,学生会越学越想学、越爱学,有兴趣的学习事半功倍;另一方面则表现为学习的责任。学习是谁的事情,谁应当对学习承担责任?这一问题多年来一直是师生之间既明白又不明白的心结所在。教师当然应该对学生的学习负责,因为他担当着教导指引学生学习的任务,但这种责任不能成为学生逃避推脱学习的借口,也不应该由教师一力承当这种责任。如果学生自己意识不到学习的责任,不能把学习跟自己的生活、生命、成长、发展有机联系起来,这种学习就不是真正的自我学习。只有当学习的主要责任真正从教师身上转移到学生身上,学生自觉地担负起学习的责任时,学生的学习才是一种真正的有意义的学习。

(二)独立性

独立性是现代学习方式的核心特征,它对应于传统学习方式的依赖性。如果说主动性表现为我要学,那么独立性则表现为我能学。每个学生,除有特殊原因外,都有相当强的潜在的和显在的独立学习能力,不仅如此,每个学生同时都有一种独立的要求,都有一种表现自己独立学习能力的欲望,他们在学校的整个学习过程也就是一个争取独立和日益独立的过程。低估、漠视学生的独立学习能力,忽视、压制学生的独立要求,从而导致学生的独立性不断丧失,这是传统教学的根本弊端。目前我国教学改革要求教师充分尊重学生的独立性,积极鼓励学生独立学习,并创造各种机会让学生独立学习,从而让学生发挥自己的独立性,培养独立学习的能力。值得强调的是,在基础教育阶段,对待学生的独立性和独立学习,还要有一种动态发展的观点,从教与学的关系来说,整个教学过程是一个从教到学的转化过程,也即从依赖到独立的过程,在这个过程中,教师的作用不断转化为学生的独立学习能力;随着学生独立学习能力的由弱到强、由小到大的增长和提高,教师的作用在量上也就发生了相反的变化,最后是学生基本甚至完全的独立。

(三)独特性

每个学生都有自己独特的内心世界、精神世界和内在感受,有着不同于他人的观察、思考和解决问题的方式。也就是说,学生有着独特的个性,每个学生的学习方式本质上都是具有独特个性的体现。实际上,有效的学习方式都是个性化的,没有放之四海皆有效的统一方式,对某个学生是有效的方式,对他人却未必如此。正如多元智力理论所指出的,每个人的智慧类型不一样,他们的思考方式、学习需要、学习优势、学习风格也不一样,因此每个人的具体学习方式是不同的。这意味着我们提倡转变学习方式,要尊重每一个学生的独特个性和具体生活,为每个学生固有个性的发展创造空间。独特性因此成为现代学习方式的重要特征。独特性同时也意味着差异性,学生的学习客观上存在着个体差异,不同的学生在学习同一内容时,实际具备的认知基础和情感准备以及学习能力倾向不同,决定了不同的学生对同样的内容和任务的学习速度和掌握它所需要的时间及所需要的帮助不同。现代学习方式尊重学生的差异,并把它视为一种亟待开发和利用的教育教学资源,努力实现学生学习的个体化和教师指导的针对性。

(四)体验性

体验是指身体性活动与直接经验而产生的感情和意识。体验使学习进入社会领域,因为有了体验,知识的学习不再是仅仅属于认知、理性范畴,它已扩展到情感、生理和人格领域,从而使学习过程不仅是知识增长的过程,同时也是身心和人格健全与发展的过程。因而体验性成为现代学习方式的突出特征之一。在实际的学习活动中,它表现为:第一,强调身体性参与。学习不仅要用自己的脑子思考,而且要用自己的眼睛看,用自己的耳朵听,用自己的嘴说话,用自己的手操作,即用自己的身体去亲身经历,用自己的心灵去亲自感悟。这不仅是理解知识的需要,更是激发学生生命活力,促进学生生命成长的需要。基于此,我国目前的课程改革特别强调学生参与、强调活动、强调操作、强调实践、强调考察、强调调查、强调探究、强调经历。第二,重视直接经验。重视直接经验,从课程上讲,就是要把学生的个人知识、直接经验、生活世界看成重要的课程资源,尊重儿童文化,发掘童心、童趣的课程价值;从教学角度讲,就是要鼓励学生对教科书的自我解读、自我理解,尊重学生的个人感受和独特见解,使学习过程成为一个富有个性的过程;从学习角度来讲,就是把直接经验的改造、发展作为学习的重要目的,间接经验要整合、转化为学生的直接经验,成为学生素质的有机组成部分,否则,就会失去其教育意义。

(五)问题性

问题是科学研究的出发点,是开启任何一门科学的钥匙。没有问题就不会有解释问题和解决问题的思想、方法和知识,所以说,问题是思想方法、知识积累和发展的逻辑力量,是生长新思想、新方法、新知识的种子。学生学习同样必须重视问题的作用。现代教学论研究指出,从本质上讲,感知不是学习产生的根本原因,产生学习的根本原因是问题。所以现代学习方式特别强调问题在学习活动中的重要性,而问题性成为现代学习方式的又一重要特征。它一方面强调通过问题来进行学习,把问题看作是学习的动力、起点和贯穿学习过程的主线;另一方面通过学习来生成问题,把学习过程看成是发现问题、提出问题、分析问题和解决问题的过程。这里需要特别强调的是问题意识的形成和培养。问题意识是指问题成为学生感知和思维的对象,从而在学生心理造成一种悬而未决但又必须解决的求知状态。问题意识会激发学生强烈的学习愿望,从而注意力高度集中,积极主动地投入学习;问题意识还可以激发学生勇于探索、创造和追求真理的科学精神。总之,问题意识是学生进行学习特别是发现学习、探究学习、研究性学习的重要心理因素。

显然,上述五点特性不是截然分开的,而是相互联系、相互包含的,它们虽是从不同的角度提出的,却是一个有机整体。我们必须从整体的高度来全面把握现代学习方式的精神实质,唯有如此,才能有效地促进学生学习方式的转变。

二、学习方式的变革是新课改的核心

(一)学生学习方式的变革是时代发展的要求

学习原本是学生的一种精神享受。人,生来就对世界充满好奇心,热爱学习是人的生命本性。每个人通过学习,认识事物、掌握本领,就能跨越时空去追溯远古、遐想未来,由此可体验到人生的自由境界,这是何等美妙而快乐。

人类处于生物发展的最高阶段，人的行为 90%以上都是学习的结果，人的学习既要传承文明又要开拓创新，才能推动人类社会不断向前发展。因而学习其实应该是学生的一项创新性活动。中小学生的学习是人类学习的一种特殊形式和一个特殊阶段，他们的学习不仅是为了生存，更重要的是为了认识世界、改造世界。

新课程从顺应时代发展、从关注人的发展以及遵循学生学习规律的角度提出变革现行的学习方式，不仅是一种学习手段的改变，而更是一次学习的革命。它是保障学习者适应信息化、学习化社会获得终身学习能力的基本要素之一。因此学生学习方式的变革是时代发展的要求

(二)转变学习方式是世界各国共同的关注

在工业经济时代，学校教育孜孜以求的是如何把受教育者培养成为生产者和劳动者，成为生产和消费的工具，最大限度地发挥其经济价值。20世纪50年代，出现了人力资本理论。其专注于经济增长、不顾人的发展的教育模式在历史上曾经发挥过积极作用。然而，在当前的知识经济时代，这种教育模式的弊端引起了越来越多的有识之士的关注，要求对教育进行改革的呼声越来越高。越来越多的人认识到，如果不着手对基础教育课程进行改革，将严重影响国家的经济和社会发展。这是世界各国之所以不约而同地进行基础教育课程改革的根本原因。

对于学生而言，只有转变传统学习方式，掌握基本的学习方法，即阅读、书写、口头表达、计算和问题解决，具备基本的知识、技能，以及正确的价值观和态度，他才能在今天竞争日益激烈的社会中生存下去，有尊严地生活和工作、改善自己的生活质量、充分发展自己的能力，才能积极参与社会的发展，并能终生学习。

三、学习方式转变的主旋律——自主、合作、探究

一直以来的新课程改革强调学生学习方式的转变应以自主、合作、探究为主旋律。这种转变把基本知识与技能的学习与终身学习联系起来,是在传统学习方式基础上的进步与发展。自主学习是相对于被动学习(机械学习、他主学习)而言的,是教学条件下学生的高质量的学习。而合作学习是对教学条件下学习的组织形式而言的,相对的是"个体学习"与"竞争学习"。是学生在学习群体中为了完成共同的任务,有明确的责任分工的互助性学习。每一个学生应在任务中积极地承担个人的责任,并在活动中相互支持、相互配合,能通过有效的沟通解决群体内的冲突,对各人分担的任务进行群体加工。探究学习则是相对于传统的接受学习而言的,在探究学习中,学生自己发现问题,探索解决问题的方法,通过各种学习途径"获得知识和能力、情感和态度的发展,特别是探索精神和创新能力的发展"。在探究的过程中往往会涉及人力资源的开发与利用,有效的合作必然会加速探究的进程。可以这样说,探究学习是以自主学习为前提的,以合作学习为动力的一种学习方式。由此可见,转变学生学习方式是新课程改革的必然要求,也是学生素质培养、奠基知识的必然途径。

第二节 农村中小学生学习方式现状调查及分析

为了了解山西省农村中学生学习方式的现实状况,本研究采用调查法,问卷是课题组成员自行编制的《山西省农村基础教育课程改革发展现状调查问卷》,采用无记名方式进行。问卷分为教师卷和学生卷。调查对象为山西省大同市、吕梁市、忻州市及运城市

四个地区的 403 名农村教师和包括小学生、初中生和高中生在内的 482 名农村学生,现将调查结果分析如下:

一、教师问卷分析

教师问卷共有 9 题,主要针对学生学习方式现状及自主、合作、探究实施情况展开调查,涉及教师对新课改背景下学生学习方式的认识、课堂教学中对学习方式新要求的践行及对学生学习状况的态度等三方面。总体来看,自新课改实施 10 多年来,各地区农村教师对新课改背景下学生学习方式转变的认识是深刻的,基本上都认同自主、合作、探究教学方式在教学中的作用,并且大多数教师都能有意识地在课堂教学中去尝试和应用,尽管效果并不是很好。在引导学生进行合作、探究的教学活动时往往不能按照新课程理念"将课堂还给学生"落实到教学环节中,更多的教师采用的还是"明确规定学习要求,学生按照要求进行学习,然后通过提问讨论,最后得出结论"的常用的教学方式,这与教师教学技能和素质较为低下、无法顺利驾驭课堂有着直接的关系,因而在教学中教师们无法很好地充当引导者、组织者和参与者的角色,在组织学生交流讨论时,只能观察、倾听但不参与。在这样的教学状况之下,教师在课堂中让学生以小组开展合作交流学习的效果就总体感觉一般,并且大多数教师认为"教学中让学生主动参与、合作交流,并不怎么影响教学进度"。不过教师们普遍都有职业操守,在面对学生的质疑及很有见解的看法时,都能以比较合理有效的方式引导学生思考,认真做出解答。

(一)对于新的教学方式运用的调查

1.对于"您认同让学生自主、探究、合作学习的教学方式吗"这一问题,其回答为"十分认同"和"基本认同"的教师累积百分比达到90%以上,这说明教师们对于新课改下学习方式的认知是十分明确的,并能有意识地在教学中去实践。

2.在问及"您怎样引导学生开展自主、探究、合作学习活动"这一问题时,调查结果如表1所示:

表1 教师对新教学方式使用调统计查表

选项	大同		吕梁		忻州		运城	
	频数	百分比	频数	百分比	频数	百分比	频数	百分比
课堂交给学生,让学生自由学习	23	16.2	12	15.1	2	0.4	2	3.7
课堂巡视,适当指导	14	9.9	18	22.8	9	16.1	2	3.7
规定学习要求,然后通过提问,得出结论	101	71.6	42	53.2	43	77.0	44	83.0
规定学习要求,学生按要求学习	3	2.3	7	8.9	2	6.5	5	9.6
总和	140	100.0	79	100.0	56	100.0	53	100.0

四个地区中只有吕梁市有53.2%左右的教师选择"规定学习要求,然后通过提问,得出结论",其他三地区的教师选择此答案的人数在70%以上,运城地区最多达到80%;但选择第一、二项的人数吕梁地区却在15.1%和22.8%,其他三地区相对较少,运城地区最少,均达到3.7%。这一有趣的数字是否可以说明:吕梁地区已有相当一部分农村教师认识到学生学习方式转变的重要性,并已经在着手改进,还有一半的教师虽不能有效的改进,但也已经努力在原有传统教学方式的基础上注重引导学生讨论,给学生一定思考的余地。

3.在问及"您在课堂上用于激发学生的学习兴趣的方法是什么"时,老师的回答如表2所示:

表2　教师激发学生兴趣方法统计表

选项	大同		吕梁		忻州		运城	
	频数	百分比	频数	百分比	频数	百分比	频数	百分比
选择与生活联系的例子	73	52.1	47	60.1	27	48.2	34	68.0
奖励学生	50	35.7	14	17.9	13	23.2	4	8.0
转变教学方式	6	1.5	7	9.0	3	5.4	7	14.0
利用现代化教学工具	11	10.7	10	13.0	13	23.2	5	10.0
总和	140	100.0	78	100.0	56	100.0	50	100.0

调查表明,全省农村55.9%中小学教师会选用与生活实践相联系的实例来引导学生;25%的教师通过奖励学生的方式,构建和谐的师生关系,激励学生学习;7.1%直接进行教学方式的重新组合,选用新的教学方法。但在使用现代化教具方面较多的是忻州地区,也只有忻州地区达到23.2%,其他三个地区都很少,在10%左右。

4.在问及"当您组织学生交流讨论时,您的工作是什么"这一问题时(如表3所示),四地区教师的选择基本集中于第一、二选项,达到教师人数的97.1%。其中选择"参与"教师的百分比(42.5%)普遍低于选择"观察、倾听,但不参与"的教师(54.6%),这说明有一半的教师在组织学生讨论时能关注学生,及时了解学生的思维动态并做进一步的指导帮助。但有57.5%的教师不参与学生活动,与学生有距离感,易生分,不利于师生之间的沟通和交流,不利于教学效果的提高。

5.在问及"您如何处理学生向您提出的质疑"时,四个地区选择"耐心地向学生解释"、"引导学生自己解决"的教师达到总人数的44.4%、52.7%,这样的选择表明教师们对于教师职责的深刻认

表3　组织学生交流讨论时,教师工作是什么的调查统计表

选项	大同		吕梁		忻州		运城	
	频数	百分比	频数	百分比	频数	百分比	频数	百分比
参与	66	45.5	30	37.5	22	37.3	26	47.3
观察、倾听,但不参与	76	52.4	46	57.5	35	59.3	28	50.9
不观察	3	2.1	4	5.0	2	3.4	1	1.8
总和	145	100.0	80	100.0	59	100.0	55	100.0

识,并能体现新课程的基本要求。但有2.9%的教师还是因循守旧,只从教师角度出发来设计教学。

表4　教师对学生教学态度调查统计表

选项	大同		吕梁		忻州		运城	
	频数	百分比	频数	百分比	频数	百分比	频数	百分比
耐心地向学生解释	72	49.7	32	39.5	26	45.6	20	36.4
引导学生自己解决	71	49.0	43	53.1	31	54.4	33	60.0
让其他同学帮助他解决	2	1.3	6	7.4	0	0.0	2	3.6
总和	145	100.0	81	100.0	57	100.0	55	100.0

6."当学生提出一个很有见解的想法或问题时,您的做法是什么"(如表5所示)。教师的选择基本趋同于第一项,即"表扬鼓励、师生评价",百分比为77.9%。但不重视评价,不注意评价主体多元化,约占总数的1/5。根据有见解的想法或问题"调整教学设计"的教师寥寥无几,仅占2.4%。这说明教师虽能按照新课标要求给学生想法一定的空间,但对新课标要求的精髓理解偏于肤浅,不能进一步加以挖掘课程资源,不能抓住教学中一闪即逝的闪光之处,无法生成新目标、新知识。

表5 教师对学生评价的调查统计表

选项	大同		吕梁		忻州		运城	
	频数	百分比	频数	百分比	频数	百分比	频数	百分比
表扬鼓励、师生评价	104	73.2	62	75.6	49	86.0	46	85.2
简单评价,继续授课	23	16.2	14	17.1	6	10.5	4	7.4
让其他学生评价	11	7.7	5	6.1	2	3.5	1	1.9
调整教学设计	4	2.9	1	1.2	0	0	3	5.5
总和	142	100.0	82	100.0	57	100.0	54	100.0

(二)不同教育阶段教师的比较

1.教师对新的教学方式的态度

调查数据显示,各阶段教师对自主、探究、合作学习的教学方式基本持认同态度。老师们能积极引导学生参与到新的教学活动中,认真准备,积极思考,并认为学生参加合作学习的效果较好。具体的调查结果如表6。

表6 农村教师对新教学方式态度的调查统计表

问题	选项	小学		初中		高中	
		频数	百分比	频数	百分比	频数	百分比
您认同让学生自主、探究、合作学习的教学方式吗?	十分认同	44	37.5	34	41.5	50	36.2
	基本认同	72	61.5	40	48.8	71	51.4
	完全不认同	1	0.9	4	4.9	10	7.2
	没有看法	0	0	4	4.9	7	5.1
	总和	117	100.0	82	100.0	138	100.0
您认为在课堂中让学生小组合作交流学习的效果如何?	效果很好	50	42.7	36	42.9	36	26.1
	效果一般	61	52.2	44	52.4	91	65.9
	没效果	6	5.1	3	3.6	8	5.8
	不知道	0	0	1	1.2	3	2.2
	总和	117	100.0	84	100.0	138	100.0

续表

问题	选项	小学		初中		高中	
		频数	百分比	频数	百分比	频数	百分比
您在教学中让学生主动参与、合作交流,会影响教学进度吗?	影响巨大	18	15.4	12	14.3	35	25.4
	影响较大	23	19.7	24	28.6	33	23.9
	影响较少	61	52.1	41	48.8	64	46.4
	没影响	15	12.8	7	8.3	6	4.3
	总和	117	100.0	84	100.0	138	100.0

表6表明:赞同新的教学方式的老师占到89.9%,而不赞同的仅占10%。有93.5%的教师认为合作学习效果好,并认为任务采用新教学方法,不会影响教学进度的占57.3%。但是还有40%多的教师认为采用新的教学方法会影响教学任务的完成,影响正常的教学进度。

2.新的方式中教师角色的转变

在教学改革中去,老师能积极尝试和实践,在教学中尽量扮演引导者、组织者、参与者的角色组织学生学习。但在对"怎样引导学生开展自主、探究、合作学习活动"这一问题的回答中暴露出一个普遍存在的认识误区,即"明确规定学习要求,学生按照要求进行学习,然后通过提问讨论,最后得出结论"的做法被认为是最中庸、最不得罪人的做法,既符合新课程要求,又不违背教学中一直以来形成的传统教学精神,占70.6%。能够做到"课堂巡视、适当指导"的教师仅占12.8%,而纯粹把课堂交给学生或让学生在规定下学习的分别占11.6%、5.1%,这再一次表明农村教师把握教学理念的流于表面性和教师本人知识、技能素养的缺乏。具体结果见表7。

表7 农村教师具体运用新教学方法的调查表

问题	选项	小学		初中		高中	
		频数	百分比	频数	百分比	频数	百分比
您会有意识地指导学生的学习方法吗?	经常	80	68.9	49	59.8	92	67.6
	偶尔	34	29.3	29	35.4	31	22.8
	很少	1	0.9	3	3.7	11	8.1
	不会	1	0.9	1	1.2	2	1.5
	总和	116	100.0	82	100.0	136	100.0
您是否按新课程要求在教学中充当引导者、组织者、参与者的角色?	充当得很好	31	26.7	9	10.7	17	12.3
	尽量充当	82	70.7	66	78.6	106	76.8
	较少充当	2	1.7	7	9.4	13	9.4
	不充当	1	0.9	2	2.4	2	1.5
	总和	116	100.0	84	100.0	138	100.0
您怎样引导学生开展自主、探究、合作学习活动?	把课堂交给学生,让学生自由学习	14	12.0	13	15.5	12	8.8
	课堂巡视、适当指导	19	16.2	12	14.3	12	8.8
	明确规定学习要求,学生按照要求学习,通过提问讨论,最后得出结论	78	66.7	55	65.5	105	77.2
	规定学习要求,学生按要求学习	6	5.1	4	4.8	7	5.2
	总和	117	100.0	84	100.0	136	100.0

教学方法的改革毕竟包括教法的改革,也包括学法的改革。表7调查表明:在教学方法的改革中,能有意识指导学生学法的老师有221人,占66.2%;偶尔指导的94人,占28.1%,这说明有94%的人对学法的指导有明确意识。但还有7%的教师只顾自己改教法,让学生一味服从和配合。在教学方法的改革中,能很好转换教师角色,充当组织者、引导者、参与者的教师达309人,占92%,这

说明教师的主流意识是好的;但角色改变很少或不能改变的占8%,且小学、初中、高中分别占其中的11.1%、33.3%、55.6%,呈上升趋势。

3.教学评价

教学评价在一定程度上是教学的指挥棒和调节器。你怎么评价,老师就这么来教学。有教师把教学评价的方法和指标看作是教学改革的晴雨表。新的教学方法改革中,老师是如何评价学生的表现的,具体见表8。

表8 农村教师教学方法改革中的评价调查表

问题	选项	小学		初中		高中	
		频数	百分比	频数	百分比	频数	百分比
当学生提出一个很有见解的想法或问题时,您的做法是:	表扬鼓励,师生评价	93	80.9	61	72.6	107	78.7
	简单评价,继续授课	11	9.6	17	20.2	19	14.0
	让其他学生评价	8	7.0	5	6.0	6	4.4
	调整教学设计	3	2.6	1	1.2	4	2.9
	总和	115	100.0	84	100.0	136	100.0

表8显示:在教学中,老师能积极引导学生参与教学活动,共同评价学生回答或质疑的有261人,占77.9%;让学生做评价主体的教师占5.7%;根据学生回答问题的情况以及质疑状况进行教学调整的仅占2.4%;对学生的课堂回答简单评价,继续讲课的有47人,占14%。调查的数据说明,教学方法的评价主流是好的,但忽视学生评价主体,对评价不认真,没有针对性和导向性。

二、学生问卷分析

学生问卷中涉及学习方式的问题有4个,主要对教师在课堂教学中的教学模式、学生动手能力、是否合作学习、教师授课时间的多少做出调查。

(一)学生上课的主要方式

在学生上课的主要方式调查中,学生们认为,还是沿用教师讲、学生听的方式,与改革前相比,没什么变化。这可以从学生回答的教师讲课的时间等相关问题来说明,具体的调查如下表:

表9 农村学生主要上课方式调查表

问题	选项	小学生		初中生		高中生	
		频数	百分比	频数	百分比	频数	百分比
老师讲课的时间大约占多少?	90%	15	9.6	39	22.4	42	32.6
	80%	52	33.1	67	38.5	43	33.3
	70%	38	24.2	54	31.0	28	21.7
	60%	52	33.1	14	8.1	18	12.4
	总和	157	100.0	174	100.0	131	100.0
老师讲,学生听,偶尔回答老师的提问,是上课的主要方式	完全符合	25	14.1	56	32.0	40	30.5
	比较符合	64	36.15	55	31.4	61	46.6
	不太符合	64	36.15	53	30.3	26	19.8
	不符合	24	13.6	11	6.3	4	3.1
	总和	177	100.0	175	100.0	131	100.0

从表9的调查可以看出:学生认为老师讲课占课时80%以上的有258人,占55.8%;老师讲课占课时80%以下的有204人,占44.2%。而初中生在学习方式的使用及教师的教学指导上明显强于高中生,究其原因也许和高中生面临高考、追求升学率有着直接关系。教师占的时间多,自然学生参与就少了,教师主角的地位观念根深蒂固,是顽疾,难以改变。认为"以老师讲,学生听,偶尔回答老师的提问,是上课的主要方式"有301,占学生被调查人数的62.3%。这是一个问题的两个方面,反映了农村教学方式存在的问题。

(二)学生课堂上的活动

围绕学生课堂上的活动,设计了"课堂上,学生除过听之外,经常动手、动脑,探索学科问题"与"针对某个问题,你们是否进行合作学习"两个问题。调查结果如表10。

表10 农村学生课堂上的活动表现调查表

问题	选项	小学生		初中生		高中生	
		频数	百分比	频数	百分比	频数	百分比
针对某个问题,你们是否进行合作学习?	较多	128	72.3	90	51.7	19	14.7
	一般	28	15.8	58	33.3	45	34.9
	较少	15	8.5	22	12.6	47	36.4
	不进行	6	3.4	4	2.3	18	14.0
	总和	177	100.0	174	100.0	129	100.0
课堂上,学生除过听之外,经常动手、动脑,探索学科问题。	完全符合	60	33.9	71	41.0	7	5.3
	比较符合	94	53.1	56	32.4	44	33.6
	不太符合	12	6.8	41	23.7	61	46.6
	不符合	11	6.2	5	2.9	19	14.5
	总和	177	100.0	173	100.0	131	100.0

由表10所示,"针对某个问题是否进行合作学习"的回答中,回答"较多""一般""较少""不进行"分别占到49.4%、27.3%、17.5%、5.8%,但有阶段性差异。小学有72.3%的学生认为经常进行合作,而高中生只有14.7%,合作频率是随着年级的升高而下降。这可能与高中学生的考试任务重,有升学压力有关。回答模棱两可或不进行合作的高中生比例最高,分别占36.4%、14%,说明学生并不明确合作学习的实质,不能做出准确回答,但也间接说明教师教学采用合作学习的时候较少。

在探究学习的组织方面,认为出现问题需要探究时,有69%的学生认为老师会组织探究活动,方式多种多样;但认为教师不组织和较少组织的占学生总人数的 7.3% 和 23.7%。这说明问题意识、探究意识在农村学校还很薄弱，教师需要加强这方面的培养与培训，让教学方法改革的意识深入人心。从年级的角度进行分析，教学方法改革有随年级升高而降温的趋势。如当出现问题时，认为不进行探究的高中生比例最高，达 14.5%，尤其是认为很少进行探究的高中生为 46.6%，几乎占到一半，这应当引起重视。

三、农村中小学生学习方式存在的问题

从调查中可以看到，山西省农村教师在教学实践中，基本理念都是先进的，但将观念层面的理念落实到实践层面就目前而言还是有一定差距的，即"说到做不到"，没有让学生真正感觉到新课程改革给他们的学习方式带来的改变，享受不到学习的乐趣，更谈不到学习习惯的养成。作为文化较发达的运城地区，学生在学习方式调查中的回答，主要持肯定态度，说明这个地区的农村教师还是有所改变的，这是令人感到满意的地方。但从这些调查结果的总体分析看，发现我省农村中小学生在学习方式方面存在如下问题：

(一)学生转变学习习惯有一定难度

学习方式的转变实际上是学习习惯的转变。传统的填鸭式的教学方式使学生形成了被动学习的习惯，不提前预习，上课只要听就可以，不需要怎么动脑筋。但是，无论是哪种教学方法的改革，它们的共同点就是让学生动起来。学生要课前预习，课前查资料，寻找答案；课堂上要积极思维，踊跃发言，要加工发言内容，相互补充，等等。这一切都需要学生彻底改变原有的学习方式，即学习习惯由被动学习变主动学习，由"要我学"变"我要学"。但学生的知识基础和思维定式，使学习方式的改变存在基础上的困难。

（二）自主学习时间长与课时少的矛盾

自主学习强调人人参与、学生质疑,适合于小班教学,大教学班很难做到。自主学习强调学生自学,多方获取信息,费力费时,学生任务重。并且自主学习和研究性学习强调自主,注重知识的形成过程,需要花费较多时间,而教师教学计划都有严格规定和要求,导致教学任务难以在规定时间完成,课堂教学的秩序与气氛难以控制,教师操作较困难。

（三）学生不习惯合作学习

新的学习方式打破了学生独自学习的习惯,要求学生具有很强的合作精神。小组成员事前进行分工,明确责任。搜集资料、社会调查、小品表演、参观访问、小组讨论……每一个活动都需要学生之间的合作。合作能力强的学生往往能够从学习中获得更大的快乐和更多的知识,合作能力弱的学生则没有这种快乐的体验,心理负担重,焦虑不安,难以适应。从整体上讲,学生的分析能力、收集和处理信息能力较弱,课堂讨论较浮于表面,不够深入,既不能很好地完成学习任务,又会耽误大量的宝贵时间,影响课堂教学的实效性。

（四）教师专业素质较低

通过调查可知,有10.1%的教师根本不知道新课改所倡导的自主、合作、探究学习,而知道的教师却不知道这些教学方式本质及如何组织。在大形势的压力下,硬着头皮进行改革,穿插一些简单的问答,课堂上热热闹闹,课下茫然无知！这势必影响学生学习方式转变的目的性和科学性,影响教学效果。如在"是否有意识地指导学生的学习方法"问题上,只有66.2%的教师经常指导学生的学习方法,但有5.7%的教师从来不指导,28.2%的教师偶尔指导。这就暴露出学生不会学习的真正原因:教师的培养无为。

(五)学习方式转变逐渐形式化

新课程改革强调学生学习方式的转变,也就是要将原有的以接受为主的学习方式转变成自主、合作、探究的研究型学习方式。但是在课堂的实际教学中却出现了两种极端,一种是教师只模仿新学习方式的形式,而忽视其内涵和目的,结果出现活动教学、发现学习、合作学习的泛化,使学习方式的转变陷入一种只重"形似"而不重"神似"的形式化的困境。另一种是形式化的问题,即对外的公开课和平时的正常上课用的是两种方案、两种教学法,甚至有的时候为了公开课的成功不惜从其他班级借用"好学生"来冒名顶替;更为严重的是这样的公开课上得越好它越具有迷惑性从而使研究人员无法了解当前课程改革的真实状况,进而造成人们的盲目乐观,这对我们的教育改革来说是极其有害的。

(六)学生自主学习能力依然欠缺

我们在这次课程改革中,常常强调要培养学生的自学能力、创新能力和责任意识,但是我们在实际的课堂教学中又往往受困于学生的自学能力、创新能力和责任意识的欠缺,并认为它阻碍了学习方式的转变。仔细分析就会发现我们似乎陷入一种奇怪的"循环"之中,即学习方式转变是为了培养学生的创新能力和自学能力,但是转变的实现又依赖于学生的创新能力和自学能力。在现实的教育生活中,我们的确可以发现许多学生学习的自觉性和自主性很差,如果一味强调学生的自主学习,其结果只会造成对这些学生的放任自流和不管不问,这似乎也不是我们教育改革所希望看到的结果。[1]

---

[1] 葛春:《学习方式的转变:理论与现实》,《当代教育科学》,2005,(15):第11—12页。

以上问题在课程与教学改革的实践领域中，受传统的教学理念、教学状况、教师个人素养及学生自身等诸多因素的影响，在新课程的实施过程中阻挠了教学改革，减缓了新课程改革的进程。

第三节　改变农村中小学生学习方式的对策

《基础教育课程改革指导纲要》提出"改变过于强调接受学习，死记硬背，机械训练的现状，倡导学生主动参与，乐观研究，勤于动手"。在课程与教学改革的实践中，把转变学生的学习方式置于突出的位置，倡导改变原来单一、被动的学习方式，注重学生的学习过程，强调学生主动参与学习。建立和形成发挥学生主体性的多样化的学习方式，让每个学生学会自主性学习、探究性学习、合作性学习等方法。

随着教改的不断深入，发挥学生的主体性已经成为教育界的共同心声。学生既是教学的对象，又是学习的主人，也是认知过程的主体。在教学中，教师要重视学生学习方法的指导，只有学生学会学习，体验到了获取知识的喜悦，那样学生才有动力继续学习，并用自己所学到的知识来解决一些实际生活中的问题，从而提高学生解决实际问题的能力。苏霍姆林斯基说过："有经验的生物、物理、化学、数学教师，在讲课的时候，好像是微微打开一个通往一望无际的科学世界的窗口，而把某些东西有意地留下来不讲。"作为教师，不能只向学生灌输书本上的知识，更重要的是要引导、启发学生思考，加强学生学习方法的指导，真正做到学习方式的转变。因此我们针对调查过程中发现的三大问题，提出转变农村学生学习方式的策略，从教师和学生、研究人员等三方面着手。

一、教师教的层面

(一)教师要转变教育观念

教师观念的转变是有效进行课程改革的关键。新的课程迫切要求教师更新观念,形成"为了每一个学生充分发展"的价值观,提高教学水平,转变教学方式。在教学中,教师不要急于将自己的观点灌输给学生,而应鼓励学生发表自己的见解。学生大胆地表述自己的观点,并对教师的观点提出疑问和异议时,教师要以一个平等的对话者的姿态与学生共同学习和探讨,逐渐形成民主的课堂气氛。

(二)引导学生质疑,提高学习能力

质疑是探索知识、发现问题、提高认识的开始。爱因斯坦曾说:提出一个问题比解决一个问题更重要。学习要多问几个为什么,要指出疑问并设法解决问题,才能有进步。对于农村中小学生来说,开始提出疑问,需要教师启发引导。作为教师,不仅要教给学生知识,还要鼓励学生多问几个为什么,让学生在学习知识的同时,对课本的内容要认真研究,提出疑问,追根溯源,思维得到拓宽,认识得以提升,思想品质得到锻炼和提高。一旦有了质疑习惯,学生会提出许多教师意想不到的疑问。

(三)教会学生学会概括和积累

如果学生能及时进行总结概括,特别是积累一些经典题目类型及解题方法,就可以学得既轻松,又能提高学习的效率和质量。在现实的教学实践中证明,教学成功与失败的界线是:是否教会学生掌握最佳学习方法。我们经常发现有的学生总是循规蹈矩地学习,虽然刻苦,但学习质量不高。如果学生学会了好的学习方法,不但可以提高学习能力,而且终身受益。因此,在农村中小学日常教学中,作为一名人民教师,应重视农村中小学生学习方式的改变和

培养,让学生在课堂教学中学得更有效。

(四)引导学生主动参与、乐于探究、勤于动手

知识是死的,而方法是活的,学会了方法,才懂得怎样去学,怎样掌握新的知识,面对知识和信息日新月异的增加和变化,才不会束手无策。学生的头脑不是知识的容器,而是知识和信息的处理和加工中心,在教学过程中要注意培养学生处理和加工知识和信息的能力,懂得怎样进行归类,怎样取舍,怎样加工整合生成新的知识。

(五)加强教师培训,提高教师的专业能力

根据"缺什么,补什么"的原则,为保证教师更好地适应教育改革与发展的需要,各类师范院校和培训机构应为不同层次的教师提供不同阶段需要的继续教育。倡导采用"理论学习—尝试实践—反省探究"模式,积极引导教师掌握新的课改理念,了解新的教学方式的本质与内涵。并通过观摩教学、相互评课、相互研讨等方式,掌握运用和组织新的教学方法的技能技巧,学会设计教学、管理和引导学生参与教学。但由于条件与时间的限制,教师一定要重视自我教育。通过经常性的系统的自我反思,主动收集教改信息,研究教育教学改革中的各种关键事件,积极感受教改的成功与失败等,加快教师自我的专业成长。

(六)广大教师在学习方式转变中应该学会"平衡"和"渐进"

改革多年来,第一线的教师在教学方法方面达成一种共识,即既提倡"发现"和"研究",也不能丢弃"传授";既提倡课堂民主,也不能不要纪律;既要改革评价方法,也不能没有考试;既要注重能力的培养,也不能放弃知识的传授等。但这种共识,有一定的折中意思。教师是课程的最终执行者,课堂是学校教育的主阵地,在本次课程改革的过程中广大教师必须学会"平衡"的能力,即学会在新课程理念和传统课程理念中保持一种动态的平衡。在了解原有

教学方式的种种弊端之后,根据农村学生的知识基础与学习习惯,尽量进行方法的改革尝试,不冒进,不冒险,以免给他所在的学校和他的学生带来伤害。因此在当前的学习方式转变的实践中,教师应该将新课程理念所宣扬的学习方式作为一种"理想"目标来追求。不论在现实中遇到什么样的困难和挫折,心里都应当明白教育方法改革的目标和方向,并在现存各种条件允许的范围内逐渐靠近这种"理想型"。

二、学生学的层面

(一)引导学生尝试小组活动

因为学生在学习中因为课时紧张无法在课堂教学中合作学习,可以引导学生在课下尝试小组合作。如调查、探究活动时,要求学生自愿结成小组,设计自己的活动方案,方便课外或校外活动;在课堂讨论中,也要求以小组为单位进行活动,先由学生阅读,小组之间就内容互相提问,自己先得出结论;遇到难懂的问题,教师不急于解答,让学生按水平和能力进行分工,各自带着问题走出教室,上网查资料,再将查到的资料在班上予以公布;对于有争论的问题,教师让学生进行充分的讨论,不对任何一方的观点予以评价,教师的观点也仅供学生参考。

(二)改变课堂教学的秩序与气氛

传统课堂以教师为中心,教师是"权威",课堂教学必须在教师的操控下按"程序"进行,因而,教师感到心里比较踏实。新课程背景下的课堂教学发生了根本性的变化,学生是学习的主体。这就要求教师把握分寸,既要尊重学生的学习权利,又要培养、训练学生养成良好的行为习惯和学习习惯,既要学会等待、学会倾听,又要积极引导、善于沟通。我们尝试在每节课上逐渐训练学生的行为规范,方法有:1.争取每节课前5分钟让学生轮流演讲,内容由学生本人自行搜集、组织。此时,强调学生要学会倾听,倾听是一种有教养的行为,每个学生都要成为有教养的人。2.使学生认识到民主的教学氛围要通过教师和学生的互相尊重来形成,对学生进行情感教育,教育学生要热爱和理解教师,帮助教师克服教改中遇到的困难。3.教师和学生约定一种形体语言,教师如果拇指和其他四指合拢,表示要闭着嘴巴,大声拍三下,表示要安静等。4.对分组活动时做得好的小组及时表扬并多关注弱势群体,鼓励他们大胆参与。

(三)创设情境教学,在情境教学活动中,师生共同组织活动,参与活动

教师倾注其真情实感,与学生心相通,情相连;学生在这种良好的人际氛围中,也能真正感受到教师的关心。情境的优化,可以使学生与学生之间相互切磋,相互交流,学会与他人沟通、合作,在友好的人际情境中,逐渐懂得合作的快乐与重要。

(四)师生共创共生,形成"学习共同体",培养合作学习的习惯

新课程倡导探究性学习、小组合作性学习的学习方式,对我们教师提出了新的更高的要求,即让传统的居高临下的教师地位在课堂教学中逐渐消失,让教师走到学生中间去,和学生平等交流、共同探究,形成"学习共同体"。教师可以采取组间竞赛方式,将学生分成学习小组,要求每组制定一张"互帮互助、共同进步"的积分表,由课代表负责管理登记,每月公布一次。在小组合作学习中,每一个组员都有责任帮助其他同学学习,以全组每一个同学都学习好为目标。这样,让组与组之间、个人与个人之间展开竞赛,使全班学生在学习上出现你追我赶的局面,使小组成员形成一个密不可分的整体,这对那些学习动机、毅力、责任心相对较弱的学生会产生积极的群体压力,从而产生学习的向上动力,能自觉地从事学习

活动。在组间竞赛的过程中,随着学生之间不同程度的交往和互相配合、互相帮助,集体的荣誉感、责任感、领导意识,以及与他人的交际能力、合作能力、平等意识都会得到增强。

三、研究人员层面

研究人员应该将研究的重心从"理论"转向"问题"和"行动"

教育学就其学科性质而言,它是一门偏重经验的实践科学,也就是说这门学科最关注的是"如何做"的问题,即它更需要能指导实践的知识。广义的知识分成两类:第一类是陈述性知识,即狭义的解决"是什么"问题的知识;第二类是程序性知识,解决"怎么做"的问题。一般而言,后一种知识的习得要以前一种知识为基础。当前在我国课程改革的实践中,许多教师都表示他们可以理解和接受新课程理念,他们具备了陈述性知识,但是他们现在更想知道的是"如何做",需要的是将这种知识提升到程序性知识,并以此来切实地促进自己教学方式和学生学习方式的转变。因此面对这种现状,课改研究人员应该将自己的研究重心从陈述性知识转向程序性知识,也就是从狭义的"知识"研究转向"行动"研究。

总之,转变农村学生的学习方式在课堂教学中有着重要的现实意义,这不仅能充分调动学生的主动性、积极性,而且使学生的知识、技能和创新思维也得到了发展,从而让学生积极、主动地学好知识,掌握学习技巧,缩短与城市教育之间的差距。

参考文献:

[1]全国十二所院校主编:《教育学基础》,教育科学出版社2008年版。

[2]伍德勒、时伟:《中小学新课程改革的理论与实践》,合肥工

业大学出版社2004年版。

[3] 沈贵安:《浅谈如何转变学生学习方式》,《教师》,2008,(05)。

[4] 李本友、李红恩、余宏亮:《学生学习方式转变的影响因素、途径与发展趋势》,《教育研究》,2012,(02)。

[5] 葛春:《学习方式的转变:理论与现实》,《当代教育科学》,2005,(15)。

[6] 吴永军:《再论影响学习方式的主要因素》,《当代教育科学》,2004,(20)。

[7] 谭顶良等:《学习方式的转变:热点冷观》,《南京师大学报》(社科版),2004,(01)。

第八章　农村中小学综合实践活动课程开展的调查研究

随着新一轮基础教育课程改革的实施，综合实践活动课程被提到了新的高度，越来越为人们所重视。2001年6月颁布的《基础教育课程改革纲要(试行)》明确规定："从小学至高中设置综合实践活动并作为必修课程，其内容主要包括：信息技术教育、研究性学习、社区服务与社会实践以及劳动与技术教育。"综合实践活动课程对于推进素质教育，提高教育质量具有十分重要的意义。然而，作为一门全新的课程形态，其在实施过程中暴露出了一些不容忽视的问题，特别是在广大的农村地区。因此，正视这些问题并提出有效的解决策略，对于推进基础教育课程改革，提高农村教育质量，尤为重要。

第一节　综合实践活动概述

一、综合实践活动的含义及性质

(一)综合实践活动课程的含义

综合实践活动课程既适应世界课程改革的整体趋势，又体现我国课程改革的现实需求。然而，作为一种新的课程形态，人们对于它的理解还没有达成共识。我国学者对其定义的理解如下：

《综合实践活动指导纲要（试行）总则》中的第一句话为："综合实践活动是基于学生的直接经验、密切联系学生自身生活和社会生活、体现对知识的综合运用的课程形态。这是一种以学生的经验与生活为核心的实践性课程，综合实践活动是《义务教育课程计划（实验稿）》和《全日制普通高中课程计划（实验稿）》所规定的必修课程，自三年级开始设置，每周平均3课时。"

田慧生认为：所谓综合实践活动，主要是指以学生的兴趣和直接经验为基础，以与学生学习生活和社会生活密切相关的各类现实性、综合性、实践性问题为内容，以研究性学习为主导学习方式，以培养学生的创新精神、实践能力及体现对知识的综合运用为主要目的的一类新型课程。①

张华认为：综合实践活动是由国家设置，地方和学校根据实际开发的课程领域。因此，国家着眼于宏观指导而研制综合实践活动指导纲要，地方和学校要根据纲要所设置的基本框架规划中小学活动的基本类型和具体活动方案。②

郭元祥认为：综合实践活动是在教师引导下，学生自行进行的综合性学习活动，是基于学生的经验，密切联系学生自身生活和社会实际，体现对知识的综合应用的实践性课程。③

上述学者对综合实践活动课程所做的界定，虽然表述不同，但其基本观点有许多相似之处。如关注学生的直接经验、强调知识的

---

① 田慧生：《综合实践活动的性质、特点与课程定位》，《人民教育》，2001，(10)：第34—35页。
② 张华：《综合实践活动课程—理念与框架》，《教育发展研究》，2001，(1)：46。
③ 郭元祥、伍香平：《综合实践活动课程的理念》，高等教育出版社2003年版，(8)：第42页。

运用等。笔者认为,综合实践活动课程是由国家规定的一门面向全体学生,以学生的兴趣和直接经验为基础,以研究性学习为主导学习方式,以培养学生的创新精神、实践能力及体现对知识的综合运用为目的的独立形态的课程。

(二)综合实践活动课程的性质

综合实践活动是一门什么性质的课程,有人把它等同为综合课程或活动课程,有人认为它与学科课程完全相对,还有人认为它是"介于三级课程之间的一种课程",这些观点都值得商榷。为了准确地把握综合实践活动的课程性质,我们必须弄清楚它与综合课程、活动课程、学科课程及三级课程之间的关系。

1.综合实践活动课程与综合课程

综合实践活动课程的开设,借鉴了综合课程的思路,两者都强调知识的综合性。综合课程使得学科知识的学习走向综合化,综合实践活动课程是将综合化的知识进行了有效的应用,二者有着本质的区别。

综合课程是相对于分科课程的一种课程类型,以学科体系和理论知识为课程内容,以校园环境为主要活动范围,以各学科内在的逻辑关系为纽带,以解决问题为载体,以学科知识体系为前提的条件下运用知识,发展学生的综合能力的理论性课程。而综合实践活动课程是独立的课程形态,它以领域问题和实践经验为课程内容,以全部社会活动为活动范围,以学生自主体验、独立探究为主要活动方式,以培养学生的创新精神、实践能力及体现对知识的综合运用为目的,它超越了学科课程的逻辑体系,是一种以实践为基础的经验性课程。

2.综合实践活动课程与活动课程

综合实践活动课程的开设和实施,是活动课程理论的发展和实践的深化。两者都强调学生的亲身体验和直接经验,注重学生实践能力的培养。但是两者在教育目标、学习方式、课题选择上都有很大的区别。

活动课程是与学科课程相对的一种课程类型,以学习者的直接经验为课程开发的核心,注重学生的动手操作能力,着重培养学生的兴趣、个性和实践能力。在课题选择上多与德育有关,在活动方式上大多不具有研究性。总之,活动课程在实际操作中目标、内容和方式都显得单一,零乱而缺乏教育学意义。而综合实践活动是课程层面的概念,它涉及课程开发、设计和实施等问题。由学生自主选择课题,其目标更趋向于社会要求与学生个体需要相统一;以研究性学习为主,学生运用探究的方法进行学习,能力得到更好的发展。总之,综合实践活动课程具有活动课程的全部优点,又在一定程度上弥补了活动课程的不足,因而它的目的更加全面,功能更加完善,更有利于学生的发展。

3.综合实践活动课程与学科课程

综合实践活动课程与学科课程并不是截然对立的。首先,它们都是学校课程体系中的一部分,共同构成了基础教育阶段完善的课程体系。而且在某些情况下,综合实践活动课程与学科课程的教学可以打通,以融合的方式进行。其次,它们互为基础、相辅相成。一方面,综合实践活动课程要以学科知识为基础,综合运用各科知识于实践中,解决实践中遇到的各种问题。另一方面,学科领域的知识、技能可以在综合活动课程中得到延伸、综合、重组、熟练和提升。再次,它们各有不同的任务和功能。学科课程强调较短时间掌握系统科学知识,综合实践活动课程强调学生发现问题和解决问题的能力。但它们都共同关注如何增强学生的探究和创新精神,培养科学态度和科学精神,发展学生综合的能力,形成初步的技术意识和技术实践能力。①

4.综合实践活动课程与三级课程

综合实践活动课程兼有国家课程、地方课程和校本课程的特征,是基础教育课程体系的重要组成部分。一方面,它作为国家课程的重要组成部分,被纳入国家正式课程的结构体系中,改变分科课程一统天下的局面。另一方面,它体现着地方和学校课程的特色。

具体来讲,国家提出了综合实践活动课程的宏观目标和原则要求;地方对落实国家的要求提出具体的指导性意见;学校负责针对学生和学校实际,开发具体的活动内容,针对具体内容来预设具体的活动目标、方式方法的采用、基本活动流程、实施针对性评价等,是校本开发与实施的过程。在校本课程的开发与实施过程中,体现学校特色,满足学生个性差异的发展。

综上所述,我们可以得到以下几点认识:第一,综合实践活动课程是一种独立形态的课程;第二,综合实践活动课程一门实践性、经验性、综合性课程;第三,综合实践活动课程是基础教育阶段的必修课程。

二、综合实践活动课程的特点

综合实践活动课程不是其他课程的辅助和附属,而是具有独立形态的课程,具有自身的鲜明特点。

(一)综合性

综合性是由综合实践活动中学生所面对的完整的生活世界所决定的。学生的生活世界是由个人、社会、自然等彼此交织的基

---

①张传燧:《论综合实践活动的基本理念及其课程性质》,《湖南师范大学教育科学学报》,2002,(6):第71页。

本要素所构成，涉及政治、经济、文化、科技等各个领域，学生要想处理好这些关系，必须有广博的知识。但是，所谓广博并不是多门学科知识的杂烩，而是通过对知识的综合运用而不断探究世界与自我的结果。综合实践活动的综合性，要求其设计和实施时综合学生的已有经验，运用已有的知识，通过实践活动来展开。从内容上说，综合实践活动课程主题的选择范围应包括学生本人、社会生活和自然世界，立足于人的个性的整体性，立足于每一个学生的健全、完善的发展。

（二）实践性

综合实践活动课程以活动为主要开展形式，以实践学习为主要特征，强调直接经验的学习。要求学生积极参与到各项活动中去，通过考察、实验、探究、设计、创作、想象、反思、体验等一系列活动来发现问题、解决问题，提升情感、培养态度，从而获得新的认识和发现。其强调学生通过探究性学习、社会参与性学习、体验性学习和操作性学习等多种实践性学习活动，对课堂教学空间和教材加以拓展，把学生的探究发现、大胆质疑、调查研究、实验论证、合作交流、社会参与、社区服务以及劳动和技术实践等作为重要的发展性教育活动。在实践活动中，认识事物并获得各种积极体验，最终培养学生的实践能力。

（三）开放性

综合实践活动是一个开放的课程领域，它具有开放性，具体表现在以下几方面：综合实践活动面向每一个学生的个性发展，尊重每一个学生发展的特殊需要，其课程目标具有开放性；综合实践活动课程面向学生的整个生活世界，它随着学生生活的变化而变化，其课程内容具有开放性；综合实践活动课程关注学生在活动过程中所产生的丰富多彩的学习体验和个性化的创造性表现，其评价标准具有多元性,因而其活动过程与结果均具有开放性。

(四)自主性

综合实践活动课程的设计基于学生的兴趣和需要,目的就是要为学生的个性发展提供一个广阔空间。因此,学生作为综合实践活动的主体,客观要求学生主动参与实践性学习的全过程,他们自己选择学习的目标、内容、方式及指导教师,自己决定活动结果呈现的形式。作为教师要起到既积极引导,又不包揽的作用。

(五)生成性

综合实践活动课程具有生成性,首先这是由综合实践活动课程的过程取向所决定的。综合实践活动课程学习的过程,尤其关注学习过程中学生的思维方式、个人体验以及对信息资料的整理和综合。学生在经过一段时间学习后,可能并没有什么有形的成果。但是在实施过程中学生有了种种体验,可以说综合实践活动过程本身就是它追求的结果。其次,从综合实践活动课程设计和实施来看,作为一种对学生发展具有价值的课程,本身就是不断生成的,是教师和学生共同创生的课程。

三、综合实践活动课程的内容

综合实践活动课程是由国家设置、地方和学校根据实际开发的课程领域。因此,国家着眼于宏观指导而研制综合实践活动指导纲要,地方和学校要根据纲要所设定的基本框架规划中小学活动的基本类型、基本内容和具体活动方案。

(一)综合实践活动课程的组织线索

综合实践活动课程是一个有机的整体,而非若干主题的随意拼凑,其内容的选择不是随意确定的,需遵循一定的组织线索而进行,其以学生为核心,围绕学生与自然的关系、学生与他人和社会的关系、学生与自我的关系三条线索进行。

(二)综合实践活动的内容范围

综合实践活动课程的具体内容因地方、学校及学生的个性差异而不同,但就总体而言,应包括以下四方面的内容:

1. 研究性学习

研究性学习是综合实践活动中的重要组成部分。是学习者基于自身兴趣,在教师指导下,从自然、社会、文化和学习者自身生活中选取有意义的主题,进行跨学科探究。研究性学习强调学生通过实践,增强探究和创新意识,学习科学研究的方法,发展综合运用知识的能力。学生通过研究性学习活动,形成一种积极的、生动的、自主合作探究的学习方式。各种富有时代感的主题都可以不断渗透于研究性学习活动之中。

2. 社区服务与社会实践

社区服务与社会实践是学生在教师指导下,走出教室,参与社区和社会实践活动,以获取直接经验、发展实践能力、增强社会责任感为主旨的学习领域。通过该学习领域,可以增进学校与社会的密切联系,不断提升学生的精神境界、道德意识和能力,使学生人格臻于完善。其内容主要包括以社会考察为主的社会体验性活动、以社会参与为主的实践性活动、以社区服务为主的公益性活动等方面。

3. 劳动与技术教育

劳动与技术教育是以学生获得积极劳动体验、形成良好技术素养为主的多方面发展为目标,且以操作性学习为特征的学习领域。这是一个开放性的学习领域,它强调学生通过人与物的作用、人与人的互动来从事体验性学习、操作性学习、研究性学习,强调学生动手与动脑相结合,并倡导以项目为载体从事学习活动。通过该领域使学生了解必要的通用技术和职业分工，形成初步的技术意识和技术实践能力。

4.信息技术教育

信息技术不仅是综合实践活动有效实施的重要手段，而且是综合实践活动探究的重要内容。信息技术教育的目的在于帮助学生发展适应信息时代需要的信息素养。这既包括发展学生利用信息技术的意识和能力，还包括发展学生对浩如烟海的信息的反思和辨别能力，形成健康向上的信息理论。

以上几个方面是综合实践活动的指定领域，除上述指定领域以外，综合实践活动还包括大量非指定领域，如：班团队活动、校传统活动（科技节、体育节、艺术节）、学生的心理健康活动等等，这些活动在开展过程中可与综合实践活动的指定领域相结合，也可以单独开设，但课程目标的指向是一致的。指定领域与非指定领域互为补充，共同构成内容丰富、形式多样的综合实践活动。

(三)综合实践活动内容的选择原则

综合实践活动的具体内容由地方和学校根据实际确定。一般而言，各学校确定综合实践活动的内容需遵循下列原则：

1.尊重每一个学生的兴趣、爱好与特长

综合实践活动课程关注学生关心什么，哪些真正是学生的问题或课题。学生不是为学科而存在，学科应植根于学生的生活课题。帮助每一个学生确定自己的课题，运用体现其个性特征的方式展开深度探究，对世界获得自己的独创性理解，这是综合实践活动课程的主旨所在。

2.体现每一所学校的特色

对任何一所学校而言，综合实践活动课程是其学校文化的有机构成，集中体现了学校特色。因此，综合实践活动课程内容的选择应立足于每一所学校的特色,并使其成为特色学校建设的重要环节。

3.反映每一所学校所在社区的特色

学校所在社区的特色是一所学校的特色得以形成的重要基础。综合实践活动课程要善于挖掘社区中的课程资源和研究课题,引导学生把自己成长的环境作为学习场所,在与社区持续交互作用中、在不断理解社区中健康发展。

4.善于引导学生从日常生活中选取探究的课题或问题

日常生活在学生发展中的作用丝毫不亚于学科知识。尊重学生的日常生活,引导学生从日常生活中选取自己感兴趣的课题或问题进行探究,努力把学科知识与日常生活整合起来,这是综合实践活动课程的重要使命。

5.要处理好与各学科领域的关系

综合实践活动与各学科领域存在以下三方面的联系:第一,学科领域的知识可以在综合实践活动中延伸、综合、重组与提升;第二,综合实践活动中所发现的问题、所获得的知识技能可以在各学科领域的教学中拓展和加深;第三,在某些情况下,综合实践活动可与某些学科教学打通进行。

第二节 农村中小学综合实践活动开展现状调查及分析

综合实践活动课程作为基础教育的必修课,是我国基础教育课程改革的重要内容之一,特别是对于促进农村基础教育的发展具有独特意义。为了全面系统地了解山西省农村中小学综合实践活动课程开展现状,特作此调查。

一、调查对象

在大同、忻州、吕梁、运城四个地区,采取分层随机抽样法,共抽取教师 334 名。其中,小学教师 119 名,初中教师 87 名,高中教师 138 名。这些教师所属的学校,既有公办,也有民办和民办公助;既有农村教师,也有县城教师;既有高职称教师,也有中初级及未定级教师。所选对象有很好的典型性与代表性。需要说明的是,下面统计分析中的每个问题的不规范问卷都单独做了处理。因此出现每个题的总人数有所不同的现象。

本研究共发放教师问卷 334 份,每个问题单独处理,不影响对其他问题的统计处理,这也符合统计学要求。具体取样情况见第一章表 1。

二、调查方法

(一)测量工具

问卷为教师卷。问卷是课题组成员自行编制的《山西省农村基础教育课程改革发展现状调查问卷》,采用无记名方式进行调查。

(二)调查内容

农村综合实践活动的开展状况教师卷共涉及 22 个问题。二级维度主要包括对综合实践活动课程的认识(6 个)、综合实践活动课程的开设情况(14 个)、综合实践活动课程实施的主要困难和需求(2 个)。

三、调查结果及分析

(一)对综合实践活动课程的认识

1.认识程度

本调查主要涉及对该课程基本理念和目标的了解、研究和实施状况的关注等问题。调查显示,农村中小学教师对综合实践活动课程有一定的了解,但其认识仍需进一步深化。51.2%的人对其基本理念和目标很了解和比较了解,48.8%的人了解一些和不了解。80.6%的人关注其研究和实施状况,仍有19.4%的人对其从来都不关注。

2.价值

认识决定行动。为了解农村教师对综合实践活动价值的认识,从根本上解决综合实践活动开展存在的问题,特调查如下:

表1 农村中小学教师对综合实践活动课程价值的认识调查表

选项	小学		初中		高中	
	频数	百分比	频数	百分比	频数	百分比
很有价值	38	32.5	29	36.2	35	26.1
有一点价值	74	63.2	47	58.8	90	67.2
没有价值	2	1.7	2	2.5	4	3.0
不清楚	3	2.6	2	2.5	5	3.7
总和	117	100.0	80	100.0	134	100.0

由上可知,农村中小学教师对综合实践活动课程的价值总体还是比较认同的。30.82%的教师认为综合实践活动课程很有价值,63.75%的教师认为综合实践活动课程有一点价值,只有5.4%的教师认为综合实践活动课程没有价值和不清楚。

但是具体到对学生的影响上,教师们认为其对学生能力的发展很重要,但对成绩的影响持保留态度。89.8%的教师认为其对学生能力的发展起着重要作用,只有45.0%的教师认为其对学生成绩起着积极促进作用,55%的教师认识错误或不重视综合实践活动,自然难以积极地投身综合实践活动课程的探索中。

3.前景

农村中小学教师对综合实践活动课程的前景总体持乐观态度。89%的教师认为综合实践活动课程的前景是乐观的,只有11%的教师认为综合实践活动课程的前景是悲观的和不清楚。

(二)综合实践活动课程的开设情况

1.开设状况

国家2001年就规定综合实践活动课程作为必修课在所有学校开设。但直到今天仍有很多农村学校没有开设该课程。调查显示,农村中小学开设综合实践活动课程的总体状况不容乐观。29.8%的教师认为自己所在学校没有开设,41.8%的教师认为自己所在学校是2004年之后才开设,只有28.4%的教师认为自己所在学校是2004年之前开设的。

2.每周课时

课时是教学质量的保证。对于开设综合实践活动课程的学校,能否保证课标上所规定的课时呢?调查结果如下表:

表2 农村中小学综合实践活动实施情况调查表

问题内容	选项	频数	百分比
贵校开设"综合实践活动"课时情况	每周3节	21	6.4
	每周2节	69	21.2
	每周1节	143	43.7
	没安排	94	28.7
	总和	327	100.0
综合实践活动的课时是否存在被其他课程挤占?	经常	62	18.6
	偶尔	138	41.3
	从不	72	21.5
	说不清	62	18.6
	总和	334	100.0

课时数是反映这门课程落实的具体指标。国家规定综合实践活动每周3课时，但表2显示，只有6.4%的教师回答是每周3课时，65.0%的教师认为学校少于国家规定的课时数，并且28.7%的教师回答自己所在学校没有在课表中安排综合实践活动。仅有的课时落实到课堂中，结果更是不尽人意。只有21.5%的教师认为本校从不挪用综合实践活动的课时，经常占用和不清楚的占到37.2%，偶尔占用的占到41.3%。

以上数据说明了农村中小学综合实践活动课时不足、随意挪为他用，课表中的安排也仅是摆设现象，当前综合实践活动课程地位低下、未受到学校的足够重视。

3.指导教师

师资队伍状况决定了课程实施的效果和水平。综合实践活动课程实施需要组建一支专兼职相结合的教师队伍，以利于共同参与指导。调查显示，农村中小学综合实践活动课的指导教师18.1%是专职教师，81.9%是由班主任、任课教师和辅导员兼任。不同的学段指导教师也并不相同。初中阶段专职教师的比例要明显高于小学和高中，小学阶段以班主任兼任为主，高中阶段以任课教师兼任为主。具体结果见表3：

表3 综合实践活动课程指导教师情况调查表

选项	小学		初中		高中	
	频数	百分比	频数	百分比	频数	百分比
专职教师担任	12	10.5	25	29.4	18	14.4
班主任兼任	56	49.1	29	34.1	41	32.8
任课教师兼任	41	36.0	28	32.9	62	49.6
辅导员兼任	5	4.4	3	3.5	4	3.2
总数	114	100.0	85	100.0	125	100.0

综上可见，山西省农村中小学综合实践活动课程的指导教师队伍总体不容乐观，缺少专职教师，班主任和任课教师的教学负担大，在实施中很容易将综合实践活动课程挪作他用。

4.活动的组织与指导情况

活动的组织与指导情况，在一定程度上能反映教师对综合实践活动理念和本质特征把握得是否到位。调查显示，18%的教师仍然在综合实践活动中全方面指导，7.4%的教师基本不指导。活动主题46.1%来源于学科教学，并且39.7%的主题仍由老师和领导决定。

表4　综合实践活动的组织与指导情况调查表

问题内容	选项	频数	百分比
指导教师的主要工作是什么？	主题选择指导	65	20
	活动方法指导	213	65.5
	成果展示指导	35	10.8
	学生评价指导	12	3.7
	总和	325	100.0
怎样指导学生开展综合实践活动？	各方面都指导	59	18.0
	重要方面指导	154	47.1
	学生有疑问指导	90	27.5
	基本不指导	24	7.4
	总和	327	100.0
主题生成最主要的方式是什么？	师生讨论决定	116	35.5
	学生合作决定	81	24.8
	老师决定	90	27.5
	领导决定	40	12.2
	总和	327	100.0
主题的最主要来源是什么？	社会热点	43	13.3
	生活经历	93	28.8
	学科教学	149	46.1
	活动中生成	38	11.8
	总和	323	100.0

在活动主题的选择和活动实施的过程中多数教师能够尊重学生的意愿并做适当的调整和引导，但仍有7.4%的教师做得不够，有"教"学生活动的倾向。65.5%的教师重视对学生方法的指导，并采取集中指导或渗透在具体活动中指导，还有少数教师不重视方法指导，为活动而活动。活动主题虽已涉及各个方面，但学科化倾向依然明显。

5.开设方式

本次调查涉及的开设方式主要包括常用形式、活动方式和分组方式三个方面。调查显示，农村中小学综合实践活动常采用的形式多种多样，不同层级的学校有所差异。

在常用形式上，小学以动手实践为主，占到了53.1%，学习成果展示会只占7.1%。初中听报告的比例占到36.1%，明显高于小学和高中。高中学习成果展示会占到23.1%，明显高于小学和初中。可见综合实践活动常用形式与学生的年龄特点和学习特点紧密相连。

在活动方式上，45.3%的农村中小学综合实践活动以合作交流的方式活动，31.7%的以社会体验方式活动，19.9%的以问题探究方式活动，以设计制作为活动方式的只占到3.1%。

在分组方式上，44.8%的活动分组是教师提议、学生自主，32.6%的活动分组是学生自愿组合，19.5%的活动分组以教师安排为主，3.1%的活动分组随机组合。

6.评价

表5　农村学校综合实践活动课程评价调查表

问题内容	选项	频数	百分比
评价学生综合实践活动的主体	家长	26	8.7
	教师	108	36.0

续表

问题内容	选项	频数	百分比
评价学生综合实践活动的主体	学生	101	33.7
	师生协商	65	21.6
	总和	300	100.0
评价学生最主要的方式	书面考试	87	26.6
	档案袋评价	65	19.9
	成果展示	124	37.9
	学生自评	51	15.6
	总和	327	100.0
评价学生综合实践活动成效的主要依据是什么？	参与积极性	48	15.5
	活动中表现	101	32.6
	活动成果	84	27.1
	能力提高	59	19.0
	其他	18	5.8
	总和	310	100.0

调查显示，农村学校综合实践活动评价实现了多元化。具体体现在以下三方面：

评价综合实践活动的主体多元化。教师、学生、师生比例占到91.3%，但是家长的参与度仅有8.2%，还有待提高。

评价方式多样化。形成性评价与终结性评价相结合，既关注过程又关注结果。这与课程改革所期待的目标是一致的，说明多数教师在评价方面能够较好地把握综合实践活动课程的基本理念。但是其中也存在着不少问题亟须解决，如档案袋评价方式应进一步加大，加大学生的自评比例。

评价标准多元化。评价综合实践活动的标准有积极性、活动表现、能力、成果等，分别占到15.5%、32.6%、19.0%、27.1%，但对积极性以及能力的提高重视度不够。

(三)实施中的主要困难和解决措施

综合实践活动课程的开设是新课程改革的一个亮点,同时也被教育界普遍认为是一个难点。在没有课标、没有教材、没有经验的前提下,学校和教师独自去探索,确实有很大的难度。具体情况见下表:

表6 农村综合实践活动课程存在的主要困难调查表

选项	小学		初中		高中	
	频数	百分比	频数	百分比	频数	百分比
课时安排	13	11.4	8	9.9	5	4.0
重视程度	25	21.9	28	34.6	50	39.7
相关师资	28	24.6	18	22.2	40	31.7
相关经验	14	12.3	8	9.9	12	9.5
资金	17	14.9	9	11.1	13	10.3
实践基地	17	14.9	10	12.3	6	4.8
总和	114	100.0	81	100.0	126	100.0

调查显示,目前农村中小学综合实践活动课程实施存在的最大困难是学校和有关部门的重视不够,占到总调查教师的32.1%;其次是师资问题,认为专职教师短缺的占26.8%;另外,资金、相关经验、实践基地和课时安排等方面问题,分别占到总教师人数的12.1%、10.6%、10.3%、8.1%。这些问题是综合实践课程实施中应该考虑和解决的问题。

在农村中小学综合实践活动实施中,采取了哪些措施呢?调查显示,目前农村中小学综合实践活动中所采取的改进措施最主要的是激发学生兴趣,占到60.1%;其次是扩大课程空间,占24%;再就是调整教学计划和寻求各方支持,两者只占到15.9%。

四、农村中小学综合实践活动存在的问题

通过对调查结果的分析,我们了解到山西省农村中小学综合实践活动课程的实施起步较晚,目前虽然取得了初步成效,但就整体而言,存在着理念、资源、制度、组织等各个方面的问题,课程实施举步维艰。因此,要想使山西省农村中小学综合实践活动课程实施有效,必须从其问题入手。具体来说,问题主要集中在以下几个方面:

(一)教育理念落后,认识不足

受传统"学而优则仕"教育观念的影响,校长、教师、家长和社会对学生的质量要求还停留在分数上,学校领导设置课程围绕考试,教师的教学围绕考试,学生的学习针对考试,家长和社会评价学校围绕考试,人们对于学生分数的关注远胜于能力的关注。在这种落后的教育理念指导下,学校自然会将学科课程作为主要课程,忽视甚至尽量压缩其他课程的门类和课时。而综合实践活动课程作为一门没有教材、没有教学大纲、没有规定具体考核方式的新型课程,人们对它本就认识不足,十分困惑,在这样的理念指导下,实施起来更加步履维艰。具体表现为:

1.课程认识不足

综合实践活动是一门国家规定、地方管理、学校开设的课程,它超越了学科课程的知识体系,试图在开放的生活空间中引导学生形成对自然、对社会、对自我的整体认识,在实践、体验、探究中完善学生的生活方式、改善学习方式,发展探究、实践能力和创新精神,其独特的价值远非其他学科课程所能取代。然而,调查显示,农村中小学教师对它的基本理念和目标不甚了解,50%以上的教师认为其对学生成绩无影响和有消极影响。在分数至上的理念下,

综合实践活动课程自然在与分数的矛盾之争中退却。

2.课程开设不足

国家规定 2001 年起，所有学校必须开设综合实践活动课程。综合实践活动是《义务教育课程计划(实验稿)》和《全日制普通高中课程计划(实验稿)》所规定的必修课程，自 3 年级开始设置，每周平均 3 课时，可以集中使用，也可以分散使用。但调查显示，山西省农村中小学综合实践活动课程的开设不仅普遍晚于国家规定时间，而且直到今天仍有很多学校没有开设该课程。即使是已经开设该课程的学校，也普遍存在着课时不足的现象。只有 6.4%的教师认为自己学校的综合实践活动课程是每周 3 课时，大多学校每周只安排 1 课时，离国家的要求还有相当大的差距。

3.学科化倾向严重

综合实践活动课程一般以主题为线索组织教学内容，展开探究和实践活动。综合实践活动主题的确定是教学活动中一个核心问题，其主要来源于儿童生活、自然和社会三个方面以及它们之间的交叉地带，主要依据学生的愿望与兴趣、学生的年龄特点、知识经验和课程资源情况。然而，调查显示，山西省农村中小学活动课程 46.1%的主题来源于学科教学,学科化倾向明显。并且在指导过程中，教师"教"的倾向依旧存在,18%的教师仍然在综合实践活动中全方面指导,39.7%活动主题依旧由老师和领导决定。

(二)教育资源匮乏,利用不合理

没有教育资源,综合实践活动课程就没法实施。农村中小学硬件和软件建设相对滞后，与开设综合实践活动课程的高要求存在着尖锐的矛盾。一方面校园基础设施与其不配套,如图书馆、实验室、网络室、科技馆等;另一方面,教师素质较低,开发课程的能力不足,使得很多农村固有的丰富资源得不到开发,处于闲置状态。

综合实践活动课程实施的教育资源不仅匮乏,而且利用不合理。具体表现在以下四方面:

1.教师的知识能力不足

教师是课程实施的主体,是课程实施过程中最直接的参与者。综合实践活动课程对教师的素质提出了更高的要求。调查显示,广大农村地区的教师知识基础薄弱,对综合实践活动课程把握还存在很大困难,在具体指导过程中,表现出了课程开发能力、主题设计能力欠缺等指导能力不足的问题。就教师群体而言,存在着指导教师不足的问题。《综合实践活动课程纲要(总则)》要求教师是团体指导,协同教学,建立专兼职相结合的教师队伍,但调查中各校的实际情况远远达不到这个要求。

2.教育经费紧张

综合实践活动是活动型、实践型课程,没有一定的经费,活动很难进行。2005年,国务院决定建立中央和地方分项目、按比例分担的农村义务教育经费保障机制。农村义务教育经费在一定程度上得到了解决。然而,学校却缺少了自主活动的经费。综合实践活动课程的实施有很大的自主性,政府如果不重视,不拨经费的话,学校根本无法开展和实施。调查显示,在制约综合实践活动课程开展的困难中,资金问题仅次于师资问题。经费问题横亘于课程实施理想与现实之间,制约着课程的深度落实,课程推进举步维艰。

3.教学设备落后

综合实践活动课程的开设不仅需要高素质的教师,而且需要与之相配套的教学设备,如图书馆、实验室、网络室、科技馆等。然而,直到今天农村学校硬件设备建设依旧滞后,有的学校目前还不具备基本的教学辅助设施,有的学校虽然有了网络室、图书馆、实验室,但由于种种原因其作用很难发挥出来。图书馆的图书几乎是摆设,难得对学生开放;实验室设备简陋,几乎不能做实验;网络室能按规定正常进行教学已属不易。另外,学习资源匮乏,各个学校几乎都没有科技馆、博物馆,这一切都制约着综合实践活动课程的开设与实施。

4.课程资源的开发利用不合理

课程资源是课程实施最起码的条件和支持,没有课程资源的支持,再美好的课程设想也难以变成现实。综合实践活动课程资源其实是普遍存在的,存在于一切的自然和社会之中,关键是我们是否有一双发现资源的眼睛。调查显示,大多农村中小学综合实践活动课程资源开发和利用存在严重不合理的现象。第一,课程资源意识单薄。教师和学生没有意识到自己是课程开发的主体,等、要、靠思想严重,大量有价值的课程资源被闲置和浪费。第二,课程资源理解狭隘。如偏重知识资源,远离学生生活经验;偏重于文本资料,对生态资源、文化景观等非文字性的资源重视不够等。

(三)管理机制不健全,评价体系滞后

课程管理是课程顺利实施的重要保障。在新一轮基础教育课程改革中,综合实践活动是由国家统一制定课程标准和指导纲要,地方教育管理部门根据地方差异加以指导,学校根据相应的课程资源,进行校本开发和实施的课程。因此,其课程管理涉及教育行政部门和学校两个层面。调查显示,综合实践活动课程的管理机制尚未建立,活动实施无序混乱,没有标准。具体体现在以下三方面:

1.教育行政部门对该课程的管理机制尚未健全

综合实践活动是国家规定的必修课程,地方教育行政部门要引导并督导学校认真落实课程计划,使学校能够按照国家要求开设综合实践活动课程并落实课时,保证国家制订的课程有计划地严肃实施。而调查显示,有些教育行政部门的管理职责不明确,教育研究部门和教育职能部门各自为政，对学校的监督、管理和支持不够，甚至有的教育行政部门认为开展综合实践活动是学校自己的事。建议教育行政部门建立健全课程管理机制，指导学校切实地、创造性地贯彻课程计划中的有关要求，保证综合实践活动课程的可持续发展。

2.学校缺少相应的课程管理制度

综合实践活动是一门由学校自主开发的课程。因此，各个学校可以因校制宜，充分发挥自己的优势去实施综合实践活动课程。但自主不等于随意和无序。调查显示，目前农村中小学缺少长期、连贯、系统的课程规划，课程实施的时间和空间得不到保证，学生活动过程中的主题管理、档案管理、活动程序管理、活动结果管理、活动小组管理等方面未形成基本的管理规范。因此，各学校在综合活动开展过程中，应进行整体规划和设计，建立相应的课程管理制度，使综合实践活动的实施走向制度化、规范化。

3.课程评价机制相对滞后

评价是综合实践活动课程实施的重要组成部分，是实现综合实践活动目标的有效手段，它贯穿于综合实践活动的全过程。但是综合实践活动有别于注重知识系统讲授的学科课程，其评价也不能通过传统考试进行定量分析，而应关注过程的、多元的、社会性的评价。但在实践过程中，综合实践活动课程的评价机制尚未建立，学生评价的具体指标、评价制度、评价机构都没有明确规定，致使农村中小学在对学生评价过程存在评价方式单一，重结果，轻过程；重知识，轻能力；评价主体单一，以教师为主等问题。

（四）政府、社会缺位，支持不到位

课程改革是一个系统工程，需建立政府、学校、家长以及社区各界广泛参与、平等对话的有效机制，形成一个良好的社会支持体系,才能确保课程改革的顺利进行。然而,在实施过程中,综合实践活动缺少政府和社会应有的关注,课程支持严重不足。综合实践活动课程在农村开展并不理想,没有达到预期的效果。具体体现在以下两方面:

1.政府支持力度不够

综合实践活动课程作为一项基于国家规定、地方管理、校本开发的课程,其开展需要政策的大力支持。而调查显示,综合实践活动课程的政策支持系统尚未建立。农村中小学教师普遍认为,缺少上级部门和学校应有的支持是造成综合实践活动课程实施困难的首要原因。具体体现为:缺少经费的支持,学校无法开展综合实践活动;教师面临着职称评定问题、编制问题、工作量计算问题;评价学生应考虑的具体指标体系的问题等。综合实践活动课程没有相应的政策支持,难以解除校长和教师的后顾之忧,使得其在农村中小学成为"无支持""无教材""无专职教师"的"三无"课程。

2.家长、社会支持的缺失

综合实践活动具有开放性特点,内容涉及社会生产和生活的方方面面,因此,其实施离不开家庭和社会的积极支持和广泛关注。然而,调查显示:在实施过程中,社会有关部门、部分学生家长对开展综合实践活动采取不理解、不合作的态度,甚至学生走出校园对社会进行调查时会受到讽刺。这主要是由于该课程宣传不到位,大多家长认为送孩子上学的目的是考大学,只要考试成绩好,其他方面都不重要。认为该课程剥夺了孩子学习的时间,所以不支持孩子参加综合实践活动。

就社会而言,在我国由于一些课程脱离农村实际,社区很少参与学校教育,更不用说参与课程改革了。社会机构与社会资源对教育系统相对封闭,课程改革缺乏社会的理解和支持。开展综合实践活动,要进行现场观察、调查走访、查阅资料等,牵涉到社会的方方面面,却得不到有力的配合,学生只能在有限的范围内活动,严重影响其实施效果。

第三节　加强农村中小学综合实践活动的对策

一、加大宣传培训力度,更新教育理念

意识决定行为。要想使综合实践活动课程真正实施,必须从源头连根拔起,更新教育行政部门、校长、教师、学生、家长和社会等各个领域的教育理念,让他们明白新课程的精髓,看到新课改的优势,了解并接受综合实践活动课程,进而积极有效的实施。具体来说,从以下两方面做起:

(一)加强综合实践活动课的宣传,营造舆论支持

综合实践活动课程作为基础教育课程改革的亮点,只有通过全社会的广泛关注和重视,才能全面开设并落到实处。因此,要利用多种形式,加强基础教育课程改革的宣传,如免费发放宣传材料,制作电视片、录像带等到地方教育管理部门和各级各类学校;请师范院校的专家教授给校长们讲解综合实践活动,使校长、教师、家长以及社会相关人士等了解课程改革的理念、目标和内容,营造舆论氛围,进而推动综合实践活动课程的实施。

(二)加大对校长和教师的培训力度,调动其积极性和创造性

校长越是积极支持变革,课程实施的程度就越大。[1]因此,农村中小学综合实践活动课程要想取得成效,首先必须加强对校长的

---

[1] 张华:《课程与教学论》,上海教育出版社2001年版,第356页。

培训,提高校长的领导和教育素养,正确认识基础教育课程改革的理念、目标和内容,积极支持新课程改革。通过培训使校长由课程改革的"被动实施者"转变为"积极探索者",积极主动地创造条件,推进农村中小学课程改革包括综合实践活动课程的有效实施。

综合实践活动课程是学生在教师的引导下自主进行的综合性学习活动。教师作为实施主体,其水平高低、素质优劣,直接影响课程实施的质量。我国广大农村地区教师素质偏低,而综合实践活动课程对教师的要求较高。因此,必须加大对农村中小学教师的培训力度,使教师改变认识,树立新的教学观念,转变教学方式和自身角色,提升教学与科研能力,积极主动的探索、研究综合实践活动课程,促使其高质高量地实施。

总之,只有更新教育理念,形成领导重视、教师专研、学生参与、家长和社会广泛关注的合力,综合实践活动课程才能在农村中小学生根发芽、开花结果。

二、因地制宜,有效开发利用课程资源

课程资源的开发和利用是综合实践活动课程实施的重要前提条件,能否积极开发和有效利用各种课程资源,将直接影响到综合实践活动课程实施的成效。农村较之城市有许多自身的优势,如当地的民俗风情、文化传统、农业资源、乡村文娱活动等。因此,作为农村学校要想有效实施综合实践活动课程,必须拥有发现资源的意识和眼睛,因地制宜,注重对本土文化的开发和利用。具体来说,从以下三方面做起:

(一)课程资源选择应体现农村文化

农村学校综合实践活动课程开发一定要体现出农村化的特点。只有开发出本土化了的课程,才能真正地满足农村学生个性发

展的需要,才能做到推进教育为"农"服务。因此,农村中小学在综合实践活动课程开发上要不唯书,要整合教师、学生、教材、环境四个因素,不断开发新的课程资源;充分关注"三农",立足于农村的环境和农村学生的生活来源开发课程资源,如农村的大自然美景、劳动、风土人情都可以作为主题活动来开展。

(二)课程资源选择应体现地域文化

综合实践活动课程的开设应该体现每一地区、每一所学校的特色。农村中小学地域辽阔,有高山、平原,有农区、牧区。每个不同的地理区域都有着属于自己的历史传统和独特的地域文化。因此,综合实践活动课程的开发不能按一种套路进行,应该体现不同地区、不同学校的特色,在课程内容安排上多体现地区特有的民俗、地域文化,让学生了解自己故乡的文化。

(三)课程资源选择应体现民族文化

我国幅员辽阔,多民族聚集,每个民族都有共同的行为模式、思维方式和价值观念,这些思想规范和观念形态对农村中小学的影响是潜移默化的。因此,作为少数民族聚集的农村中小学其课程资源选择应关注民族文化,传承和发扬民族文化。如进行图腾禁忌、戏曲文艺、具有民族特色的祭祀礼仪、方言谚语的开发等。但应注意从学生的实际生活和兴趣所在出发,而不是为了民族特色而刻意去开发。

三、建立健全课程管理体制,完善评价机制

综合实践活动课程虽然强调自主性,但并不意味着随意性。因为没有制度作保障的课程推进,意味着对综合实践活动的放任,在实践中会遭遇很大的阻力,甚至是失败的命运。而没有强有力的考核,制度也就形同虚设,不能发挥出其应有的作用。因此,必须建立

健全课程管理体制,完善评价机制。具体从以下两方面做起:

(一)建立健全课程管理制度

完善的课程实施保障制度是综合实践活动能否顺利实施,取得预期效果的前提性保障。教育行政管理部门和学校管理者要建立健全课程管理制度,并监督其有效实施。具体做法如下:

1. 设置专门管理机构

作为一门独立的课程形态,它的存在和发展必然要以专门的组织和机构作为保障。教育行政部门应成立与课程对应的管理组织,结合本地区实际制定课程管理制度,引导并督导学校认真落实课程计划。具体来说,成立由市教育局牵头的管理队伍,各学校成立行动团队,由校长负责对活动开展统一协调,教务处及年级组长负责课程的开发与实施,并与各班主任协商确定具体实施方案,班主任负责主题的整体协调、管理及学生的指导工作。

2. 建立相关保障制度

制度的有效建设和执行,是一切工作顺利开展的根本保障。为了保证综合实践活动能够贯彻落实,我们需要制定以下相应的规章制度。如建立档案管理制度,把活动的大致过程和结果以及学校、师生的有关评价记录等进行存档,为以后的教学和交流提供借鉴;设立师资管理制度,把教师的指导工作计入工作量,纳入教师工作业绩考核,对指导教师进行团体奖励或个人奖励;建立资源管理制度,就校内外资源的使用、流通和管理制订必要的规章制度,进行统筹安排,使人尽其才、物尽其用。

(二)完善课程评价制度

综合实践活动课程开发是一个持续的、动态的、循环往复的过程。评价是综合实践活动开发的关键环节和重要依据,它既是活动的相对终结,也是活动的持续起点,更是活动的循环过程。综合实

践活动课程评价体系的建立应该注重以下几个方面的问题:

1.从评价主体来看,目前综合实践活动家长的参与度还不够。因此,应加大家长的参与力度。同时,由于综合实践活动课程一般是以小组的形式进行,因此,也要注重小组自评和小组间互评。

2.从评价方式来看,反对量化手段,主张采用"自我参照"标准,引导学生对自己在综合实践活动中的表现进行"自我反思评价"。因而在具体评价过程中,可采用档案袋评定、研讨式评价、学生自我评价等有利于学生个性发展的评价方式。

3.从评价标准来看,目前对于学生的能力等实际发展程度关注不够,缺乏基本的评价指标。因此,应将综合实践活动课程的目标具体化,每级指标根据不同学段具体化为二级指标,教师在指导过程中再根据主题,设计可观察和测量的具体活动指标,以此作为开展发展性评价的基本标准。

四、遵循综合实践课程实施原则

任何一项活动的实施都不会无规可循,综合实践活动课程也不用例外,为了提高综合实践活动课程实施的有效性,我们需明确其实施原则。

(一)主体与主导统一的原则

这一原则要求我们实施活动课程应始终将学生置于主体地位。在课程实施过程中做到学生要形成问题意识,善于选择自己感兴趣的课题,采取多种多样的组织方式,在课题探究过程中遵循"亲历实践、深度探究"。但是学生主体并不意味着教师主导作用的消失。相反,它强化了教师的主导作用,强调教师要对学生活动的有效指导。教师的指导不仅应贯穿活动始终,而且要高质高量地指导。

(二)计划与生成统一的原则

综合实践活动课程作为国家规定的必修课,其课程目标的确立和内容的选择都有一定的计划,学校要进行统筹规划。然而,随着活动的开展,学生在与教育情境的交互作用过程中会产生出新的目标、新的问题、新的价值观和新的对结果的设计,从而将活动引向新的领域。因此,各学校对综合实践活动的统筹规划不能限制其生成性,而应当使其生成性发挥得更具方向感和更富有成效。

(三)校内与校外课程综合的原则

综合实践活动要打破学校、教室的框束,把校内课程与校外课程整合起来,把正规教育与非正规教育融合起来,积极鼓励学校和学生利用双休日、节假日等开展综合实践活动。

(四)四大指定领域融合实施的原则

研究性学习、社区服务与社会实践、劳动与技术教育、信息技术教育四大指定领域以融合的方式设计与实施是综合实践活动的基本要求。各学校要根据地方和学校的课程资源,以综合主题或综合项目的形式将四者融合在一起实施,使四大领域的内容彼此渗透,达到理想的整合状态。

五、规范综合实践活动课程实施程序[①]

(一)确定主题

其主题的确立由教师和学生共同探讨,来源可以是多方面的,如学生遇到的问题、生活、教师提供等。

(二)活动导入

活动导入方式多样,可以由问题引导学生进入相关活动;由

[①] 张传燧:《论综合实践活动的实施》,《课程·教材·教法》,2002,(7):第17页。

教师激发学生的兴趣引导学生进入相关活动；由现实生活中存在的急需解决的问题激起学生探究的欲望，引领学生进入实践活动环节。

（三）活动组织

教师集中进行活动组织动员，安排布置活动时间范围，提供活动相关资料和工具，指导学生制订活动计划。学生在教师的指导下，自主制订活动开展计划。

（四）活动展开

活动实际实施阶段，大多数活动以学生自主实践为主独立进行，具体方式可以是个人、结伴、小组、集体活动等。有些活动可以采取师生合作的方式进行。

（五）总结评价

以学生自我评价为主，多种评价方式结合，重在感受与体验、展示与表达、讨论与评价。评价以改进学生的学习方式、促进学生的发展为目的，提倡鼓励、肯定、积极和发展性评价。

（六）拓展提升

活动组织后进一步思考、探索或需要延伸训练的问题，以激发学生的探索和求知欲望，引导活动向纵深拓展，提升活动的水平。

这六个步骤并非固定不变，而是可灵活安排。在实施过程中，提倡各校鼓励师生勇于实验、大胆探索、不断创新，形成自己的活动特色。整个过程都应体现学生是课程实施主体、以学生自主活动为主的课程理念。

六、强化政府职能，构建社会支持系统

综合实践活动课程是所有课程领域中综合程度、开放性最高的课程形态，因此，不能只局限于学校相对封闭的空间里进行，应

充分调动各方积极因素,打破学校封闭式办学的管理模式,积极主动的协调与学区内各方的密切联系,寻求政府、家长和社会的支持。

(一)政府应发挥主导作用

综合实践活动是国家规定的必修课程,政府应发挥主导作用,将其纳入政府的管理视野,积极创造条件保证课程的实施。第一,加强督导,引导学校落实课程计划,保证课程计划的严肃性;第二,建立全新的教师政策,明确综合实践活动教师的编制、职称评定、业绩考核等问题;第三,将综合实践活动中学生的发展状况纳入学生综合素质评价和招生制度改革中;第四,协调各部门,齐抓共管,多层次、多渠道地解决综合实践活动实施过程中遇到的问题,保证其顺利开展。

(二)家长应与学校配合互动

家庭是教育的最小单位,缺少家长配合的学校教育是不成功的教育,课程改革更是如此。家庭只有成为课程改革的一份子才能充分发挥其教育功能,更好发挥课改的实效。因此,要想使综合实践活动课程取得成效,必须寻求家长的支持与配合。首先,让家长深刻领会该课程的性质、目的、作用等;其次,要让家长主动地支持子女的研究,并提供物质和精神支持,使家庭与学校形成良好的互动模式,更好地促进学生的发展。

(三)社会应提供有力支持

现代社会,学校与社会有着千丝万缕的联系,课程改革越能够与社区文化融为一体,课程实施程度就越大。因此,综合实践活动课程要想顺利开展,必须寻求来自社会各界的广泛支持:一是舆论支持。社会为学校的建设以及各种活动的开展提供指向性的评价,也可以督导学校的工作;二是智力支持。社会有识之士有着广泛的专业背景、专业知识以及在实践中积累的经验,将是未来综合实践活动有效实施的重要力量;三是场地支持。现场学习、体验式学习都是综合实践活动未来发展的趋势。社会存在着广泛的校外资源,值得深入挖掘;四是经费支持。在力所能及的前提下,企事业单位应为学校提供一定的经费支持,从而减轻学校方面活动经费不足的问题。

参考文献:

[1]郭元祥、伍香平:《综合实践活动课程的理念》,高等教育出版社2003年版。

[2]张华:《课程与教学论》,上海教育出版社2001年版。

[3]田慧生:《综合实践活动课程的理论探索与实践反思》,教育科学出版社2007年版。

[4]李臣之:《综合实践活动课程开发》,人民教育出版社2003年版。

[5]田慧生:《综合实践活动的性质、特点与课程定位》,《人民教育》,2001,(10)。

[6]张华:《综合实践活动课程—理念与框架》,《教育发展研究》,2001,(01)。

[7]张传燧:《论综合实践活动的基本理念及其课程性质》,《湖南师范大学教育科学学报》,2002,(06)。

[8]张传燧:《论综合实践活动的实施》,《课程·教材·教法》,2002,(07)。

[9]冯新瑞、王薇:《我国综合实践活动课程实施现状调研报告》,《课程·教材·教法》,2009,(01)。

[10]李莎、李芒:《对我国综合实践活动课程实施现状的反思》,《课程·教材·教法》,2004,(09)。

[11]范蔚:《设计综合实践活动的原则要求》,《课程·教材·教法》,2003,(03)。

[12]熊梅:《浅谈综合实践活动课程实施的样态特征》,《中国教育学刊》,2001,(06)。

[13]田景正:《综合实践活动课程实施中的问题及策略》,《中国教育学刊》,2006,(06)。

[14]刘丽群:《综合实践活动课程实施中的问题分析》,《中国教育学刊》,2005,(12)。

[15]张立东:《综合实践活动课程实施中的困境及对策追问》,《中国教育学刊》,2007,(03)。

[16]张建平:《论综合实践活动课程资源开发的主体、程序及策略》,《教育理论与实践》,2005,(12)。

[17]韩燕:《内蒙古地区蒙古族小学综合实践活动课程实施情况之调查研究》,内蒙古师范大学,2007年。

第四部分
教师素质及师生关系

第九章　农村中小学教师素质调查研究

第一节　教师素质概述

一、教师素质的涵义及其特点

(一)教师素质的涵义

所谓教师素质,是指教师在教育教学活动中表现出来的决定其教育教学效果,对学生身心发展有直接而显著影响的心理品质的总和。教师素质这个定义,我们可以从以下几个方面来理解:一是教师素质是教师这一职业特殊性和独特本质的反映;二是教师素质是在教学活动中表现出来的;三是教师素质是一个系统结构,各成分之间是密切联系的;四是教师的素质是结构和过程的统一,动态性是其精髓。

(二)教师素质的特点

教师职业的特殊性决定了教师素质的特殊要求,并表现出鲜明的职业特点。

1.职业性

任何职业都要求其职业从业人员具有与其相适应的素质。教师职业的性质、职能、对象等方面都有自己的特殊性,因此,对教师素质就有不同于其他职业特点的要求。

2.培养性

教师素质是教师职业特点的要求和反映。教师素质可以在教师从事职业的生涯中,根据职业的需要有意识、有目的、有计划地培养起来。教师的良好素质是在长期的教育教学实践中形成的,不可能一蹴而就,而是一个从无到有、从低到高,不断总结积累、升华发展的过程。

3.多样性

教师劳动是一种以脑力劳动为主,以培养人、塑造人为目的的特殊劳动。由于教师职业的这种特殊性和复杂性,这就需要教师有多方面的素质。教师既要具有正确的世界观、人生观,高尚的道德情操,积极的人生态度,又要具有从事教育教学的知识结构和能力结构,还要有健康良好的心理素质作为依托和支撑。

4.动态性

教师素质不会停留在一个水平线上。随着经济的腾飞、科技的进步、教育事业的发展,对教师素质的要求会越来越高,教师对自身素质的提高也日趋自觉。教师素质随着科学发展和教育教学实践活动的丰富会炉火纯青,越来越好。

二、教师素质的内容

根据教师素质的构成要素,教师素质的基本内容包括先进的教育理念、知识素质、能力素质、职业道德素质、身体素质、心理素质、审美素质等方面。

(一)先进、科学的教育理念

教育理念是教师在对教育工作本质理解的基础上形成的关于

教育的观念和理性信念,是以观念或信念的形式存在于教师头脑中对教育现象或教育问题的看法,如平等的学生观、创造人才观、课程观、教学观、发展性评价观等。具有正确科学的教育理念使教师的教学行为利于学生精神世界的丰富、人格尊严的维护和美好人性的培养与健康成长。

(二)知识素质

教师的知识是指教师所具备的科学文化知识及其掌握程度,包括各种文化科学的基础知识、专业学科知识、教育科学和心理科学知识。另外,教师在长期的教学工作中不断探索,总结出一套行之有效的课堂情境知识和解决难题知识。前者大多属于教师的间接知识,而后者属于教师的直接知识。对于教师的知识结构,不同研究者有不同的研究角度或研究方式,因而也就有不同的理解。申继亮和辛涛将教师知识分为**本体性知识**、**实践性知识**、**条件性知识**和**文化知识**。

1.本体性知识

教师的本体性知识是指教师所具有的特定的学科知识、专业知识,如语文知识、数学知识等,这是人们所普遍熟悉的一种教师的知识。教师的本体性知识是教学活动的基础。扎实的本体性知识是教师的教育教学工作取得成功的基本保证。在教学活动中,一切努力又都围绕着本体性知识的有效传授。教学的最终绩效是用学生掌握的本体性知识的质量来衡量的。在一定限度内,教学的有效性与教师所掌握的本体性知识呈递增的关系。

教师的本体性知识主要包括四个方面。首先,教师应对学科的基础知识、概念有广泛而准确的理解,熟练掌握相关的技能、技巧;其次,教师要对与该学科的相关的知识,尤其是相关点、相关性质、逻辑关系有基本的了解;再次,教师需要了解该学科的发展历史和趋势,了解推动其发展的因素,了解该学科对于社会、人类发展的价值,以及在人类生活实践中的多种表现形态;最后,教师需要掌握每一门学科所提供的独特的认识世界的视角、域界、层次及思维的工具与方法,熟悉学科内科学家的生平、创造发现过程和成功原因。

2.条件性知识

在教学中,教师的条件性知识涉及如何教的知识,即如何将本体性知识以学生容易理解的方式表达、传授给学生。教师的条件性知识由三部分组成:关于学生身心发展的知识、关于教与学的知识以及关于学生成绩评价的知识。杜威早已指出,科学家的本体性知识与教师的本体性知识是不一样的,教师必须把本体性知识"心理学"化,以便学生容易理解。并指出,"学校是应用心理学的实验室",强调教师要学习心理学。即在此过程中,教师使用教育学和心理学的规律来思考本体性知识,即对具体的本体性知识做出教育学和心理学的解释。

条件性知识是指教师在教育教学过程中能够保证工作获得成功的教育科学和心理科学知识。教育科学知识,既包括教育科学基础知识,也包括国内外教育教学改革信息和动态的知识,还包括教育科学研究知识。心理科学知识包括认知、情感、意志、个性等普通心理学中的基本知识,中小学生认知与品德发展的条件、特点、规律,教学过程中经常会应用到的当代认知心理学、课程教学心理学常识等。

3.实践性知识

教师的实践性知识是指教师在面临实现有目的的行为中所具有的课堂情境知识以及与之相关的知识,或者更具体地说,这种知识是教师经验的积累。教师的教学具有明显的情境性。专家型教师面对内在不确定性的教学条件能做出复杂的解释与决定,能在具体思考后再采取适合特定情境的行为。在教育工作中,很多情况需要教师机智地对待,这种教育教学机智不是一成不变的,在一种情况下适宜的和必要的方法,在另一种情况下可能就是不恰当的。而在这些情景中,教师所采用知识来自个人的教学实践。

根据教师实践活动开展的领域及其特点,教师的实践性知识分为教师的教育实践知识、教师的教学实践知识和教师的教科研实践知识。教师的教育实践知识是教师校内外教育经验的结晶,包括德育、家庭教育指导、学生心理教育、就业升学指导、课外活动指导等多方面的经验。教师的教学实践知识包括了教师在课程、教学设计、教学方法、教学过程、学法指导等诸方面的实践经验,如导入、强化、发问、课堂管理等。教师的教科研实践知识包括了教师在教学研究和教育科研方面的实践经验。

4.文化知识

为了实现教育的文化功能,教师除了要拥有上述三种知识外,还要有广博而扎实的基础文化知识,这样才能把学生引向未来的人生之路。在学校里,知识渊博的教师往往能赢得学生的信赖和爱戴,因为教师所具有的丰富的文化知识,不仅能扩展学生的精神世界,而且能激发他们的求知欲望。学生的全面发展在一定程度上取决于教师基础文化知识的广泛性和深刻性。当然,教师的文化知识修养具有很大的个体差异,每个教师都可以找到兴趣点,发挥自己的一技之长。

(三)专业能力素质

教师的专业能力是教师在教育教学活动中表现出来的,促进教育教学顺利完成的能力与本领。要实现教师这一角色的职责和义务,个体除了需要具备先进的观念和全面的知识外,还需要具有称职的能力。只有具备了相应的能力,才能开展有效的教学,从而顺利地让学生去建构自己的知识和发展自己的能力。教师的专业能力主要包括:处理教学内容的能力、分析研究学生的能力、设计教育教学活动的能力、良好的表达能力、教学组织管理能力、教学自我调控能力和反思能力、教学研究能力、终身学习能力、课程开发能力、专业发展规划能力、教育机智、创新能力、交往能力,等等。①下面只谈几种:

1. 教学能力

教学是教师向学生传授知识的主要形式。一个好的教师必须能够根据教学目标合理地安排教学内容,恰当地使用教学方法,使学生易于理解和接受知识。尤其是在从应试教育向素质教育的转变过程中,师生互为主体,教师若没有充实的教学内容、灵活的教学方法,以及良好的教学组织能力和灵敏的教学机智,是无法成功地进行教学活动的。

2. 学习能力

现今的社会处于知识大爆炸的时代,知识的更新速度加快。学生获得知识的途径也不仅仅局限于课堂与书本。大量的出版物以及网络的广泛应用,大大地拓展了学生的视野。许多学生知识的广度与深度甚至超过了老师。在这种情况下,如果教师还仅仅把眼光局限在教材与课标上,那么,他便跟不上知识的时代步伐,甚至会落在学生的后面。常说:"给学生一杯水,教师自己就要有一桶水。"这里有两重含义,一是"杯"和"桶"的线性关系,而知识量却是指数增长的;二是"桶"里的水毕竟是"死水",若不更新,它的实际可用量就会大大降低。因此,教师自己也要终身学习,要具备不断学习、

---

① 全国十二所重点大学联合主编:《教育学基础》,教育科学出版社2008年版,第131页。

获取知识、充实自己的能力,即掌握适合自己特点的教学方法,并善于运用现代网络技术,不断更新知识,调整知识结构。学习能力还包括教师在教学过程中自我反思、自我选择、自我调整、自我提高的能力。

3.创新能力

"创新是一个民族的灵魂,也是教师素质能力结构的核心。""一个优秀的教育家,他应该是一个不断探索、不断创新的人。"①其实教师和教育家的距离并不遥远,关键看其是否具有创新意识和坚忍不拔的追求精神。在如今这个知识更新速度加快的社会中,如果教师没有一种创新意识以及一种对创新追求的坚忍不拔的精神,那么,他们培养出来的学生也一定是一群只知道接受知识、没有生机和活力的"书呆子"。这些没有生机活力和创新能力的学生,怎么能肩负起建设国家的重任。没有生机活力与创新精神的民族的未来是令人担忧的。

4.交往能力

这里所说的交往能力主要是指教师与学生交往的能力,因为教育活动绝大多数都是在教师与学生之间展开的。教师与学生总是处于共同的教育情境中,双方总是在共同的交往中沟通、教育、接受教育。没有交往,教育关系便不能成立,教育活动也不可能产生。一切教育不论是知识教育还是品格教育都是在交往中实践的。因此,在教与学的过程中教师不仅要有传授知识的能力,还要有与学生沟通和理解的交往能力。

(四)职业道德素质

职业道德素质是教师在教育教学中必须遵循的基本规范和行

---

① 朱仁宝:《现代教师素质论》,浙江大学出版社2004年版,第94页。

为准则,是由教育工作的性质、任务和教育对象的特点决定的,简称为师德。它在教师素质结构中是动力系统,为教师的教育活动和行为提供动力,对教育能力和专业水平的提高和发挥起着主要的保证作用。具体内容可以分为以下四方面:

1. 对待教育事业,热爱并忠诚于教育事业

提高教育质量,要靠教师顽强的毅力,在这一点上,任何规章制度、检查督促、物质奖励都代替不了工作的自觉性。而工作的自觉性源于崇高的理想和抱负,任何理想和抱负都不是孤立的,它同每个劳动者的工作紧紧联系在一起。作为一个人民教师,他的理想和抱负是与人民教育事业分不开的。优秀的教师肯定对教育事业有自觉献身的精神。我国教育家徐特立、陶行知就是热爱教育事业、献身教育事业的光辉典范。新世纪的教师要承担为社会主义现代化建设培养接班人的重任,就应具备与此宗旨相一致的政治思想。一个教师如果不热爱他所从事的事业,也就在很大程度上失去了工作的动力,失去了起码的责任心,甚至会把自己的劳动视为一种痛苦,当然他也就不可能去进行创造性的劳动。

2. 对待学生,热爱学生,一视同仁

教育是爱的共鸣,是心和心的呼应。教师对教育的热爱,最终都会归结到对学生的热爱上。教师只有热爱学生,才能教育好学生,才能使教育发挥最大限度的作用。没有爱就没有教育,爱和教育是并存的。教师对学生的爱不是纵容,而是表现在尊重信任、严格要求上。教师不应厚此薄彼,要对学生一视同仁,诚挚地关心每个学生的思想行为和身体健康,帮助他们抵制各种"思想病毒"的侵蚀,以及容许学生在思想、感情和行为习惯中表现出的独特性。对学生严格,是出于教师对学生诚挚的关心,也是学生德智体全面发展的需要。严格要严的合理可行,符合学生实际情况,这才有利

于学生的发展。

教师只有真正爱学生,才会得到学生的信任,也才能真正地理解学生,才能发现学生身上的潜能,并使这种潜能得到最大程度的发挥。热爱学生便要尊重学生,尊重学生的人格、自尊心。教师只有真正地尊重学生,才能得到学生的尊重,这种相互的尊重与信任,又为建立良好的师生关系、宽松的学习环境与氛围提供了重要的前提条件。

3.对待自己,培养良好的道德修养

教师劳动的主要手段是"言传身教",示范性极强,对于可塑性、模仿性很强的青少年起着直接的影响和熏陶作用。学生往往是"度德而师之",教师只有以身立教,为人师表,才能确立自己在教育教学中的威信和地位。因此,凡要求学生做到的,教师应该首先做到。我国历史上许多著名教育家都主张教师"以身作则,为人师表",而且身体力行。春秋时期伟大教育家孔子说:"其身正,不令则行;其身不正,虽令不从。"在近代,陶行知先生提倡:"教师应以身作则","以教人者教己"。教师只有具备良好的道德修养,才能有力地说服学生,感染学生。否则,教师不仅丧失威信,甚至有可能失去教育人的资格。

4.对待教师集体,热爱教师队伍,团结协作

教育是一项系统工作,每个教师都是这项工作的工程师,需要通过合作,相互团结,共同为实现教育目的而努力,这也是教师职业的道德要求。具有这种师德,教师才能在工作中处理好领导与被领导,教师个人与集体之间的种种关系,取长补短,不断进步,并且在教育和教学上相互协调一致,使教育质量不断提高。这本身就是教师应有的涵养和姿态。如果教师相互不团结协作,文人相轻,必定导致教育工作上的互相扯皮拆台,最终影响教育质量的提高。

(五)心理素质

心理素质是教师素质的基础,也是实施素质教育的重要保证。教师具备良好的心理素质,对于提高教育教学效果,促进学生的个性发展,实现教师自身事业的成功均具有重要作用。根据心理学有关人的心理健康的标准和教师职业特点的要求,教师心理素质的基本内容包括以下几个方面:

1.正常的智力

智力正常是人一切活动的最基本的心理条件。智力是人们认识客观事物,并运用知识解决实际问题的智慧和能力的总称。教师要胜任教师这一角色要求,完成教育教学任务,适应21世纪对人才培养的要求,创造性地开展工作,就必须充分地发挥智力的效能。正常的智力包括:乐于学习和工作,敬业乐业;有强烈的求知欲望,确立终身学习观念;对教育科学有浓厚的探索兴趣;具有创新思维和创新能力,工作效率比较高;最大限度地开发自身的潜在素质,努力获得工作成绩,从工作中获得满足感和快乐感。

2.正确的自我意识

自我意识是人格的核心,是指人对自己以及自己与周围世界关系的认识与体验。人贵有自知之明。教师能在与周围环境、与他人的相互关系中,在自己的教育教学实践中正确地认识自己。具有正确自我意识的教师,能够了解自己,接纳自己,自我评价客观,既不妄自尊大而做力所不能及的工作,也不妄自菲薄而甘愿放弃可能发展的机会。自信乐观,事业、生活目标较切合实际,角色定位正确,能注意扬长避短,发挥自身的优势。

3.积极稳定的情绪

情绪是一个人的需要是否得到满足而产生的一种内心体验。能调节和控制情绪,保持良好的心境,这是教师心理素质的重要内容。教师的情绪状态直接影响教育教学质量,影响师生关系,影响自身的身心健康。教师的情绪应该保持一种积极热情、乐观稳定的状态,这就需要教师具有积极乐观的人生态度,开朗豁达的良好性格,对己对人的宽容精神。当然,作为一个普通人,教师也会有自己的喜怒哀乐,关键是教师应学会调节和控制情绪,使自己在学生面前保持良好的心境。教师在教育过程中表现出来的眼神、表情、语气、行为、举止等各个方面的状态会对学生造成积极或消极的影响。所以,教师的情绪表达应注意教育情境和教育对象,适度表达和控制情绪。

4.和谐的人际关系

人际关系,是指人们进行物质交往和精神交往过程中发生、发展和建立起来的人与人之间的关系,它反映的是人与人之间心理距离的一种具体状态。教师的职业特点决定了教师应以积极态度乐于与他人进行交往,能用尊重、信任、友爱、宽容和理解的态度与人相处,建立广泛、稳定、和谐的人际关系,关心集体、尊重他人,善于合作,乐于助人。教师和谐的人际关系能对学生合作、共处能力的培养产生积极的作用。

5.完整统一的人格品质

人格是指人的整体精神面貌。人格完整是指人格构成要素的气质、性格,以及理想、信念和人生观等各方面的平衡发展。教师的人格是一种无形的教育力量。要造就完整统一的人格,需要教师确立科学的世界观、人生观和崇高的理想信念,并以此为中心把自己的需要、愿望、思想目标、行为统一起来,使自己的所想、所说、所做真正协调一致。

6.健全的意志

意志是人在完成一种有目标的活动时所进行的选择、决定与执行的心理过程。健全的意志是教师心理素质的重要组成部分。具体表现为：能明确自己的行为目的并主动支配自己的行为去达到目的，即有自觉性而不盲目；能适时地做出决定并执行决定，即有果断性而不优柔寡断或草率从事；能较长时间地专注和控制行动去符合既定目标，即有顽强性而不是意志薄弱；能在行动中控制情绪和言行，即有自制力而不冲动。教师的工作不可能一帆风顺，充满着矛盾和挫折，这是由教育对象和教育环境的复杂性决定的。因此，教师必须具备健全的意志品质，才能适应这一要求。如，做后进生的转化工作，常常要付出成倍的心血才能见效，还需要教师的耐心和恒心，才可能取得最后的成功。

7.良好的适应环境能力

良好的适应环境能力是教师素质的重要表现。环境适应能力包括正确认识环境以及处理个人和环境的关系。教师具有良好的心理素质，要求教师能在环境的改变时面对现实，并对环境做出客观的认识和评价，调整自我，使自身的素质、行为符合新形势、新环境的要求。目前，国内外社会环境的变化，教育改革与发展的形势，素质教育的实施，基础教育的改变，教师面临许多新情况、新特点、新问题。教师必须努力学习，把握环境的变化，努力调整和适应环境的变化，使自己的思想、行为与社会协调一致。

8.心理行为符合年龄特征和角色要求

在人的生命发展的不同年龄阶段，都有与其相应的心理行为表现。心理发展的各个阶段表现出来的质的特征，称为心理发展的年龄特征。具有良好的心理素质的教师，其思想、情感、行为应基本符合其年龄特征。

同时，心理行为还必须符合职业角色的要求。教师只有树立正确的角色认知与角色期待，才能有正确的角色行为。角色认知是指对某一角色规范的了解和认识。角色期待是指人们在角色认知的基础上所形成的对某一角色的期望和要求，通过包括自我期待和社会、他人期待。

（六）身体素质

教师的身体素质是指教师在教学活动中的自然力，是教师的身体健康状态和身体素质状态在教学中的表现。它主要通过精力旺盛、活力充沛、有节律的生活方式和锻炼身体的习惯等体现。由于教师劳动的长期性、复杂性以及高要求、任务重，教师强壮的身体是教育教学工作必不可少的前提与基础。

（七）审美素质

审美素质是教师努力适应社会、创造生活的必备素质。审美素质是一种感受美、鉴赏美和创造美的能力。教师审美素质的高低直接影响到自身的形象和学生的成长，必须引起教师足够的重视。

教师审美素质的内容主要包括：对自然美、社会美和艺术美的感受、鉴赏、表现和再创造。从教师的职业特点看，教师的审美素质主要是对社会美的认知和创造，以其自身崇高的审美素质教育和影响学生。社会美要求教师具有美好的心灵、高尚的情操、文雅庄重的举动、合乎规范的语言、亲切诚恳的态度、整洁大方的装束和精湛的教学艺术等基本素质。

第二节 农村中小学教师素质现状调查及分析

国家命运系于教育，教育重任系于学校，学校质量系于教师，教师质量基于教师素质。从这个角度来看，教师素质的高低决定着教育质量的高低，甚至决定着国家的未来。农村教师素质在国家教育发展中起着重要作用。通过调查，了解目前我国农村教师素质的现状并进行分析成了当务之急。为了了解农村教师素质的现状,课题组以山西省农村教师为调查对象,对他们的素质现状进行了调研,以期为提升农村教师素质提供依据。

一、调查对象

在大同、忻州、吕梁、运城四个地区,采取分层随机抽样法,共抽取教师334名。其中,小学教师119名,初中教师87名,高中教师138名。这些教师所属的学校,既有公办,也有民办和民办公助;既有农村教师,也有县城教师;既有高职称教师,也有中初级及未定级教师。所选对象有很好的典型性与代表性。需要说明的是,在下面的统计分析中,每个问题的不规范问卷单独做了处理。因此出现每个题的总人数有所不同的现象,具体抽象,见第一章的表1。

二、调查方法

(一)调查工具

问卷是课题组成员自行编制的《山西省农村基础教育课程改革发展现状调查问卷》(教师卷)和《山西省农村基础教育课程改革发展现状调查问卷》(学生卷),采用无记名方式进行调查。

(二)调查内容

关于"教学(师)素质"一级维度,教师问卷有12题,学生问卷2题。其中教师问卷包括教师素质(1个)、课堂教学(3个)、教师培训(4个)、其他方面(如课改认识、教师沟通、信息化水平等,4个)。学生问卷只是做了辅助性调查。

三、调查结果与分析

(一)农村教师总体素质

农村教师素质状况主要从他评和自评两个视角进行测查。

1.各层次学生调查结果

在学生问卷中,针对"你认为你们老师的总体素质如何?"这个问题,让学生评估新课改背景下,农村教师总体素质状况,调查结果如表1。

表1 农村中小学教师总体素质调查表

层次 选项	小学生		初中生		高中生	
	频数	百分比	频数	百分比	频数	百分比
很好	108	61.7	116	66.3	26	20.0
较好	58	33.1	46	26.3	61	46.9
一般	7	4.0	10	5.7	34	26.2
不好	2	1.2	3	1.7	9	6.9
总和	175	100.0	175	100.0	130	100.0

总体来看,52.1%的学生认为教师的总体素质很好,完全可以胜任教育教学工作,34.4%的学生认为教师的总体素质较好,可以完成工作任务,10.6%的学生认为教师的总体素质一般,基本胜任教育教学工作,2.9%的学生认为教师的总体素质不高。这些数据说明,在学生看来,教师总体素质比较乐观,极少数的教师素质不高。将数据分层来看,90%以上的农村小学生和初中生认为教师的总体素质是好的。而高中生的认识发生了变化,仅有20.0%的高中生认为教师的总体素质很好,而26.2%的高中生认为教师的总体素质一般,甚至还有6.9%的高中生认为教师总体素质不好。从这一数据来看,农村高中教师的总体素质不容乐观。这一结果与学生评

价教师的标准有关。调查显示98.3%的高中生在评价教师时将教师的学识与能力放在第一位，而95.1%的小学生和94.4%的初中生在评价教师时将教师对学生的态度放在首位。另外这一结果的出现与不同阶段学生的心理发展水平有关。

2.各层次教师调查结果

在教师问卷中，针对"您认为学校教师的业务能力是否适应课程改革？"这一问题，让教师自评在新课改背景下总体素质状况，调查结果见表2。

表2 农村中小学教师总体素质调查表

层次 选项	小学教师		初中教师		高中教师	
	频数	百分比	频数	百分比	频数	百分比
完全适应	11	9.4	4	4.7	14	10.3
基本适应	88	75.2	55	64.7	79	58.1
不太适应	17	14.5	22	25.9	40	29.4
不适应	1	0.9	4	4.7	3	2.2
总和	177	100.0	85	100.0	136	100.0

从表2中的数据可以看出，8.6%的教师完全适应课程改革，65.7%的教师基本适应课程改革，这说明农村教师总体素质还是值得肯定的。但还有23.4%的教师不太适应课程改革，2.3%的教师选择了完全不适应课程改革。

(二)农村学校教师课堂教学

在教师问卷中通过设置农村教师教研活动内容、教学实践过程、学科培训内容等问题来研究农村学校课堂教学概况。具体研究结果见表3、表4、表5。

1.学科培训内容

表3 农村中小学教师学科培训内容调查表

层次 选项	小学教师		初中教师		高中教师	
	频数	百分比	频数	百分比	频数	百分比
教学案例分析	18	15.9	15	18.3	34	26.4
课堂教学诊断	41	36.3	26	31.7	51	39.5
教学评价	13	11.5	8	9.8	4	3.0
教学方法研讨	41	36.3	33	40.2	40	31.1
总和	113	100.0	82	100.0	129	100.0

表3的调查结果显示,20.7%的教师选择教学案例分析,36.4%的教师选择了课堂教学诊断,7.7%的教师选择了教学评价,35.2%的教师选择了教学方法研讨。所以,农村教师在学科培训中,最想参加的培训内容依次是课堂教学诊断、教学方法研讨、教学案例分析、教学评价。数据显示教学评价比重小,可能是因为很多农村中小学仍然以考试分数为标准来评价教学,教师随之也就习惯地认为现行的教学评价合理,当然也就没有培训的必要。

2.教研活动内容

为提高教学效果,农村教师也进行教研活动。他们喜欢什么内容的教研活动呢?表4调查显示:36.9%的教师选择了"课堂教学策略",28.4%的教师选择了"现代信息技术",15.5%的教师选择了"先进的教育理论",10.1%的教师选择了"学科专业知识"。前面数据分析说明,农村教师对校级教研部门组织的培训活动满意度略高于其他部门。所以这个题项中的教研活动,许多教师就默认为是校级教研活动,因为是同一个学校,学校教师的专业知识水平相差不多,所以本题项中的选项"学科专业知识"所占比重比较小。另外,目前很多农村教师也有比较高的学历,学科专业知识自然不差。

表4　农村中小学教师教研活动内容调查表

层次 选项	小学教师		初中教师		高中教师	
	频数	百分比	频数	百分比	频数	百分比
先进的教育理论	17	14.7	11	13.9	23	17.3
现代信息技术	37	31.9	21	26.6	35	26.3
课堂教学策略	54	46.5	39	49.4	58	43.6
学科专业知识	8	6.9	8	10.1	17	12.8
总和	116	100.0	79	100.0	133	100.0

3.教学实践

为提高学生的动手能力,激发学生参与教学活动的积极性、主动性,尽可能多组织学生参与教学实践活动,是教师教学活动的一个必要环节。为组织好教学实践,教师最需要得到的帮助有哪些?具体情况如表5。

表5　农村中小学教师教学实践方面调查表

层次 选项	小学教师		初中教师		高中教师	
	频数	百分比	频数	百分比	频数	百分比
提供教学配套材料	62	53.9	33	41.2	43	33.1
教研人员的听课指导	15	13.1	16	20.0	25	19.2
提供新课程 教学设计范例	19	16.5	13	16.3	34	26.2
组织经常性的 新课程教研活动	19	16.5	18	22.5	28	21.5
总和	115	100.0	80	100.0	130	100.0

表5显示,在教学实践过程中,教师希望得到的支持和帮助是多方面的。其中,42.5%的教师希望学校提供教学配套材料(如教学挂图、投影片、多媒体课件等),20.3%的教师希望提供新课程教学设计范例,20.0%的教师希望组织经常性的新课程教学研讨活动,17.2%的教师希望得到教研人员的听课指导。分层数据趋势一样。

尽管国家和地方政府已经对农村教育加大了投入,但目前农村学校教育资源仍然有待于进一步丰富,硬件设施有待改善。

(三)农村学校教师培训

培训是提高农村教师教学业务素养、促进教师专业发展的重要途径。为了解农村学校教师培训效果,研究中对教师培训时间、作用、形式等内容进行了调查。调查结果见表6、表7、表8、表9。

1.农村教师培训时间调查

培训时间的多少,在一定程度上反映了教师培训的效果。调查显示:接受调查的教师中,22.7%的教师从没参加过教师培训,22.1%的教师参加培训时间在1~5天,22.4%的教师参加培训时间在6~10天,32.7%的教师参加培训时间在10天以上。数据说明农村教师参加培训时间短,部分教师没有参加过培训。这一研究结果与农村教育教学实际相吻合。通过访谈,发现农村教师参加培训有很多限制条件,比如,课程没有合适的教师带,经费太少,损失太大。还有些教师认为不参加培训也能教好学生。这也可能和受调查教师对教师培训的理解有关。另外,在调查中发现初中教师培训状况差于小学教师和高中教师。大同地区教师参加培训的状况要差于其他三个地区。相比较而言,运城和吕梁地区的教师培训情况较好。具体情况见表6。

表6 农村中小学教师培训时间调查表

层次 选项	小学教师		初中教师		高中教师	
	频数	百分比	频数	百分比	频数	百分比
从没参加过	26	22.0	23	27.1	28	20.6
1~5天	33	28.0	19	22.4	23	16.9
6~10天	23	19.5	18	21.2	35	25.7
10天以上	36	30.5	25	29.4	50	36.8
总和	118	100.0	85	100.0	136	100.0

2.农村教师培训作用调查

对于参加过培训的教师,在教学的各个环节,是否有作用呢?调查结果如表 7。

表 7　农村中小学教师课改培训作用调查表

层次 选项	小学教师		初中教师		高中教师	
	频数	百分比	频数	百分比	频数	百分比
非常大	26	22.0	20	23.5	17	12.5
较大	53	44.9	30	35.3	60	44.1
一般	37	31.4	30	35.3	54	39.7
很少	2	1.7	3	3.5	3	2.2
没有	0	0.0	2	2.4	2	1.5
总和	118	100.0	85	100.0	136	100.0

对于参加各种课改培训的作用,18.6%的教师认为参加各种课改的作用非常大,42.2%的教师认为参加各种课改的作用较大,35.7%的教师认为参加各种课改的作用一般,还有极少数教师(2.4%)认为参加各种课改作用不大,甚至对教学不起作用。另外,不论是小学教师、初中教师、高中教师群体,还是调查中涉及的四个地区(大同地区、忻州地区、吕梁地区、运城地区)的教师,均有一半以上的教师认为参加各种课改培训的作用还是比较大的。有 1/3 的教师认为课改培训作用一般。这说明,一半以上的农村教师认同课改培训活动,觉得课改培训在一定程度上有助于教育教学工作。参加过课改培训的农村教师在学科视野上比较广阔,思维方式有所转变,对问题的思考容易辐射到实际生活中,这样教师在工作中会深刻理解所教知识,感悟知识的价值,进而激发工作热情。

3.农村教师培训形式调查

调查主要通过农村教师自我判断"喜欢的新教材学习培训方

式"来了解农村教师培训形式。结果如表8。

表8 农村中小学教师喜欢的培训形式调查表

层次 选项	小学教师		初中教师		高中教师	
	频数	百分比	频数	百分比	频数	百分比
教材编写人员分析教材	39	32.8	24	30.8	44	31.9
实验区教师谈实践体会	48	40.3	35	44.9	62	44.9
结合课例分析教材	57	47.9	44	56.4	66	47.8
教研人员分析教材	67	56.3	39	50.0	64	46.4
先自己独立学习再讨论	27	22.7	29	37.21	37	26.8
总和	117	100.0	84	100.0	135	100.0

调查显示:50.6%的教师喜欢教研人员(骨干教师)分析教材,49.7%的教师喜欢结合课例分析教材,43.5%的教师喜欢实验区教师谈实践体会,31.8%的教师喜欢教材编写人员分析教材,27.7%的教师喜欢先自己独立学习再组织讨论。分层数据趋势一样,不论是小学教师、初中教师还是高中教师都比较喜欢教研人员(骨干教师)分析教材、结合课例分析教材等学习培训形式。相比较而言,校本培训更受到农村教师青睐。校本培训对农村教师来说,既能学到教育教学技能又不浪费金钱。

4.农村教师对培训主体的满意度调查

表9 农村中小学教师对培训部门满意度调查表

层次 选项	小学		初中		高中	
	频数	百分比	频数	百分比	频数	百分比
省教研部门	16	13.7	18	22.5	35	26.7
市教研部门	30	25.6	18	22.5	33	25.2
学区级部门	35	29.9	18	22.5	24	18.3
校级教研组	36	30.8	26	32.5	39	29.8
总和	117	100.0	80	100.0	131	100.0

表9显示：问题中涉及的主体有省教研部门、市教研部门、学区教研部门、校级教研组。总体上看，30.8%的教师对校级教研组组织的培训最满意，24.7%的教师对市教研部门组织的培训满意度最高，23.5%的教师对学区级教研部门的满意度最高，21%的教师对省教研部门的满意度最高。另外通过调查也发现，不论是哪个层次的教师均对校级教研部门组织的培训满意度略高于其他教研部门。其实，从具体数据上看，农村教师对四个教研部门的满意度水平不是很高。这可能与某些部门的培训流于形式或内容设置不合理有关。据统计，部分专家在举办讲座时，所传授的讲座内容是按照在城市学校中所见、所听、所想的情况来进行讲座。没有深入了解当地农村教学的实际情况，所传授的培训内容太过于城市化，不贴近农村教师的生活，这对农村中小学教师在教学工作中的发展是没有帮助的。培训不到位、形式不合适，使农村教师教学能力的提高受到限制，这可能与农村教师自身对教师培训认识不深刻有关。

四、农村中小学教师素质存在的问题

（一）农村教师学历以后续学历的合格为主，整体素质偏低

在新农村建设的过程中，社会、学生对教育的需求发生了巨大变化。而目前有部分教师第一学历为中师或专科，即使是本科也可能是非全日制本科毕业，这就极大地限制了农村教师知识的更新和能力的提升。而农村教师主要是通过自身的学识与能力来对学生产生影响的。从教师自评这个角度来看，还有近1/3的农村教师认为自己的业务能力不太适应新课程改革。

（二）农村教师实践性知识体系不完善

通过调查发现，在教师培训中教师最想得到的帮助是课堂教学诊断、课堂教学策略、教学配套材料等，这些均属于教师知识体

系中的实践性知识范畴,这说明在实际教育教学中农村实践性知识的缺失。农村学校中老教师和年轻教师占据多数,老教师的教育实践知识可能和当代农村儿童心理发展特点不匹配,而年轻教师可能掌握着先进的教育心理理论,但缺乏实战经验,所以农村教师素质的提升必然要重视教师知识体系中实践性知识的建构。

(三)农村教师素质提升工程缺乏实效性

教师培训是适应专业岗位、提高教师素质的重要举措。农村教师素质提升主要通过教师培训来进行。然而调查中发现农村教师培训方面存在诸多问题。在农村教师培训时间方面,近五分之一的农村教师没有参加过教师培训,即使参加过教师培训的时间也比较短。在农村教师培训内容方面,农村教师需要实践性知识体系方面的培训,而现行的培训师资主要来自于培训院校内部的教师和外聘的专家。这些专家学者要么重于理解新课改理念,要么重于理论灌输,忽视了农村教育实际。在农村教师培训部门方面,调查结果显示农村教师对省教研部门、市教研部门、学区教研部门、校级教研部门等四个教研部门的满意度水平不是很高,认为很多时候是流于形式。

(四)培训缺少监管,制度不完善,随意性大

培训管理的目的是以对教师培训的所有流程为管理对象,遵循科学的客观规律,运用现代科学管理的理论、原则和方法,对培训工作进行决策、计划、组织、实施、检查、指导、总结、提高,最大限度地调动农村教师主动参与培训的积极性,以保证教学培训的良好效果。缺少监管,培训制度不健全,恰巧是目前农村教师培训工作中的突出问题。如领导担当培训主体,对政策理论的解读远远大于对教学实践的剖析。对于一线教师而言,这无疑于纸上谈兵,实效性差;由教师培训教师,培训实例多于理论,但对于缺少理论研

究和科研活动的农村教师而言,素质提高极其有限。培训内容不能因人而异;培训中过于重视骨干教师的培训而忽略了全体教师的需求,无法最大限度地发挥全体教师的潜能。缺少科学设计、严格监管、权威规范的培训活动如同虚设,实际意义极其有限。

第三节 提高农村中小学教师素质的对策

构建和谐社会,发展素质教育,这种新的形势对教师素质提出了新的要求。学校担负着培养高素质人才的重任,而具备高素质的教师队伍是培养高素质人才所必需的条件,如何提高农村教师素质呢?

一、与时俱进,实施教育观念的大转变

深刻理解新课程内涵,实现教育观念的重大转变。长期以来,我们的课堂还停留在陈旧的模式中,教师讲得太多,学生练得太少,教师讲得太深,学生听得吃力,课堂节奏单一,学生被动地接受知识等。究其原因,是教师在新课程环境下,没有解放思想,没有真正了解新课标、新课程实行的内涵。新课改的基本思想是"为了每一个学生的发展",充分体现了"以人为本"的思想。此次调查数据表明,有40%的教师不太理解新课改精神实质。为适应新课程的教学,教师不仅要从角色上进行转变,还要在思想上有新的认识:实现由重传授向重学生主动探究、由统一规格教育向差异性教育转变、由重教向重学转变、由重结果向重过程转变、由单项信息交流向多项综合信息交流转变、由教学模式化向教学个性化转变。关注学生本身就是尊重学生。40.1%的受调查学生认为教师的重要素养首先就是理解尊重学生。真正把尊重带进课堂,让学生成为学习的

主人;把激励带进课堂,让学生都有成功体验;把方法带进课堂,让学生学会学习;把创新带进课堂,让学生学会创造。

二、提高农村教师教育教学的信息化水平

53%的农村中小学设有多媒体教室,20.6%的农村中小学有学科专用教室并有相应的仪器设备,14.8%的中小学开设有校园网络,11.5%的中小学设有图书馆。由于长期的教育思想根深蒂固,以及农村学校一些条件的限制,许多教师认为信息技术教学只是花架子,对农村教育不适用,反而耽误了教学时间。提高教学质量的可靠途径依然是时间+汗水。所以,从总体上看,农村中小学信息化程度低,科技素养差。美国著名科学家阿乐温托史勒曾预言说:"谁掌握了信息,控制了网络,谁就拥有整个世界。"教育信息化要求教师必须掌握现代信息教育技术,才能在信息技术迅猛发展的今天成为合格的学生学习的伴随者、成长的引路人。当前,通过"远程教育工程",上至国家下至地方花费了大量的人力、物力和财力为农村学校配备了网络和多媒体设备,借此契机,教师应该尽快普及信息化教学手段,利用网络和多媒体技术丰富课堂,提高教学质量。

三、注重农村教师间的沟通协调

教学是一种沟通与合作的活动,教学不但需要教师与学生间的沟通合作,更需要教师与教师间的沟通合作。调查显示,40.9%的教师认为促进教师专业成长的最好的方法是教师间的及时交流。新课程强调学科之间的联系,强调科学精神与人文精神的渗透与融合,重视课程综合化的发展,最终促进学生发展。同一年级、同一学科、不同年级、不同学科的教师齐心协力地培养学生,才能提高学生的综合素质。"独学而无友,则孤陋而寡闻",教师个体在知识

结构、智慧水平、思维方式、认知风格等诸多方面都存在差异，教师同伴间的互相学习交流有助于打破教师个体思维上的局限性和模式化的倾向，同时教师间的切磋研究、经验分享会给教师的专业发展以巨大的支持，使教师有自信心和勇气挑战自我、改进教学实践。更重要的是教师间合作沟通还能使教师间信息与资源共享，使教师成为一个高效率的学习者，应对和适应新课程。

四、提升农村教师的实践性知识体系

实践性知识是教师专业知识中不可缺少的部分，教师职业的独特性突出表现在其具有其他接受过同等学历训练的人所不具备的丰富的条件性知识和实践性知识上。对教师来说，具备丰富的实践性知识、懂得现代教育规律与全套教育教学技能，不仅是作为一名教师的特殊要求，也是其教育对象的特殊要求。

教师要具备这些知识，不仅要直接从事中小学教育教学实际工作，而且要把工作实践与教育科学理论结合起来，不断用理论指导实践，再把实践上升到理论的高度，还要善于总结，把在各种教育教学实践中获得的知识变成自身知识结构的有机组成部分。

行动研究是促进教师实践性知识发展的有效途径。行动研究能够使教师在实践中通过行动与研究的结合，运用教育理论和教育机智解决不断变化的特定教育情境中的问题，是教育理论和实践相结合的桥梁与渠道。在行动研究中，教师是研究的主体，由于行动中解决的是教师自身在教育教学过程中遇到的问题，将教师从枯燥、单调的教学中解放出来，重新获得了自己工作与职业的意义和生命，为教师提升和发展自我找到了新的途径，使教师在实践中对教育教学理论进行反思和选择，发展和总结自己的实践经验，同时不断提高自身的理论素养。

反思也是教师获得实践性知识的重要途径,教师作为主体批判性地考察自己实践及其行动的能力。教师借助自己的回忆、教学录像带、教学档案袋,同事之间的相互交流等手段,对自己的教学实践经验予以交流、总结,评价、反馈和完善,激发思考,解决问题,将教学"灵感"内化。

五、优化农村教师培训机制

(一)正确认识教师培训

教师培训是指教师的在职培训,主要是对已取得教师法定资格并从事教育教学工作的人所进行的再教育。[①]教师培训是适应专业岗位、提高教师素质的重要举措。当前无论是教师、学校还是培训机构,都在不同程度上对教师培训存在着认识不足和重视度不够等问题。现实中,这种观点就分离了教师教育和教师个人发展是一体的事实,这样既不利于教师事业的发展,也不利于教师个人的发展。在对山西省的调查中,笔者发现学校对教师培训重要性的认识不到位,他们认为课程改革只是在教材方面有所变化,不参加培训教师也足够应付;另外学校办学资金紧张,培训经费缺少,也会直接影响到这些学校培训工作的正常开展。因此,学校对派送教师参加培训的意识不强;培训机构也敷衍了事,抱着完成任务的心态开展培训工作。由于观念的落后,直接导致了山西现行的农村中小学教师培训在培训内容、培训模式、培训方法等方面落后于当前的形势,跟不上社会发展的脚步。

(二)提高培训内容的时效性和针对性

农村中小学教师培训的内容要根据农村中小学教育教学实际

---

①申继亮:《教师人力资源与开发》,北京师范大学出版社2006年版,第112页。

和教师的实际状况来确定。针对山西农村教师反馈的信息，笔者认为：一方面，在选择教师培训内容上要侧重于实用性，要能充分调动教师主动参与培训的积极性。在培训过程中要注重教师学习能力、反思能力、创新能力的培养。另一方面，培训内容要因人施教，突出内容的针对性，要对不同需求，不同层次，不同能力的教师进行不同方面的培训。比如对高中教师要重视学科知识的广泛性、深入性等方面的培训，而对小学教师要进行正确的学生观、教育观的培训。随着新课程改革的推进和教师教育的不断发展，教师的职业化和专业化特点更加的突出，因此，教师的培训必须优化培训内容，突出教师的专业性发展。要从教师可持续发展和终身学习的根本点出发，在培训中加大应用新时代教育思想、现代科学先进技术和实用性知识培训的内容，使得培训内容更加具有科学性、先进性、针对性和实效性。要想帮助山西农村中小学培训教师提高专业素质和教育教学的能力与水平，需要从理论和实践两个方面来实现。现行的农村中小学教师培训要结合当前新课程教育改革的现状，要体现出培训内容的学科性和专业性，为农村中小学教师在学科教学的新理论、新思想、新知识方面提供有意义的指导。新时代教师的专业化发展不仅要靠专业理论知识的指导，更需要靠实践性的知识来做保障，教师的成长和发展的关键在于实践性知识的不断丰富和实践智慧的不断提升，而实践性知识和实践智慧难以通过他人的传授而获得，需要在具体的教学实践过程中发展和完善。所以，优化农村中小学教师的培训内容，突出课程内容的专业性是很有必要的。

（三）培训方式和形式灵活多样

一方面，着眼未来，培养骨干。当今世界科学技术突飞猛进，知识经济越来越明显地突现了出来。21世纪的教育是现代化的教育,随着我国社会和经济的发展,农村基础教育的改革与发展步伐必将加快,农村学校的教师如果没有掌握一定的现代化教育技术和先进的教育方法,便难以适应新世纪教育发展的需要。作为农村中小学,要在短期内使全校教师的素质都达到一定的层次是不现实的,但是培养培训一部分具有足够力量去搏击基础教育浪潮的骨干教师是十分必要的。

培养教师骨干,首先要认真遴选培养苗子,把真正有培养前途的教师选拔出来,在遴选中要注意骨干教师的合理分布,使骨干教师在各学科、各领域都能发挥辐射作用和指导作用。要对骨干教师进行悉心培养,学校要保证有培养骨干教师的专用经费,使他们能有机会出去学,有条件在家中练。对骨干教师在思想上、观念上、意识上、掌握现代教育技术上、教研教改上、教育教学创新上进行严格的考核,促进其尽快成才。培养骨干,旨在储备师资培训力量,使那些骨干教师能在"传、帮、带"中发挥作用,为提高本校教师整体素质作铺垫,以达到全体教师都能逐步适应新时期教育发展的需要。

另一方面,送培下乡。农村中小学教师培训在教学工作与培训学习的时间安排上相互冲突,是农村教师培训面临的一个主要障碍。在培训方式上必须坚持以人为本,充分尊重教师个性。因地制宜、因人而异,制定灵活多样的培训形式。中小学学校应结合本校教师的实际情况,切身从教师的主体出发,在培训学习与教学时间上进行合理的调配,尽最大能力帮助教师克服教学工作和培训学习之间的矛盾。可以考虑引进一些山西省先进的工作经验,组织部分有丰富教学实践经验的教师下乡支教,这将对农村中小学教师教育理论层次的提升、教育教学水平的提高有很大的帮助,使得农村中小学教师受益匪浅。

农村中小学教师队伍是支撑我国基础教育事业的重要力量,

教师的质量决定了教育的质量。各农村学校都应抓住教师队伍建设这一永恒的主题不放,既重视教师业务水平的提高,又重视教师思想素质的提高,既注重校内培养,又注重校外培训,才能有效地提高农村教师的整体素质,从而促进农村基础教育的改革与发展。

教师素质提高是一个长期而且艰巨的任务,是"教育背后的教育""效能极大的教育"。在新课程理念的引领下,通过一系列的培训学习,教师行为有了明确的导向,增强了教师队伍的凝聚力,增加了教学工作的吸引力。教师素质提高培训直接受益者是学生,教师观念的更新,能力的提高,在课堂上直接表现为能激发学生的学习兴趣,使学生体验到学习的乐趣,使学生变"要我学"为"我要学",教师把课堂变为学生能够获得欢乐的场所,让课堂充满笑声。这种氛围的课堂,不仅学生收获知识,而且教师也能收获学生的尊敬和认可。通过教师素质的培训提高,教师品格的提升,性格的完善,在教学工作中更加彰显教师的人格魅力。

参考文献:

[1]朱仁宝:《现代教师素质论》,浙江大学出版社2004年版。

[2]申继亮:《教师人力资源与开发》,北京师范大学出版社2006年版。

[3]全国十二所重点大学联合主编:《教育学基础》,教育科学出版社2008年版。

[4]张雯:《中学教师素质现状及其影响因素》,华中师范大学,2006年。

[5]叶余显:《分层实施 骨干引领——农村中小学教师素质提升的实践探索》,《辽宁教育学院学报》,2007,(05)。

[6]李云:《中小学教师素质存在的问题及对策研究》,山东师

范大学,2009年。

[7]李芙蓉:《对农村教师培训问题的探析》,《太原大学教育学院学报》,2010,(03)。

[8]续润华:《改善待遇 充电进修 定期流动——提高农村中小学教师素质的深度思考》,《河北师范大学学报》(教育科学版),2010,(10)。

[9]候器:《农村小学教师参加培训情况的调查研究》,《继续教育研究》,2010,(02)。

[10]鄢凤明、易宋江:《农村中小学教师的素质现状与对策》,《湖南人文科技学院学报》,2010,(02)。

[11]张文平:《农村教师培训中存在的主要问题及对策》,《山西大学学报》(社会科学版),2011,(S1)。

[12]徐代珍:《湖南省边远农村中小学教师素质提升的现状与对策研究》,湖南科技大学,2011年。

[13]张鹏君:《基于新农村建设的农村中小学教师素质研究》,河南大学,2011年。

[14]高倩倩:《农村中小学教师培训有效性研究》,西南大学,2011年。

[15]陈晓婷:《基于教师内在需求的农村义务教育教师培训研究》,广州大学,2012年。

[16]杨岚:《城乡统筹背景下农村中小学教师培训现状与对策研究》,重庆师范大学,2012年。

[17]蒋蓉、李新:《农村小学教师素质现状调查研究》,《教育探索》,2013,(02)。

第十章 农村中小学师生关系调查及研究

第一节 师生关系概述

联合国教科文组织在一份报告中说,"我们应该从根本上重新评价师生关系这个传统教育大厦的基础,特别是当师生关系成了一种统治者和被统治者关系的时候。这种统治与被统治的关系,由于一方的年龄、知识和无上权威等方面的有利条件和另一方面的低下与顺从的地位而变得根深蒂固。"[1]学生在这种师生关系中形成了消极的体验,感到了一种被控制感和无力感。师生关系不应该以知识的授受为中心,而是学生完整的人格与教师完整的人格相互交流形成的一个"教育性关系"。师生关系不是教学关系的副产品,而是教学工作得以进行的前提。

法国的教育学家加里曾说:"师生关系是一种很特殊的人际关系,它区别于亲子关系,区别于手足亲情,也区别于朋友同事。"[2]

---

[1] 韦钰:《学会生存——教育世界的今天和明天》,教育科学出版社2000年版,第107页。

[2] 杨志平、周小璐:《浅议生态型师生关系的特征》,《科技信息》,2012,(21):第117页。

赞科夫也曾表示,对于教学效果而言,影响它的很重要的一个因素就是师生关系。因此,师生关系一直以来都是学者的研究重点。

一、师生关系的概念

《现代汉语词典》对"关系"一词有两种解释,一是"事物之间相互作用、相互影响的状态"。二是"人和人或人和事物之间某种性质的联系"。

"师生关系"在《百度百科》中的解释为,教师和学生在教育、教学过程中结成的相互关系,包括彼此所处的地位、作用和相互对待的态度等。

全国十二所重点师范大学联合编著的《教育学基础》对师生关系的定义为,"它是一种特殊的社会关系和人际关系,是教师和学生为实现教育目标,以各自的独特身份和地位通过教与学的直接交流活动而形成的多性质、多层次的关系体系"。

综合来看,师生关系是教师和学生在教育过程中为完成一定的教育任务,以"教"和"学"为中介而形成的一种特殊的社会关系,是学校中最基本的人际关系。

二、和谐的师生关系

师生关系既受教育活动规律的制约,又是一定历史阶段社会关系的反映。不同的历史阶段,和谐的师生关系的内涵不同。本文所指的"和谐的师生关系"是指在我国现今社会主义制度下的和谐的师生关系。所以,这种师生关系首先要符合我国现今的社会主义制度的要求,是我国社会主义条件下社会关系中的重要内容。

(一)和谐的师生关系,区别于传统的师生关系

当今和谐的师生关系,是新型的师生关系,它区别于传统的师

生关系。教师不再是师生关系中绝对的主导和权威,当然学生也不是绝对的核心。新型的师生关系不是在教师和学生的两个极端,也不是游离在教师和学生之间。新型的师生关系,是既发挥和客观承认教师在师生关系应有的地位、作用,也发挥和承认学生的个体独立性、主体地位和作用。

(二)和谐的师生关系是互利、良好的关系

和谐的师生关系,强调师生之间的互利、协调。互利,不是强调功利性。互利的关系,是指师生之间的关系不是以损害某方的利益为基础,而是有利于维护师生双方的利益,能够促进师生共生相长的关系。良好不是说师生之间没有矛盾。师生之间的矛盾是客观存在的,但也不等于说,师生之间不可能保持和谐的关系。在师生之间根本利益一致的前提下,在师生之间互利的基础上,师生之间的关系就可以走向并保持和谐。

(三)和谐的师生关系是平等、互动的关系,是一种趋向理想的状态

和谐的师生关系,是种趋向理想的状态,同时又是理性的。无论是教师对于教育,还是学生对于学习,都是需要理想的。而和谐的师生关系的构建也是需要理想的,和谐的师生关系,应是趋向理想的,但是这种趋向是理性的。

和谐的师生关系是在理想的师生关系的引导下发展的,和谐的师生关系是在不断趋向理想的,但是又不失理性,是建立在客观现实条件基础上的。

第二节 农村中小学师生关系现状调查及分析

和谐的师生关系是决定教学能否成功的重要因素之一,但是

一些师生却没有处理好这一关系,甚至因此而触犯了法律。从本次调查结果来看,农村学校的师生关系总体表现出尊师爱生的优良传统,表现为教师敬岗爱业、关心学生与学生尊敬教师、追求上进等良好势头。但在调查中同样发现,农村学校师生关系中存在着很多问题和不足。具体调查结果及原因分析如下:

一、调查对象

(一)教师方面

在大同、忻州、吕梁、运城四个地区,采取分层随机抽样法,共抽取教师334名。其中,小学教师119名,初中教师87名,高中教师138名。这些教师所属的学校,既有公办,也有民办和民办公助;既有农村教师,也有县城教师;既有高职称教师,也有中初级及未定级教师。所选对象有很好的典型性与代表性。需要说明的是,在下面的统计分析中,每个问题的不规范问卷单独做了处理。因此出现每个题的总人数有所不同的现象。

本研究共发放教师问卷334份,每个问题单独处理,不影响对其他问题的统计处理,这也符合统计学要求。具体情况见第一章的表1。

(二)学生方面

在大同、忻州、吕梁、运城四个地区,采取分层随机抽样法,共抽取学生482名。其中女学生270名,男学生208名,有4名学生未选择性别;小学生176名,初中生175名,高中生131名;有372名学生在公办学校,有84名学生在民办学校,有17名学生在民办公助学校,有9名学生未选择学校性质;对于学校在城市还是乡村,有208名学生在农村,有118名学生在乡镇,有152名学生在县城,有4名学生未选择学校在城市还是乡村;对于学生所属地区,忻州地区有 159 名学生,吕梁地区有 110 名学生,运城地区有 100 名学生,大同地区有 113 名学生。这些学生所属的学校,既有公办,也有民办和民办公助;既有农村教师,也有县城教师,所选对象有很好的典型性与代表性。需要说明的是,在下面的统计分析中,每个问题的不规范问卷单独做了处理。因此出现每个题的总人数有所不同的现象。

二、调查方法

(一)测量工具

问卷分为教师卷和学生卷。问卷是课题组成员自行编制的《山西省农村基础教育课程改革发展现状调查问卷》,采用无记名方式进行调查。

(二)调查内容

关于"师生关系"既有教师问卷,又有学生问卷。教师问卷中涉及师生关系的问题有 21 个。其二级维度主要包括对目前师生关系的满意状况(3 个)、师生关系的作用(2 个)、师生关系的影响因素(2 个)、学生观(8 个)和合格教师的基本条件(6 个)。

学生问卷中涉及师生关系的问题有 28 个。其二级维度主要包括师生关系的类型(2 个)、师生关系的作用(2 个)、师生关系的影响因素(2 个)、师生之间的沟通与交流状况(15)和惩罚状况(7 个)。

三、教师问卷调查结果分析

(一)师生关系的满意状况

从表 1 中可以看到,小学教师对师生关系状况比较满意和很满意的比例之和达到 97.5%,这是三种层次的教师中最高的。小

表1 农村中小学教师师生关系满意状况调查表

选项	小学		初中		高中	
	频数	百分比	频数	百分比	频数	百分比
很满意	32	27.4	24	28.9	29	23.8
比较满意	82	70.1	47	56.7	83	68.0
较少满意	3	2.5	6	7.2	5	4.1
不满意	0	0	6	7.2	5	4.1
总和	117	100.0	83	100.0	122	100.0

学、初中和高中老师对师生关系状况较少满意和不满意的比例之和分别为2.5%、14.4%和8.2%。从中可以看出,初中老师对师生关系不满意状况比例最高,这可能与初中生处于青春期,比较叛逆有关系。

(二)师生关系的作用

表2 农村中小学师生关系在教学中作用和对学生的影响调查表

题目	选项	小学		初中		高中	
		频率	百分比	频率	百分比	频率	百分比
师生关系在教学中作用	主导作用	39	33.9	12	14.1	30	22.1
	重要作用	72	62.6	69	81.2	92	67.6
	有点作用	4	3.5	4	4.7	8	5.9
	没有影响	0	0	0	0	6	4.4
	总和	115	100.0	85	100.0	136	100.0
师生关系对学生的影响	学习兴趣	89	74.8	53	67.9	101	73.2
	学习态度	86	72.3	70	89.7	101	73.2
	学习成绩	58	48.7	44	56.4	72	52.2
	心理健康	69	58.0	38	87.1	79	57.3

表2显示,无论是哪个层次的教师都认为师生关系在教学中

的作用是很重要的。关于师生关系具体会影响到学生的哪些方面，存在些差异。小学教师认为师生关系首先会影响到学生的学习兴趣，其次是学习态度；初中教师认为最重要的是学习态度，其次是学习兴趣；而高中教师认为学习兴趣和学习态度的影响是同样的。

（三）师生关系的影响因素

表3　农村师生关系的主要影响因素调查表

题目	选项	小学		初中		高中	
		频数	百分比	频数	百分比	频数	百分比
师生关系的主要影响因素	教师方面	63	55.8	40	48.2	66	52.8
	学生方面	21	18.6	22	26.5	37	29.6
	环境方面	18	15.9	20	24.1	18	14.4
	家长方面	11	9.7	1	1.2	4	3.2
	总和	113	100.0	83	100.0	125	100.0
导致师生关系紧张的因素	学生不尊重老师	47	39.5	4	51.3	71	52.2
	教师素质低	46	38.7	31	39.7	54	39.1
	家长不尊重教师	81	68.1	47	60.3	66	47.8
	学生淘气	63	52.9	28	35.9	61	44.2
	社会对教师不尊要	38	31.9	2	25.6	37	26.8
	学校对教师不重视	19	16	26	33.3	33	23.9
	教师无故向学生发火	28	23.5	19	24.4	39	28.3

从表3中可以看到，各层次的教师都认为影响师生关系的主要因素是教师方面。导致师生关系紧张的因素，小学教师认为排在首位的是家长不尊重教师，第二位的是学生淘气；初中教师认为排在首位的是家长不尊重教师，第二位的是教师素质低；高中教师认为排在第一位的是学生不尊重老师，第二位的是家长不尊重教师。这既体现出了学生的年龄特点，也说明需要提高农村家长的素质，

让他们尊重教师,从而影响孩子也尊重教师。

(四)学生观

1.好学生的主要标志

表4 农村中小学好学生的主要标志调查表

选项	小学			初中			高中		
	位次	频数	百分比	位次	频数	百分比	位次	频数	百分比
对学习有浓厚兴趣	3	68	57.1	2	42	53.8	3	89	64.5
品行端正	1	105	88.2	1	73	93.6	1	110	79.7
身心健康	2	80	67.2	3	36	46.2	2	105	76.1
很守规矩	4	12	10.1	4	15	19.2	4	25	18.1

表4的数据显示,无论是哪个层次的教师都认为好学生的主要标志首要的是品行端正,最后的是很守规矩,至于身心健康及对学习有浓厚兴趣两方面调查方面有些差异。这一情况与学生的年龄特点和各学段的学习特点有关系。

2.成绩排名对学生的影响

表5 成绩排名对学生影响调查表

选项	小学		初中		高中	
	频数	百分比	频数	百分比	频数	百分比
伤害自尊心,应坚决制止	22	19.1	15	17.9	15	12.2
有效地激励学生的手段	27	23.5	31	36.9	43	35.0
伤害少数学生的自尊心,调动大多数学生的积极性	51	44.3	29	34.5	55	44.7
伤害大多数学生的自尊心,调动少数学生的积极性	15	13.1	9	10.7	10	8.1
总和	115	100.0	84	100.0	123	100.0

表5的数据显示,有接近一半的小学教师和高中教师都认为成绩排名对于学生来说虽说伤害了少数学生的自尊心,但却能调动大多数学生的积极性,有36.9%的初中教师认为成绩排名是有

效激励学生的手段。

3.教师特别关注的学生

表6 农村中小学教师特别关注的学生调查表

选项	小学		初中		高中	
	频数	百分比	频数	百分比	频数	百分比
家长有权有钱学的生	2	1.8	4	4.8	4	3.1
学习成绩好的学生	42	37.5	39	46.4	84	66.2
一般学生	11	9.8	17	20.2	18	14.2
学习差的学生	57	50.9	24	28.6	21	16.5
总数	112	100.0	84	100.0	127	100.0

从表6中可以看到,小学教师最关注的学生是学习差的学生,初中和高中教师最关注的学生是学习成绩好的学生,这可能是因为小学的学习任务和升学压力比初中、高中小,教师们更希望成绩差的学生能转变好。

(五)合格教师的基本条件

表7数据显示,中小学教师在对合格教师的基本条件的认知上基本是一致的,没有什么差异。这也说明在当前讲求民主的社会,师生关系要处理好,教师对学生人格的尊重是首要的。教师若对学生不尊重,师生关系也很难和谐,最终影响教学效果。

表7 农村中小学合格教师基本条件调查表

选项	小学			初中			高中		
	位次	频数	百分比	位次	频数	百分比	位次	频数	百分比
课讲得好	3	58	48.7	3	46	59.0	3	82	59.42
学生考试成绩高	5	33	27.7	5	26	35.9	5	53	38.41
教育方法得当	2	78	65.5	2	57	73.1	2	92	66.67
人品好、威信高	3	58	48.7	4	41	52.6	4	73	52.90
尊重学生人格	1	95	79.8	1	70	89.7	1	109	78.99

表8 农村中小学教师主要教学目标调查表

选项	小学			初中			高中		
	位次	频数	百分比	位次	频数	百分比	位次	频数	百分比
建立良好师生关系	4	53	44.5	4	36	46.2	3	76	55.1
备好课,讲好课	2	86	72.3	2	56	71.8	2	87	63.0
提高学习成绩	5	36	30.3	5	27	34.6	5	42	30.4
培养学习能力	1	87	73.1	1	58	74.3	1	101	73.2
关注学习过程与方法	3	83	69.7	3	47	60.3	3	76	55.1

从表8可以看到,农村中小学教师在对教师的主要教学目标的认知上基本是一致的,没有什么差异。这也说明在当前教育改革的形势之下,很多教师都认识到对于学生首先要培养的应是学生的学习能力,学生有了学习能力,将来走入社会以后才能继续学习,学会在社会中生存。

四、学生问卷调查结果分析

(一)师生关系类型

从表9可以看到,农村中小学生都认为当前师生之间的关系应该是朋友型的,教师和学生应该站在同一个水平线上进行平等

表9 农村中小学师生关系类型调查表

选项	小学生		初中生		高中生	
	频数	百分比	频数	百分比	频数	百分比
朋友型	142	80.2	139	79.4	76	58.0
权威型	16	9.0	24	13.7	26	19.8
松散型	16	9.0	5	2.9	13	9.9
冷漠型	3	1.8	7	4.0	16	12.3
总和	177	100.0	175	100.0	131	100.0

沟通和交流。这说明当前学生意识比较民主，认识到学生和教师应该是平等的，应该是朋友型的关系，这样才更有利于沟通和交流，符合新的学生观。

(二)师生关系的作用

表10　农村中小学师生关系在教育教学中作用调查表

选项	小学		初中		高中	
	频数	百分比	频数	百分比	频数	百分比
主导作用	130	73.9	122	69.7	82	62.6
有点作用	31	17.6	39	22.3	41	31.2
影响小	10	5.7	9	5.1	4	3.1
没有影响	5	2.8	5	2.9	4	3.1
总和	176	100.0	175	100.0	131	100.0

调查显示，69.3%农村中小学生认为师生关系在日常教学中起着主导作用，这方面不存在年龄差异，排名都比较一致。

(三)影响师生关系的主要因素

从表11可以看出，对于影响师生关系的主要因素，各层次的学生存在差异。初中和高中的学生认为最主要的影响因素在学生，而小学学生认为是社会方面。这与对教师的看法有所不同，教师认为最主要的影响因素是教师方面，这可能是因为我们受儒家传统

表11　影响农村中小学师生关系主要因素调查表

选项	小学		初中		高中	
	频数	百分比	频数	百分比	频数	百分比
教师方面	34	20.4	46	26.6	39	30.0
学生方面	46	27.5	92	53.2	58	44.6
家长方面	15	9.0	8	4.6	4	3.1
社会方面	72	43.1	27	15.6	29	22.3
总和	167	100.0	173	100.0	130	100.0

的影响,更多从自身找寻问题的原因。

(四)师生沟通和交流状况

1.课堂沟通和交流状况

表12 农村中小学生课堂沟通和交流状况调查表

题目	选项	小学		初中		高中	
		频数	百分比	频数	百分比	频数	百分比
根据备好课上课	完全符合	64	36.4	69	39.7	26	20.2
	较多符合	96	54.5	89	51.1	86	66.6
	不太符合	13	7.4	13	7.5	14	10.9
	不符合	3	1.7	3	1.7	3	2.3
	总和	176	100.0	174	100.0	129	100.0
课堂上常探索问题	完全符合	60	33.9	71	41.0	7	5.3
	较多符合	94	53.1	56	32.4	44	33.6
	不太符合	12	6.8	41	23.7	61	46.6
	不符合	11	6.2	5	2.9	19	14.5
	总和	177	100.0	173	100.0	131	100.0
师讲生听主要方式	完全符合	25	14.1	56	32.0	40	30.5
	较多符合	64	36.2	55	31.4	61	46.6
	不太符合	64	36.2	53	30.3	26	19.8
	不符合	24	13.5	11	6.3	4	3.1
	总和	177	100.0	175	100.0	131	100.0
教师关心学习生活	完全符合	73	41.5	64	36.6	8	6.1
	较多符合	73	41.5	73	41.7	33	25.2
	不太符合	23	13.0	33	18.8	62	47.3
	不符合	7	4.0	5	2.9	28	21.4
	总和	176	100.0	175	100.0	131	100.0
学习进度老师组织	完全符合	73	41.2	56	32.0	47	35.9
	较多符合	89	50.4	98	56.0	70	53.4
	不太符合	10	5.6	17	9.7	11	8.4
	不符合	5	2.8	4	2.3	3	2.3
	总和	177	100.0	175	100.0	131	100.0

续表

题目	选项	小学		初中		高中	
		频数	百分比	频数	百分比	频数	百分比
学生很少提出不一致看法	完全符合	34	19.3	33	19.1	21	16.0
	较多符合	58	33.0	87	50.3	63	48.1
	不太符合	66	37.5	41	23.7	39	29.8
	不符合	18	10.2	12	6.9	8	6.1
	总和	176	100.0	173	100.0	131	100.0
学生提出不一致看法教师会不高兴	完全符合	13	7.4	6	3.5	7	5.3
	较多符合	14	8.0	18	10.5	15	11.5
	不太符合	28	15.9	47	27.5	42	32.1
	不符合	121	68.7	100	58.5	67	51.1
	总和	176	100.0	171	100.0	131	100.0

从表12可以看出，89.8%的学生认为教师是按照备好的课在上课，而且课堂的学习进度也是由教师掌握，各层次的差异不大；27.2%的小学生和初中生认为教师在课堂上会经常探索问题，而高中生只有5.3%认可，这与年龄特点和教学要求有极大的关系；69.3%的初中生和高中生认为教师讲学生听是课堂主要教学方式，49.7%的小学生则认为不是，这也是与小学生的年龄特点有关系；84.4%的学生认为教师会鼓励学生提出一些不同的看法，也认为教师不会不高兴。

2.课外沟通和交流状况

表13 农村中小学生课外沟通与交流状况调查表

题目	选项	小学		初中		高中	
		频数	百分比	频数	百分比	频数	百分比
教师家访	很少	59	33.3	32	18.3	5	3.8
	电话联系	58	32.8	94	53.7	40	30.5
	家长会上联系	25	14.1	28	16.0	37	28.2
	从不联系	35	19.8	21	12.0	49	37.5
	总和	177	100.0	175	100.0	131	100.0

续表

题目	选项	小学 频数	小学 百分比	初中 频数	初中 百分比	高中 频数	高中 百分比
你在乎老师的评价	很在乎	132	74.6	120	69.4	74	56.4
	一般	26	14.7	48	27.7	50	38.2
	不太在乎	14	7.9	4	2.3	4	3.1
	很不在乎	5	2.8	1	0.6	3	2.3
	总和	177	100.0	173	100.0	131	100.0
老师对你关心程度	经常谈心	121	69.1	73	42.2	21	16.2
	最关心成绩，偶尔关心生活	42	24.0	87	50.3	69	53.0
	关心成绩	12	6.9	9	5.2	26	20.0
	不关心你	0	0	4	2.3	14	10.8
	总和	175	100.0	173	100.0	130	100.0
学习生活中遇到困难会找谁	父母	20	11.4	24	13.7	13	10.0
	老师	90	51.4	65	37.1	9	6.9
	同学	18	10.3	39	22.3	33	25.4
	朋友	44	25.1	45	25.7	69	53.1
	其他	3	1.8	2	1.2	6	4.6
	总和	175	100.0	175	100.0	130	100.0
是否给老师取绰号	取，无恶意	21	12.3	35	20.1	63	48.5
	取，较难听	12	7.0	0	0	2	1.5
	不取	138	80.7	139	79.9	65	50.0
	总和	171	100.0	174	100.0	130	100.0
对教师做法有意见会怎么做	对老师讲	66	37.3	54	31.0	15	11.5
	警告老师	88	49.7	78	44.9	51	39.3
	绝不会说	23	13.0	42	24.1	64	49.2
	总和	177	100.0	174	100.0	130	100.0

从表13可以看出，各层次的学生对老师的评价都是很在乎的，只是随着学生年龄的增长，在乎度在逐渐下降。而教师对学生

的关心程度,小学有69.1%的学生选择经常谈心,24.0%的学生选择最关心成绩、偶尔关心生活,6.9%的学生选择关心成绩;初中有42.2%的学生选择经常谈心,50.3%的学生选择最关心成绩、偶尔关心生活,5.2%的学生选择关心成绩,2.3%的学生选择不关心自己;高中有16.2%的学生选择经常谈心,53.1%的学生选择最关心成绩、偶尔关心生活,20.0%的学生选择关心成绩,10.8%的学生选择不关心自己。对"对教师的做法有意见会怎么做"这一问题的回答存在年龄差异,小学和初中选择最多的是给老师传纸条,而高中生则是保持沉默,不说。针对是否给老师取绰号,各层次的差异不大,绝大部分的学生都选择不取绰号,认为给别人起绰号是不好的习惯。而关于家访状况,各层次的差异不大,教师的家访往往只停留在电话联系和家长会上,农村学生的家访状况很不理想。

3.学生心目中的教师角色

表14 农村中小学生心目中的教师角色调查表

选项	小学			初中			高中		
	位次	频数	百分比	位次	频数	百分比	位次	频数	百分比
知识的传授者	1	123	69.5	1	133	76.9	1	100	76.3
学生集团的领导者	4	60	33.9	3	70	40.5	3	61	46.6
家长的代理人	5	44	24.9	5	57	33.0	5	32	24.4
模仿的榜样	3	77	43.5	4	64	37.0	4	49	37.4
朋友和知己	2	87	49.2	2	103	59.5	2	85	64.9

调查显示,在学生的心目中教师的角色首先应该是个知识的传授者,这在各层次的学生中都得到一致的认同;其次,应该是个朋友和知己。学生集团的领导者和模仿的榜样这两个选项有些差别;最后,才是家长的代理人。这说明学生们比较看重教师本身的

知识含金量,同时也希望能和教师的关系是朋友型的、是平等的、民主的、和谐的。

(五)惩罚状况

1.对于惩罚的总体认识

表15 农村中小学生对于惩罚的认识调查表

题目	选项	小学		初中		高中	
		频数	百分比	频数	百分比	频数	百分比
是否被老师体罚过	经常	5	3.0	8	4.7	8	6.4
	较多	9	5.4	2	1.2	7	5.6
	较少	123	73.1	85	50.3	64	51.2
	没有	31	18.5	74	43.8	46	36.8
	总和	168	100.0	169	100.0	125	100.0
是否受到惩罚	非常多	3	1.8	7	4.1	4	3.3
	较多	7	4.3	8	4.7	6	4.9
	较少	122	73.1	89	52.7	67	54.4
	没有	35	21.0	65	38.5	46	37.4
	总和	167	100.0	169	100.0	123	100.0
最有效的批评方式	教师单独沟通	106	60.2	93	53.5	56	43.8
	好友沟通	42	23.8	46	26.4	41	32.0
	喜欢的老师沟通	17	9.7	21	12.1	22	17.2
	家长谈话	11	6.3	14	8.0	9	7.0
	总和	176	100.0	174	100.0	128	100.0
被惩罚后的感觉	与老师对着干	14	8.0	10	5.8	16	12.5
	受到教育	147	84.5	143	82.6	89	69.5
	从此一蹶不振	8	4.6	10	5.8	8	6.3
	无所谓	5	2.9	10	5.8	15	11.7
	总和	174	100.0	173	100.0	128	100.0

从表15可以看出,无论是哪个层次的学生都认为最有效的批评方式是教师单独沟通,这说明不管哪个年龄段的学生都想得到

教师的尊重,不愿意被教师当众批评。而关于被惩罚后的感觉,小学有 8.0%的学生选择与老师对着干,84.5%的学生觉得受到教育,4.6%的学生觉得一蹶不振,2.9%的学生觉得无所谓;初中有 5.8%的学生选择与老师对着干,82.6%的学生觉得受到教育,5.8%的学生觉得一蹶不振,5.8%的学生觉得无所谓;高中有 12.5%的学生选择与老师对着干,69.5%的学生觉得受到教育,6.3%的学生觉得一蹶不振,11.7%的学生觉得无所谓。关于体罚的频率,小学有 1.8%的学生经常被体罚,4.2%的学生较多被体罚,73.1%的学生较少被体罚过,21.0%的学生没有被体罚过;初中有 4.1%的学生经常被体罚,4.7%的学生较多被体罚,52.7%的学生较少被体罚过,38.5%的学生没有被体罚过;高中有 3.3%的学生经常被体罚,4.9%的学生较多被体罚,54.5%的学生较少被体罚过,37.4%的学生没有被体罚过。体罚最伤学生自尊心,这从侧面反映了中小学普遍不尊重学生。

2.教师体罚学生的主要方式

表 16 农村中小学教师体罚学生主要方式调查表

选项	小学			初中			高中		
	位次	频数	百分比	位次	频数	百分比	位次	频数	百分比
打骂	3	37	21.9	3	64	37.2	3	48	37.8
打扫卫生	1	113	66.9	2	96	55.8	1	81	63.8
跑步、蹲马步等	4	22	13.0	4	37	21.5	2	58	45.7
不让吃饭	6	6	3.6	6	1	0.6	6	8	6.3
罚站	2	84	49.7	1	98	57.0	5	22	17.3
不让上课	5	12	7.1	5	18	10.5	4	47	37.0

从表 16 可以看到,教师体罚学生的主要方式各层次的排位存在差异,小学排在首位的是打扫卫生,第二位的是罚站;初中排在首位的是罚站,第二位的是打扫卫生;高中排在首位的是打扫卫

生,第二位的是跑步、蹲马步等。

3.优等生和差等生是否区别对待

表17 农村中小学教师是否一视同仁优等生和差等生调查表

选项	小学		初中		高中	
	频数	百分比	频数	百分比	频数	百分比
对优生好于差生	29	16.4	44	25.1	80	61.1
对差生好于优生	5	2.8	7	4.0	1	0.8
对差生与优生一样好	138	78.0	123	70.3	44	33.6
对优生与差生一样不好	5	2.8	1	0.6	6	4.5
总和	177	100.0	175	100.0	131	100.0

从表17可以看出,学生关于教师是否一视同仁优等生和差等生,小学生和初中生大都认为对差生与优生一样好,没有区别;高中生却认为对优生好于差生,这可能也与现实状况有关。高中生的升学压力较大,好的升学率与教师的津贴、福利等都有密切相关,所以教师会特别优待学习成绩好的学生。

五、农村中小学师生关系问题的原因分析

尽管造成农村学校师生关系问题的具体原因五花八门,但归纳起来主要有以下三大方面:

(一)家庭、社会原因

我国的传统文化塑造了自上而下的、权威性、等级性的师生关系。师生关系虽然是教师和学生在教育教学中结成的一种关系,但从宏观层次上看,却是一定社会的文化、政治、道德等关系在教育领域中的反映,因此在不同的社会制度、不同的文化背景下,就会产生不同性质的师生关系。我国传统文化中的核心要素是宗法等级制思想、权威意识,"君为臣纲,父为子纲,夫为妻纲"的上下、尊卑、高低贵贱的等级秩序思想成为维护封建专制的有力工具,渗透

进中华民族的性格之中。这种等级性观念不仅是封建政治的核心理念,也延伸至师生关系,使师生关系具有明显的等级性。从社会经济关系的变化看,社会主义市场经济确立,为新型人际关系的发展带来积极作用的同时,也带来了一些负面影响,这些负面影响渗透在教师与学生的交往中,成为和谐师生关系的障碍。

1.社会的利益驱动机制在不成熟的运行环境中带来的负面影响之一是伦理、道德观念被弱化,并导致了社会性的诚信危机,这种诚信危机蔓延到校园,使师生间的诚信品质受到质疑。而诚信是人际交往的基础,师生间如果彼此防范和相互猜疑,连起码的信任感都没有,就很难进行有效的沟通,而没有沟通,就不会有彼此间的理解,没有理解,就无法包容,也就无法形成和谐的师生关系。在本次教师问卷调查中就发现,有少部分的教师不能尊重、信任每个学生,小学教师中占到13.7%,初中教师中占到18.5%,高中教师中占到14.7%。在师生关系中,教师处于主导地位,若教师不能充分地信任、尊重每个学生,这也势必会造成师生关系之间的不和谐。

2.市场经济的高效率是以对包括人的需求在内的人的主体性的肯定为驱动力的,然而,这一动力在现实的市场经济运作中,却往往被扭曲为个人利益至上的交往原则。这一原则泛化在师生交往过程中,表现为一方过分强调自我,力求自我利益的最大化实现,学生这样,教师也是如此,他们往往忽视交往过程中其他人的需求,一旦这种需求得不到满足,极易导致师生人际冲突。

3. 网络时代的到来使网络交往成为当代人际交往的重要形式。前网络社会,师生交往的空间是物理空间,一般局限在课堂内,少数发生在课堂外。而网络的出现极大地拓展了师生交往的空间,师生可以通过网络进行交流,电子邮件、BBS、QQ、远程咨询都可以在几秒钟之内把师生双方联系起来。师生关系把课堂伸展到网络虚拟空间,也构成了网络社会独特的师生关系类型。过多的网络交往必然使师生间的直接交往减少,学生一旦沉迷于网络,则更易导致其弱化与身边人的交往需求,缺乏对现实人际交往的归属感,这也是当前师生关系不和谐的原因之一。

(二)学校教育结构内部原因

如果说个体差异的存在和社会环境的影响是引发师生关系问题的外部条件,那么师生在人际认知上的偏差及处理人际关系技能的差异是导致师生关系不和谐的内在根本原因。从某种意义上讲,这与学校教学和管理上的不足有一定关系。

1.在学科教学过程中,除与人际关系学相关的专业外,师生对人际关系知识的学习内容较少,加上在人际交往学习过程中,师生很难获得系统的理论学习和实践上的指导,即使在有些农村学校设有教师培训机构或心理咨询部门,但却并不能保证所有教师和学生在师生关系出现问题时都能够进行妥善处理。

2.在学生管理过程中,学校主要偏重于对学生遵守纪律和制度方面的管理,而对于教师和学生在交往过程中出现的问题或不够重视或缺少策略,师生之间发生的摩擦、纠纷等问题往往很少作深入了解和做细致的思想工作,很少从根本上解决师生关系的问题。

3.教学愿望与学习愿望的不同引起的不和谐因素。教师往往希望学生能在较短的时间里掌握较多的知识,这跟学生的学习目的是根本一致的,但学生往往年龄偏小、社会经历少,无法正确理解老师的愿望,而把学习的任务看成是教师和家长强加的一种负担,因此师生间就产生了不和谐现象。在这一矛盾过程中,教师因学生不能达到他的教学预期,而对学生产生不解,或严加批评,这样的方式方法过于简单粗暴而与学生形成冲突,造成师生关系不和谐,甚至导致产生隔阂,出现对立的局面。在对教师进行教学目标的调查中,不同层次的教师都认为培养学生的学习能力是最重要的。

(三)教师与学生自身原因

个体差异是师生关系问题产生的前提。马克思说:"人的本质不是单个人所固有的抽象物,在其现实性上,它是一切社会关系的总和。"在学生中,其成员都是有着独特性的个体,他们来自于不同的地域、不同的家庭,有着不同的经历,并由此形成不同的生活习惯、个性心理、人生观、价值观、道德观等。这些差异是产生师生关系问题的前提,尽管差异并不必然导致人际关系失和,但却为其提供了可能。

1.人的主客交往模式塑造成主客型师生关系。教育活动归根结底是在教师与学生之间进行的,师生通过彼此相互作用,形成了教学关系、人际关系、社会关系等多层面的关系体系。师生之间的活动是人与人活动在教育领域中的体现,任何形式的师生活动都是社会交流模式在教育领域中的反映。"教师中心论"和"学生中心论"的二元对立的对象性思维方式塑成了社会的制度化、等级化、权力中心化的不平等的一方占支配地位的交流模式,师生交往则是对这种外部社会不平等的主导交流模式的复制。因此,人与人的主客交往模式导致师生主客二分的不平等交往模式,教师是交往的中心,学生就会处于交往的边缘,同样,学生是交往的中心,教师就会处于交往的边缘,形成了主客二元对立的师生关系——以教师为中心或以学生为中心的师生关系。同样是面对教师角色这一问题,学生问卷和教师问卷的结果就是迥然不同的,各层次的学生都认为,教师的角色首要的应该是知识的传授者,但教师对自身角色的看法却并不完全一致,小学教师认为应该是朋友知己角色,而初中和高中教师却认为应该是知识传授者。

2.人与人关系中人们总会按自己的心理需求选择对自己产生人际吸引的个体作为其交往的对象,如有人选择与自己兴趣、态度接近的人交往,有人则选择与自己性格、气质相近或互补的人交往,当这种交往需求在师生交往中无法得到满足时,他们自然会从师生关系以外寻求实现,其结果是容易造成师生交往分化而形成师生关系亲密程度差异,或交往中心向外投射,由此而带来师生间的人际分化或师生之间的整体人际关系淡漠。本次教师问卷调查就发现,学校教师与学生之间的关系融洽度并不是很高,小学教师占62.9%,初中教师占54.8%,高中教师占44.7%。

3.人们习惯于把自己的交往对象进行同类属方面的横向比较,如与其他的人群相比,或与学校系统中的其他学生、教师相比,总会产生比较差异,由此而形成优劣(或强弱)师生关系自我评价,在这种心理暗示下,部分师生在彼此的交往中感到很难与对方相融、难以进行平等沟通或沟通出现暂时困难的时候,师生关系易出现危机,或在一定的诱因下师生爆发出直接冲突,由此产生师生关系问题。本次学生问卷调查就发现,学生对是否有机会与教师进行交流这一问题,选择"随时有机会与教师进行交流的",这个选项的小学生的比例最高,为46.9%。但也会有很多学生没有试过与教师进行交流,而这个比例是高中生的最高,有16.8%。

第三节 构建农村中小学和谐师生关系的对策

师生关系的不和谐不仅会影响正常的教学活动,降低教师的教学积极性和学生的学习效率,而且还会影响学生身心的健康发展,不利于其日后顺利融入社会,因此,必须对师生关系问题给予足够的重视,并努力改善和创造条件,使得师生间建立良好的教学关系,形成一定的情感联系。

一、提高教师专业素质

教师是和谐师生关系建设中直接当事的一方。构建和谐师生关系,很大程度上取决于教师的自身素质。当前,相当一部分农村学校面临教师素质参差不齐的严峻形势,教师的素质、结构已成为制约学校办学质量的瓶颈,成为构建和谐师生关系的重中之重,难中之难。

(一)加强师德建设,大力提高教师道德素质

加强师德建设,可采用"一学、二树、三总结、四转变"的方式进行。一学,即定时或不定时地利用周前会、政治学习等时间组织教师学习教育政策法规、国家的大政方针、教育行政部门的相关文件等,把普及师德修养的学习和考核作为教师继续教育的一个经常性任务,将师德纳入对教师的年度考核中。二树,即有意识地培养典型,为大家提供学习的榜样。学校要制定《师德先进个人评选办法》,每期评出师德先进个人予以表彰。三总结,即结合师德先进个人的评选总结师德工作经验,要求每位教师必须写出本期师德总结,以便在新的起点上继续提高,并对教职工的任职实行师德"一票否决"。四转变,即通过学习和总结,要求教师要切实转变观念,改进教风,做到会教、乐教、善教。

(二)重视教师培训和教学科研活动,全面提高教师业务素质

针对农村学校教师素质参差不齐的现状,学校要做到业务培训、学历进修、自学读书三环齐扣。学校可以用请进来、走出去的办法,让教师参加业务培训。鼓励教师采用以自学、函授为主,脱产学习为辅的形式开展学历进修,提高自身的文化修养;开展业务进修,建立行之有效的教师培训体系。学校要利用各种条件建立远程

网络、校园网络系统,为教师搭建网上学习的平台。要鼓励教师积极订阅报刊杂志,主动钻研教育教学理论,增强自身素质。

(三)增强教师对职业倦怠感的应对能力,提高课堂管理水平

增加教师的心理学知识,引起教师对自己职业心理的重视,了解在职业生涯中存在一定的倦怠期。使教师在了解的基础上有意识地控制和改善由于职业倦怠而引起的不良情绪,把由于职业倦怠带来的损害减少到最小程度。与此同时,要营造积极的人际关系氛围,为教师提供教学、人际交往方面的支持性帮助,尽量缩短职业倦怠的持续时间。培养教师从课堂管理结果反思自身的管理行为习惯。在师资培训中将国内外已有的课堂管理研究成果转化为培训内容,积极促进教师对课堂管理知识的内化,激励教师不断进行课堂管理改革,鼓励教师在课堂教学中进行研究。

(四)培养教师良好的沟通技巧,增强教师应对师生冲突,发展师生关系的能力

鼓励教师在课堂教学、课外活动以及日常管理中,努力发挥学生的主体作用,把促进学生的发展放在首位;在具体的活动安排中,既要考虑学生的可接受性,又要考虑内容对学生发展的影响,引导学生自我管理,加强对话。鼓励教师从学生的立场来看待问题,把学生看成日常生活中人际交往的一个对象,彼此尊重,相互信任。在处理问题、矛盾时,站在学生的立场上倾听,让学生表达出他们的想法;在表达对学生的赞美时,不应是言不由衷的,而应该是发自内心的,且不能把赞美变成一种要求学生顺从的手段;在批评学生时,要注意对批评的恰当运用,学生错了,教师当然要提醒学生,但是要在弄清学生为什么犯错误的基础上,针对可改变的部分做批评,并提出建议。在批评的过程中,要真诚地对待学生,这是学生受益于批评的关键所在。

二、了解和研究学生

构建和谐的师生关系,必须先了解学生,并不断地注意研究学生,这也符合教育活动的规律。

(一)对学生要有所了解和研究

了解和研究学生包括学生个人和学生集体两个方面。了解学生个人主要包括思想品德、健康水平、学业成绩、兴趣爱好、才能特长、性格特征、生活习惯、成长经历、家庭情况及社会生活环境等。要把了解学生个人同了解学生集体结合起来,在了解学生个人的基础上,进行全面分析综合,就能了解学生集体轮廓,了解学生集体除德、智、体、美、劳几方面基本情况外,还要研究集体的形成和发展过程、各类学生的特点和比例、干部状况、作风传统和主要倾向等。[1]

(二)了解和研究学生的主要方法

1.观察

观察是教师了解学生的基本方法之一。教师要在课内外、校内外的学习、劳动及其他的各种活动中观察学生。因为活动过程能比较真实地反映出学生的政治思想、道德品质、掌握知识和技能的质量,反映出学生的兴趣、爱好、才能、个性特征,对集体的态度、同学间的关系、工作能力等等。

2.谈话

谈话是教师有目的、有准备地和个别学生或班干部通过问答的方式了解情况的一种方法。通过谈话可以更有意识地、主动地研究学生的情况及其思想活动,补充观察的不足。

---

[1] 王道俊、郭文安:《教育学》,人民教育出版社 2009 年版,第 433 页。

3.调查访问

调查访问的方法是采用访问、座谈会等方式,向家长、教师、学生了解情况的一种方法。调查访问对弄清问题,了解真实全面的情况起重要作用。条件允许的情况下还可以进行家访,除此以外,还要向其他任课教师、学生干部进行一些调查。

三、建立学生主体意识

师与生,是师生关系建设的两个基本方面。形成和谐的师生关系仅仅靠教师的努力并不够,学生的反馈和配合同样十分重要。

(一)注重学生的反应

学生作为教育活动中一个主体,对学生反应的关注既是建设和谐师生关系的必要,也是理所应当。在学校中,应建立一个凸显学生声音的机构,在教师与学生、学校与学生以及教师与家长之间架起沟通的桥梁。通过这座桥梁,使学生了解学校制定规范、政策的理由和目的,了解教师的期望、教师正在做的工作和致力改变的东西,减少学生与家长由于对教师一些行为的误解而激化师生之间矛盾的可能性,从而打开师生之间彼此固有观点的"缺口"。通过这座桥梁,也可以让教师知道学生是通过什么方式接受知识,了解学生需要的是什么样的支持和帮助,降低了教师面对学生时的被动性,为教师建立和维护良好的师生关系提供了捷径。

(二)转变学生的学习观

学习观是人们在学习和社会生活中形成的、对学习及相关因素的观点和看法。学习观影响学生学习目标的确立、学习内容的选择、学习方法的改进等。为了让学生形成正确的学习观,要向学生强调开放学习、自由学习、个性化学习。要使学生学会学习,掌握较高的认知策略和学习策略水平,对自身认知状况和水平有正确的评价,成为独立、自主、高效的学习者,知道如何指导自己学习。

(三)深化学生对教师的理解

要让学生认识到教师作为一个成人,有着职业压力、家庭压力、社会压力,使学生能够对教师给予关心和支持;要让学生理解教师文化对教师的规范和约束,面对教师的有些不能认同的行为,敢于对教师提出质疑,主动地和教师沟通,在师生之间形成良性的沟通程序。

(四)培养学生与教师交往的能力

良好的师生关系源于师生间的直接交往,而师生之间的交往,首要的是相互尊重。培养学生与老师的交往能力,要做到以下几点:

第一,让学生懂得并做到尊重老师,尊重老师的劳动。

第二,要正确对待老师的过失,掌握好向老师提意见的方法和时机,避免伤及老师的自尊心。

第三,要勤学好问,虚心求教。向老师虚心求教、勤学好问不仅直接使学习受益,还会增多、加深和老师的交流,无形中就缩短了与老师的距离,每个老师都喜欢肯动脑筋的学生。

第四,犯了错误要勇于承认,及时改正。要相信老师能够全面、客观地评价自己。

第五,要主动与老师交往,接触。管理学家卡耐基在成功之道里认为:现代社会中没有人有耐心发现你,除非你表现自己。因此,要让老师了解你,你就应当和老师直接接触,增加交流的机会。与老师距离的缩短,关系的亲密,还可以提高你的学习动力。当然,也可以请家长与老师联系,让老师加深对你的了解。

四、构建良好的学校氛围

(一)要搭起教师和学生沟通的桥梁

随着对学生心理健康的重视,城市学校一般都设有专门的心理咨询机构,对学生和教师进行心理咨询与辅导。在农村学校,目前还达不到这个条件。但学校可以有意识开展师生联谊活动、课外活动、春游等,可设立建议与意见箱,多渠道、多途径了解师生的想法,增进师生之间的情感交流。

(二)学校要站在客观公正的角度处理师生关系冲突

学生或老师都是学校不可缺少的一部分,当两者发生冲突时,学校不能偏袒任何一方。否则,事与愿违,学校的调解处理反而可能成了师生日后关系恶化的催化剂。

(三)深化教学考核体制改革,为师生关系的建立创造宽松的环境

现代教育是以人为中心,以促进整个国民素质提高为目的,使受教育者具备现代社会所需要的素质,在时代潮流中能够生存并发挥推动社会前进的作用,以实现教育的价值。因此,要改革传统的人才观和教育观,变单纯重视智育为促进人的全面发展,使教书与育人真正成为衡量教师教育行为的统一标准。

五、增强家庭环境的支持作用

构建和谐的师生关系,还需要得到学生家长的支持与配合。正确处理好与学生家长的关系是农村学校构建和谐师生关系的一个重要方面。

(一)积极寻找途径,密切学校与家长间的联系

学校和学生家长的联系方式是多样的,渠道是广泛的。农村学

校与家长联系的常用途径和方法：

1.家访。家访是学校和家长取得联系的重要方式。家访过程中面对面分析问题，总结经验，以促进学生发展，要做好家访记录，并请家长签字。同时，家访时要了解学生的家庭背景和人员结构。本次学生问卷调查显示，农村学校的家访形势并不乐观，高中从不家访的比例占到37.4%，初中12%，小学19.8%。

2.家长会。家长会是学校争取家长配合的有效途径，形式可以由家长进校举行，农村学校家长会可以每学期举行两次，既可以年级为单位，也可以班级为单位，主要是了解学生情况，汇报学生在校表现，指出学生问题，征求家长意见。学期结束时也可以利用村委会走出校门到村委会召开家长会，主要是汇报成绩，向家长宣传假期中的注意事项，同时争取村委会支持，这种形式的家长会是实现学校、家庭、村委会统一教育影响的重要手段。

3.通过家校联系卡、短信、电话、书信等方式及时掌握学生在家情况，同时将学生知识学习、思想品德、体育健康、获奖处分、重大活动、作息时间调整等信息反馈给家长。

4.建立学校网站，网站建设时留下"家长留言"一栏。由于社会的发展，农村家长的素质也在提高，部分农村家长已学会上网，甚至有1/3农村家庭已购买了计算机，因此学校应充分利用"家长留言"版块，及时处理家长反映的问题，也可就某现象交流看法。网络联系成为家校合作的一种新型方式。

(二)帮助家长提高育儿水平

农村学校教师应主动把提高学生家长的教育水平作为自己的职责。

1.激发家长教育子女的责任心

不少农村家长错误地认为，孩子上学有教师管着，只要每学期开学时把学费交齐就行了,不需要操更多的心。对此,农村学校教师应通过适当方式激发家长教育子女的责任心,使家长懂得:教育好孩子,仅靠学校是不够的,家长也要不遗余力地支持和配合学校,这样才能取得好的教育效果。

2.纠正家长不正确的教育观点和做法

绝大部分的农村家长毕竟没有接受过科学、系统的教育教学理论的学习和培训,再加上受农村环境局限,往往容易犯两个毛病:一是对孩子教育的尺度把握不准,不是过严就是过松。具体表现为两个极端:过严的是信奉"棍棒底下出孝子""不打不成器",认为只有严厉才能教好孩子,结果对孩子的教育缺乏必要的耐心,非打即骂;过松的表现为溺爱孩子,对他们视若掌上明珠,听之任之。二是评价孩子的成长时只看考试成绩,片面追求高分,还振振有词地说什么"只要考试成绩好,别的什么都不要你做"之类的话。矫正过程中,教师要客观地评价家长对孩子的态度,及时指出学生家长在教育方法上的错误,并帮助家长确立对待孩子的正确态度。

3.帮助家长提高教育素养

教师要积极与家长进行沟通,向家长传播教育科学知识并帮助他们获得一些先进的教育思想。父母是孩子的第一任老师,向家长传播教育科学知识,提高家长的教育素养可以从根本上改善农村的家庭教育。

总之,和谐的师生关系不仅有利于农村教育教学质量的提高,而且有利于学生健康快速地成长。经过各方努力,农村良好和谐师生关系的建立将会迸发出强劲的教育能量,为农村教育水平的不断提高提供重要的课程资源和前提。

参考文献：

[1]韦钰著:《学会生存——教育世界的今天和明天》,教育科学出版社2000年版。

[2]杨志平、周小璐:《浅议生态型师生关系的特征》,《科技信息》,2012,(21)。

[3]詹曾明:《教学交往的理论与实施》,《教书育人》,2004,(01)。

[4]雅斯贝尔斯、邹进著:《什么是教育》,北京三联书店1991年版。

[5]王道俊、郭文安:《教育学》,人民教育出版社2009年版。

[6]全国十二所重点师范大学联合编写:《教育学基础》,教育科学出版社2008年版。

[7]睢文龙、廖时人、朱新春著:《教育学》,人民教育出版社1994年版。

[8]温文娟:《中学和谐师生关系的构建研究》,陕西师范大学,2012年。

[9]黄华斌:《师生关系对学生综合素质影响的研究》,华东师范大学,2010年。

[10]刘瑞青:《新课改背景下和谐师生关系的建构》,河北师范大学,2011年。

[11]屠荣生、唐思群著:《师生沟通的艺术》,教育科学出版社2007年版。

[12]范士龙:《和谐师生关系的促进策略研究》,东北师范大学,2009年。

[13]张传明:《农村初中师生关系现状调查研究》,苏州大学,2009年。

[14]胡晓:《新课程背景下初中师生关系现状分析及和谐师生

关系的构建》,杭州师范大学,2012年。

[15]陈林福:《如何构建良好的师生关系》,华东师范大学,2010年。

[16]韩静:《关于沧州市农村小学师生关系的调查研究》,《沧州师范专科学校学报》,2011,(03)。

[17]彭虹斌:《农村中小学师生关系考察》,《教育科学研究》,2011,(02)。

[18]范兴华、林丹华:《农村初中师生关系与学生人格特征的相关性》,《中国临床心理学杂志》,2007,(05)。

第五部分
课程评价

第十一章　农村中小学教育教学评价调查研究

教育质量是一切教育活动的中心和灵魂，是人们在开展教育活动的过程中所追求的最高境界，失去质量的教育活动必定是无价值的活动，所以，教育质量已成为评价教育活动成功与否的重要标准之一。农村基础教育是我国教育事业的基石，是科教兴国的奠基工程，是促进社会三个文明建设和地方教育事业发展的动力之一，它对提高中华民族素质，培养各级各类人才，促进社会主义现代化建设具有全局性、基础性、先导性作用。随着新农村建设的推进和九年义务教育全面普及，农民已经不满足于有学上，而是期望着接受高质量的教育。在全面实现普及九年义务教育目标的今天，提升教育教学质量已成为当前我国农村基础教育发展面临的紧迫问题。但是，当前在提升农村义务教育质量方面还存在许多亟待解决的问题，面临着严峻的挑战。因此，探讨农村基础教育质量具有重要的现实意义和理论价值。

考试作为检查、评定学生学业成绩和检验教学效果的一种手段，在学校教育中具有特定的意义和价值。考试牢牢控制着学校课堂教学的走向，多少年来，虽屡经变革，但怎么考，教师就怎么教；考什么，教师就教什么的现象依然普遍存在。学生为了考试，不管理解与否，必须把老师所讲的内容统统装进脑子里。对学生来说，学习已不再是一种乐趣,不再是一种来自好奇心的需要和渴望,而完全成为一种负担,一种外在的压力。在老师的眼里,学生是一个个待装的容器,而不是活生生的人,他所关心的只是知识点的传授和学生的分数,并不考虑如何促进学生个体的学习和能力的发展。考试与教学改革价值的背离,造成了课堂教学的严重异化。学生厌学,老师体验不出从教的乐趣,便是很自然的事情了。解决问题的出路就是改革考试。实行评价改革,充分发挥考试的激励和改进教学的功能,把考试从方式、方法改革的层面,拓展到内容改革的层面,体现能力考核这个中心,实现考试与课堂教学改革价值的统一,让学生在考试中获得成长与发展,从而把教学改革落到实处。

第一节 农村中小学教育教学评价新理念

一、新课程教育评价的理念

"教育除了鲜明的社会性之外,还有鲜明的生命性。人的生命是教育的基石,教育是生命思考的起点。在一定意义上说,教育是直面人的生命、通过生命、为了人的质量的提高而进行的社会活动,是以人为本的社会中最体现生命关怀的一种事业。"[①]因此,"以人为本,一切为了学生的发展"和"多元化"是新课程改革的基本理念和价值取向,而新课程评价作为整个课程改革的关键环节,其价值理念又有其具体特征,反映在教学评价价值观领域主要表现为:

(一)以人为本,关注发展的过程

1.评价体现以人为本的思想,建构个体发展。评价要关注个体

---

① 叶澜:《让课堂焕发出生命活力》,《河南教育》,2002,(3):第1页。

需要,尊重激发主体精神,促使个体最大可能地实现自身的价值。

2.评价是与教学过程并行的同等重要的过程。评价不是完成某种任务,而是一个持续的过程。它贯穿于教学活动的每一环节,辅助、改进教育,为教育服务。

3.评价提供的信息旨在促进发展。评价是为了促进教育并促进学生的表现,不仅仅是为了检查学生的表现,而且关键是为学生服务,成为学生进步的动力和源泉。

(二)新教学评价观是一个"多元化"的过程

它体现了一种求同存异,尊重多元思想、强调多元价值,注重多元参与的一种意念和精神。具体表现为允许、尊重多元评价主体参与、重视多元评价客体、多维评价内容,注重个性发展的多元性、层次性和运用多元评价方法等方面。

新的教学评价观认为,所谓的好学生不是传统意义上那些仅仅获得高分的学生,而是使"知识与技能""过程与方法""情感、态度和价值观"三维目标得以实现的学生。所谓的好教师不是仅仅只注重学生成绩,而是那种善于帮助学生实现"三维目标"并促进自身专业发展的老师。所谓的好学校不是以学生的升学率高低而排出的名次获得的,而是通过高效管理,促进学生"三维目标"的实现而获得的。

二、教学评价价值观的转变

由于新课程改革是针对传统教育所暴露出的各种问题而展开的一场教学改革,因此,二者的价值取向存在一定的区别。总体说来,传统教学评价是以"自然科学范式为理论基础,追求评价的客观性和科学性"。这种理论本质上受到工具理性价值的支配。评价者是主体,被评价者是客体,主要追求对被评价对象的外在控制。

由于这种评价简便易行,容易操作,因而在实践中一直处于支配地位。但这种价值取向忽略了人的行为的主体性、创造性和不可预测性,忽略了过程本身的附加价值,将人客体化、简单化了。新的评价方式本质上倡导对评价情景的理解而不是控制,它以人的自由和解放作为评价的根本目的。它认为,真正主体性评价不是靠外部力量的督促和监督,而是每一个主体对自己行为的反省意识和能力。主体是自主与责任的统一。在这种评价理论下,评价者和被评价者是一种相互主体的关系,评价过程是一种民主参与、协商和交往的过程。因此,它强调评价的过程性,重视主体价值的多元化以及评价主体的主动性、创造性。教师和学生都作为教学评价的内部人员,在评价中具有主体性,在其中发挥积极主动的作用,而不是被动的、供外部人员评价的对象。一言蔽之,价值多元、尊重差异、注重发展就成为新教学评价的基本价值取向。具体而言,表现在以下几个方面。

(一)教学评价的价值取向发生了转变

传统教学往往过分强调社会价值的满足,忽视了个体价值的释放。因此,它常常把关注的焦点集中在社会价值的满足上,以社会的需要为出发点和归宿,强调个体对社会的依附与遵从。新课程改革教学评价价值观则要求把二者加以有效统整,而不是对立。既要体现一定的社会价值取向,又要满足个体发展的具体要求。社会价值反映了社会对每一个个体发展最基本和基础的共同要求,属于基础层次的要求。个体价值标准反映了不同背景、兴趣个体独特的个性化发展水平,从个体长远发展角度来看,处于较高的层次。通过对二者的正确认识,从而实现二者的辩证统一。

(二)评价的内容发生了转变

传统教育过分注重知识的传授,弱化了情感、态度、人格等方面的内容,而在知识传授中又强调了对个体掌握知识程度的评价,而不重视对智力和能力的评价。新课程评价观则认为,知识传授无疑是教学的重要任务,但并不是唯一任务。一定程度上,情感、态度、价值观等方面的发展比知识更为重要,它们是学生终身可持续发展的基础。因此,新课程主张学生认知、情感、态度、人格等全面的发展。

(三)评价的功能发生了转变

传统教学评价认为,在固定群体中,学生学习的结果呈非正态的分布。学习优秀的学生只占少数,大部分学生都属一般。教学的意义在于为社会选拔统一规整又能适应不同行业部门的应用型人才。为此,教师的作用就是通过评价将那两部分少数的学生鉴定、甄别出来,使评价的过程其实变成了鉴定甄别的过程,在这种评价中,教师在评价中发挥支配、控制的作用。新课程评价价值观则相反。它认为,在固定人群中,学生学习的结果呈正态分布,由于学生学习本应花的时间与所给时间的差异导致了学生学习的非正态分布,如果给予每个学生以他们学习所需的不同时间,学生都可以顺利完成学习任务。因此,评价的功能更加重视学生学习过程中的差异性、生成性、主动性,教师在评价中不再拥有特权,不采取任何控制学生的态度和措施,而是以一个中介者、一个条件提供者、创造者的身份出现在教学中,并帮助、指导、激励学生主动参与学习,发挥其主体功能。为此,教师在评价中不仅要重视学生个体的差异,而且要为保证每个学生获得最大发展提供个性化的评价帮助,以使学生获得最大程度的发展。这种个性化评价包含着几方面的内容。

1.评价要培养学生质疑的态度、创造性的思维和协作精神。评价的结果不是让学生通过冥思苦想得出标准答案,掌握一些对他们将来未必有用的知识和技能,而是让学生通过发挥特长,自己动手动脑和彼此合作,了解和发挥自己的优势和特长,在错误尝试中学会善于质疑和想象的个性品质,并培养他们学会与他人合作、善于合作的团队精神。

2.评价不是终结性的评判,而是阶段性的自我反思。每个学生都有自己的长处与不足。在学习过程中,学生会不断暴露出自己的不足和优势所在,教师要善于借助外在评价的影响,促进学生自我评价意识和能力的提高,以通过学生的自我认识、自我控制、自我反思和自我调整,学会分析他们产生错误的原因以避免错误的重新出现,并善于发现自己独特的才能,促进自己的发展。

3.评价主体的多元化、合作化和评价方式的多样化。在传统教育中,教师是评价学生的唯一主体,评价的方式比较单一,过于量化,测验、考试往往被用来作为评价学生的主要方法。新评价则强调评价主体的多元化,要求与教学相关的人员如管理者、行政人员、家长、学生和研究人员等都要参与到评价之中,通过多层次、多角度、客观、动态的对学生提供有关学习发展的信息。由于评价主体的多元化,也就必然导致多元主义的教学评价价值观,它就要求教师与其他参与评价的主体就评价的目的、内容、过程、结果等方面进行协商,追寻一种共性价值,并寻求其他评价主体的支持和帮助。在评价方式上,新评价主张将量化评价和质性评价统一起来,更加凸现质性评价方法的价值。它要求教师在自然的教学环境下,通过观察、谈话、问卷、调查、实践活动等多种评价方式的综合运用,对学生做出评价。

第二节　农村中小学教育教学评价现状调查及分析

教育教学评价是教育检查的主要手段与方式。评价什么,如何评价,直接影响到农村基础教育改革的进行,影响到农村中小学教育教学质量的提高。能否建立一整套的教育质量评价体系已成为制约农村基础教育发展的瓶颈。为全面系统地了解山西省农村中小学教育教学评价现状,制定科学合理的农村基础教育评价体系,特作此调查。

一、调查对象

在大同、忻州、吕梁、运城四个地区,采取分层随机抽样法,共抽取教师334名、学生482名。其中,中小学教师119名,初中教师87名,高中教师138名。小学生176名,初中生175名,高中生131名。师生所属学校既有公办,也有民办和民办公助;既有农村的,也有县城的。所选对象有很好的典型性与代表性。需要说明的是在下面的统计分析中,每个问题的不规范问卷单独做了处理。因此会出现每个题的总人数有所不同的现象。每个问题单独处理,不影响对其他问题的统计处理,这也符合统计学要求。教师与学生抽样的具体情况见第一章的表1与表2。

二、调查方法

(一)测量工具

问卷分为教师卷和学生卷。问卷是课题组成员自行编制的《山西省农村基础教育课程改革发展现状调查问卷》,采用无记名方式进行调查。

(二)调查内容

"农村中小学教育评价现状调查"分教师卷和学生卷。教师卷问题16个,二级维度有四个:对教学内容的评价(4个)、教学目标的评价(3个)、教师教学质量评价(3个)、学生学习质量评价(6

个)。学生卷问题有4个,包括学生评价教师的标准、教师评价学生的依据、学生评价的主体性以及教师对学生能力的评价。整个调查以教师调查为主,学生调查起辅助、支撑作用。

三、农村中小学教育教学评价现状调查及分析

(一)教师问卷的调查分析

1. 对教师的评价标准

通过对教师的调查发现,对教师的评价几乎所有教师认为首先要看教学方法的运用与创新,其次是对教材的加工与处理,这可以分层次、分地区来说明。具体情况见表1与表2。

表1 农村不同地区中小学评价教师标准的统计表

选项(多选)	大同地区		吕梁地区		忻州地区		运城地区	
	频数	百分比	频数	百分比	频数	百分比	频数	百分比
对教材的加工和处理	73	49.3	48	58.5	30	50.9	36	65.4
方法的运用与创新	129	87.1	72	87.8	53	89.9	45	81.7
学生的考试与竞赛成绩	72	48.7	43	52.5	31	52.6	35	63.5
发表论文的多少,科研活动	25	17.0	14	17.0	12	20.4	5	9.0

表2 农村中小学评价教师标准的统计表

选项	小学		初中		高中	
	频数	百分比	频数	百分比	频数	百分比
对教材的加工与处理	63	52.9	45	57.7	79	57.3
方法的运用与创新	105	88.2	75	96.2	115	83.3
学生的考试与竞赛成绩	59	49.6	44	56.4	78	56.5
发表论文的多少,科研活动等	15	12.6	9	11.5	32	23.2

从表1中可以看出,各地区的教师在对教师的评价方面没有

差异,都认为第一位的是方法的运用与创新,第二位的是对教材的加工和处理,第三位是学生的考试与竞赛成绩,第四位是发表论文多少和科研活动。这说明农村中小学教师仍然比较看重教学方法和对教材的把握能力。

表2的数据显示,无论是哪个层次的教师都认为好教师的主要标志首要的是对教学方法的运用与创新,其次是对教材的把握能力,再次是学生考试竞赛成绩和论文科研活动。

2.农村中小学评价教师的主体

新课改强调建立多元化的评价体系,积极地把教师、学生、同行、家长以及管理者与专家都吸收进教师评价的主体内。事实怎么样？调查结果如下表3与表4。

表3 农村不同地区中小学评价教师主体的统计表

选项	大同地区		吕梁地区		忻州地区		运城地区	
	频数	百分比	频数	百分比	频数	百分比	频数	百分比
学生	96	64.9	66	80.4	36	61.1	49	89.0
学校领导	124	84.0	62	75.5	48	81.5	47	85.3
同行	62	42.1	36	43.9	23	39.1	32	58.1
家长	90	61.1	44	53.6	34	57.7	35	63.6
专家	9	6.2	12	14.5	5	8.5	6	10.9

从调查结果发现,大同、忻州地区教师评价主体排第一位的是学校领导,其次是学生;吕梁和运城地区教师评价主体排第一、第二位的是学生和学校领导。出现这种差异的原因可能是吕梁和运城地区更侧重于在教学改革中倾听学生的意见,把学生主体放在更突出的地位。

从不同层次学校的比较来看,三个学段几乎没有太大差异,对教师的评价主体主要是学校领导和学生,其次是同行、家长、专家,

表4 农村中小学评价教师主体的统计表

选项	小学		初中		高中	
	频数	百分比	频数	百分比	频数	百分比
学生	81	68.1	69	88.46	99	71.7
学校领导	99	83.2	61	78.20	111	82.2
同行	52	43.7	42	53.84	52	37.7
家长	74	62.2	51	65.38	78	56.5
专家	11	9.2	1	1.3	15	10.9

请专家来评的不多。

3.教师评价学生的方式

教师评价学生的方式是多种的,标准是多元的。但农村中小学教师评价学生的方式到底怎样?调查结果见表5与表6。

表5 农村不同地区中小学教师评价学生方式的调查统计表

选项	大同地区		吕梁地区		忻州地区		运城地区	
	频数	百分比	频数	百分比	频数	百分比	频数	百分比
档案袋评价法	47	31.7	29	35.5	21	35.6	36	65.5
电话通知或发短信	56	37.8	34	41.5	16	27.1	14	25.5
表现性评价	100	67.5	55	67.0	37	62.7	38	69.1
没有采用其他方式	23	15.5	12	14.5	7	11.9	5	9.1

表6 农村中小学评价学生方式的调查表

选项	小学		初中		高中	
	频数	百分比	频数	百分比	频数	百分比
档案袋评价法	47	24.9	24	19.4	60	28.2
电话通知或发短信	47	24.9	33	26.6	40	18.8
表现性评价	83	43.9	58	46.8	89	41.8
没有采用其他方式	12	6.3	9	7.2	24	11.3
总和	189	100.0	124	100.0	213	100.0

从表 5 与表 6 中可以看出,各地区、各层次的教师在对学生的评价方法上没有差异,都认为第一位的是表现性评价,第二位、第三位的是档案袋评价或电话通知或发短信,这说明教师们仍然比较看重表现性评价的方式。在评价的时候,大多采用多种方式对学生进行综合评价,这是值得肯定的。但没采用说明方法,仍根据学生学习成绩定好坏来评价的 47 人,占 8.9%,约十分之一。这部分教师的新的评价理念还需要继续培养。

4.教师判断学生的标准

在农村学校教师的眼中,什么样的学生是好学生?什么样的学生是我们教育中认为的德智体美全面发展的合格人才?教师对学生主观判断,直接影响到教师的后继行为。调查结果如表 7

表 7 农村中小学判断学生好坏的调查统计表

问题	选项	小学		初中		高中	
		频数	百分比	频数	百分比	频数	百分比
判断学生学习的好坏,主要看他的考试成绩	完全符合	13	11.1	4	4.71	12	8.8
	较多符合	41	35.1	31	36.47	47	34.6
	基本符合	33	28.2	31	36.47	54	39.7
	不符合	30	25.6	19	22.35	23	16.7
	总和	117	100.0	85	100.0	136	100.0
学生不但要学习好,还要身体健康,性格开朗,积极向上	完全符合	60	51.3	38	44.7	56	41.2
	较多符合	39	32.8	30	35.3	54	39.7
	基本符合	17	14.3	16	18.8	26	19.1
	不符合	1	0.8	1	1.2	0.0	0.0
	总和	117	100.0	85	100.0	136	100.0
好学生在课堂上的特征:注意听讲,积极思考,踊跃发言	完全符合	41	35.0	25	29.4	33	24.3
	较多符合	52	44.5	38	44.7	77	56.6
	基本符合	24	20.5	19	22.4	24	17.6
	不符合	0.0	0.0	3	3.5	2	1.5
	总和	117	100.0	81	100.0	136	100.0

从表7可知,教师判断学生学习的好坏,认为主要看学习成绩的小学、初中、高中教师比例分别为74.4%、77.6%、83.3%,这与我国的人才培养规格差距很大,这么大的比例有悖于人才的全面发展,应引起重视。有部分教师认为,判断学生好坏不但要看成绩,看课堂上的表现,而且还要求身体健康,性格开朗,积极向上。持这种观点的教师比例在96%以上。这说明广大农村教师具有正确的人才观念,但实然的教育目的令人担忧。

5.对选用教材的调查

教材是课程内容的主要体现。国家在统一的课程计划的指导下,编写了多套教材,供各地选择使用。山西省广大农村教师对选用的教材持什么态度呢？是否有能力驾驭教材？调查结果如表8。

表8 农村中小学教师教材使用情况的调查表

问题	选项	小学		初中		高中	
		频数	百分比	频数	百分比	频数	百分比
你认为目前选用的教材是否符合学科特点和学生实际？	完全符合	20	17.4	4	4.7	10	7.4
	较多符合	52	45.2	44	51.2	78	57.4
	基本符合	43	37.4	30	34.9	46	33.8
	不符合	0.0	0.0	8	9.2	2	1.4
	总和	115	100.0	86	100.0	136	100.0
你认为选用的教材整体质量如何？	质量很高	21	19.1	7	8.2	18	7.4
	质量较高	58	52.7	40	47.1	78	57.4
	质量一般	31	28.2	36	42.4	46	33.7
	质量较差	0.0	0.0	2	2.40	2	1.5
	总和	110	100.0	85	100.0	136	100.0
农村的任课教师能否熟练驾驭教材？	完全可以	33	30.0	17	21.2	23	18.1
	基本可以	73	66.4	54	67.5	92	72.4
	比较差	4	3.6	8	10.0	10	7.9
	不能	0.0	0.0	1	1.3	2	1.6
	总和	110	100.0	80	100.0	127	100.0

续表

问题	选项	小学		初中		高中	
		频数	百分比	频数	百分比	频数	百分比
教材以单元为结构的体系,你认为合适吗?	完全合适	65	57.0	43	54.4	58	43.9
	比较合适	43	37.7	25	31.6	65	49.3
	基本合适	5	4.4	10	12.7	4	3.0
	不合适	1	0.9	1	1.3	5	3.8
	总和	114	100.0	79	100.0	132	100.0

从表8可知,在教材的适用性调查方面,仅有10个教师认为教材不合学科特点和学生实际,占总数的2.97%,并且集中在中学。认为教材质量高的小学、初中、高中教师分别占71.8%、55.3%、64.8%;认为质量一般的在三分之一以上,其中初中达42.4%;中学有4位教师认为教材质量很差,但教材总体上的质量得到广大教师的认可。在教材的结构上,97.7%的教师认为教材以单元为结构的体系比较合适,便于学生集中掌握和理解知识要点;仅有7位教师认为不合适,并且5位集中在高中。为什么教师认为教材组织合理、体系合适呢?是因为有92.1%的教师觉得自己能很好地驾驭教材,对教材能熟练掌握。

6.教学目标的实现

中小学强调实现课程的三维目标,认为教师的根本任务就是教书育人。但农村教学的实际达成度如何?具体结果见表9。

表9 农村中小学教学目标达成度调查表

问题	选项	小学		初中		高中	
		频数	百分比	频数	百分比	频数	百分比
你认为教师能做到教书育人吗?	完全可以	32	27.8	22	25.6	26	19.1
	基本可以	79	68.7	54	62.8	99	72.8

续表

问题	选项	小学		初中		高中	
		频数	百分比	频数	百分比	频数	百分比
你认为教师能做到教书育人吗？	很少实现	4	3.5	7	8.1	10	7.4
	不可以	0.0	0.0	3	3.5	1	0.7
	总和	115	100.0	86	100.0	136	100.0
教师可以实现教学的三维目标	效果很好	17	14.8	4	4.7	15	11.0
	效果较好	48	41.7	34	39.5	51	37.5
	效果一般	49	42.6	40	46.5	62	45.6
	效果较差	1	0.9	6	7.0	8	5.9
	没效果	0.0	0.0	2	2.3	0.0	0.0
	总和	115	100.0	86	100.0	136	100.0
教师不但让学生学会知识，更重视对学生实践能力和创造精神的培养	完全符合	49	42.2	24	28.9	65	47.8
	比较符合	47	40.5	37	44.6	45	33.1
	基本符合	19	16.4	19	22.9	25	18.4
	不符合	1	0.9	3	3.6	1	0.7
	总和	116	100.0	83	100.0	136	100.0

通过以上三个问题的调查，可以清楚地看到：农村小学、初中、高中分别有96.5%、88.4%、91.9%的教师认为他们能实现教书育人的目标，有3.5%、11.6%、8.1%的教师认为实现有困难，且中学人数达到21人。在教学三维目标的达成度方面，认为目标达成度高的小学、初中、高中分别占56.5%、44.2%、48.5%；认为效果一般的分别占到42.6%、46.5%、45.6%，效果好与效果一般的比例几乎持平。农村学校的老师们非常关注对学生能力的培养，比例高达98.5%，这是非常可喜的倾向。如何全面提高课堂教学的效果，应成为以后亟待解决的问题。

(二)学生问卷的调查分析

1.农村中小学教师评价学生的标准

从表10可以看出，年级越低，教师越能采用多标准来评价学

表10　农村中小学教师评价学生的标准的统计表

选项	小学		初中		高中	
	频数	百分比	频数	百分比	频数	百分比
期中、期末考试成绩	24	13.6	52	30.6	38	29.2
平时成绩	39	22.0	44	25.4	61	46.9
成长记录袋	57	32.2	20	11.6	10	7.7
参加课外活动，关心同学、集体	57	32.2	56	32.4	21	16.2
总和	177	100.0	173	100.0	130	100.0

生;年级越高,越以学生的学习成绩为标准来评价学生。如在初中与高中,分别有56%、76.1%的学生认为,教师主要是根据学习成绩来评价他们。这可能与中学有升学压力有关,也说明考试指挥棒的思想根深蒂固,应试教育持续泛滥。

2.学生评价的主体性与评价教师好坏的标准

新的评价观一直强调评价主体的多元性,即把包括学生在内的多方面的主体都吸收到评价教师或教育质量的队伍中。但事实怎么样?学生又是怎么评判一个教师是好还是坏呢?通过对抽取的农村学生的调查,统计结果如下表:

表11　学生评价主体及评价教师的标准调查统计表

问题及选项		小学		初中		高中	
		频数	百分比	频数	百分比	频数	百分比
你评价教师教学好坏的标准是	对教材的加工处理	26	14.7	6	3.4	17	14.8
	教学新方法的创造性运用	128	72.3	155	88.6	75	65.2
	学生的考试成绩	13	7.3	13	7.4	22	19.1
	发表论文多少、科研活动等	10	5.6	1	0.6	1	0.9
	总和	177	100	175	100	115	100

续表

问题及选项		小学		初中		高中	
		频数	百分比	频数	百分比	频数	百分比
你评价过其他学生吗？	经常评价	69	39.4	50	28.7	27	20.6
	很少评价	92	52.6	107	61.5	90	68.7
	没评价过	14	8.0	17	9.8	14	10.7
	总和	175	100	174	100	131	100

从表11可以看到，学生评价老师，判断一个教师好坏，76.7%的学生以教学方法的创新为标准来判断；有10.5%的学生是以对教材的加工合理为标准，看重教师的设计能力；值得欣慰的是大部分学生不以考试成绩来衡量教师。但10.3%的学生以成绩来评价教师，不重视教育科研，意识不到科研对教学的促进作用。从学生担任评价主体的角度进行分析，主流是好的，认为经常充当评价主体，能评价其他同学的占到三分之一，评价过其他同学的占60.2%，从来没有评价过同学的占9.4%。进行纵向比较，发现学生的评价主体性具有年纪年级差异。在经常性评价的选择上，年级越高，评价越少；在没有评价或很少评价的选项上，年级越高，选择的学生越多。这说明学生的评价主体性随着年级的升高而降低，反映了教师或学校管理部门对学生主体性的忽视。

3.对学生能力的评价

调查显示，小学、初中、高中学生认为"学校重视学生能力评价"的比例分别是65.9%、72.8%、35.9%，平均比例是60.3%。这说明农村基础教育重视对学生能力的评价，映射出平时对学生能力培养的重视。但认为"方案正在制定，还没出台"的分别是18.5%、11.0%、12.5%，平均比例是14.1%；认为思想退缩，不想尝试，只抓传统的教与学以及学习成绩的占总人数的25.5%，后两项的和非常惊人！有近40%的学生认为农村学校不重视能力的培养与评价，没能完成教学的基本任务,这应引起有关部门的重视。

4.作业量与学生负担

学生感知到的作业量多少或负担大小,也是评价教育质量的一个指标。为了解农村学生在新课程实施之后的负担,特设计与此相关的四个问题进行调查,统计如下表:

表12 农村中小学生课业负担调查表

问题及选项		小学		初中		高中	
		频数	百分比	频数	百分比	频数	百分比
你每天的做作业的时间是几小时?	0~1小时	77	44.0	32	18.39	22	17.1
	1~2小时	74	42.2	76	43.68	36	27.9
	2~3小时	19	10.9	41	23.56	35	27.1
	3小时以上	5	2.9	25	14.37	36	27.9
	总和	175	100.0	174	100.0	129	100.0
放学后,除完成所有学业任务后有多少时间属于自己?	几乎没有	18	10.2	44	25.1	44	33.5
	1小时	42	23.7	68	38.9	33	25.2
	2小时	32	18.1	34	19.4	22	16.8
	3小时	29	16.4	10	5.7	12	9.2
	3小时以上	56	31.6	19	10.9	20	15.3
	总和	177	100.0	175	100.0	131	100.0
你每天都能完成老师布置的作业	完全不符	126	71.2	115	65.7	17	13.0
	较少符合	43	24.3	54	30.9	83	63.4
	基本符合	7	4.0	6	3.4	20	15.3
	完全符合	1	0.6	0	0.0	11	8.4
	总和	177	100.0	175	100.0	131	100.0
考试次数太多,让人觉得压力很大	完全不符	34	19.2	48	27.4	35	26.7
	较少符合	73	41.2	63	36.0	54	41.2
	基本符合	41	23.2	36	20.6	24	18.3
	完全符合	29	16.4	28	16.0	18	13.7
	总和	177	100.0	175	100.0	131	100.0

表 12 的调查显示,学生每天完成家庭作业在一个小时以上的占 3/4,一个小时以内完成的学生仅仅占 25.4%,并且年级越高,所用的时间越长。从自由支配的时间来分析,几乎没有自由支配时间的比例小学、初中、高中分别是 10.2%、25.1%、33.5%,这直接与学习负担、升学任务有直接的关系。有趣的是初中生有 1—2 小时以上空闲时间的比例段上,均高于小学和高中;在 3 小时及以上段,初中生低于小学生和高中生,小学生居最高。认为自己能完成作业的小学生、初中生、高中生分别是 4.5%、3.4%、23.7%,占到总调查人数的 9.3%;但认为每天不能完成作业的高达百分之九十以上,可见学生负担偏重。这一切肯定会造成对学生身体的伤害,如认为压力大的学生占 36.4%,约 1/3,这是以后还应持续关注的问题。

四、农村中小学教育教学评价存在的问题

(一)对改革认识不足,缺乏实施新课程科学评价的信心

由于近年来教育改革频繁不断,一些学校管理者已经产生了倦怠心理,进而演变为对改革的满不在乎,既缺乏对课程改革的认识,也缺乏改革所必需的信心。个别教师认为,"课程改革无非是换换教材、摆摆花架子,只是一阵教育形势,只要过去了,评价学校的好坏和教师水平的高低还是要看分数,看学习成绩,看升学率",或者"以办学条件不足、设施落后、师资缺乏、暂时无法实施新课程为借口,墨守成规"。一些管理者则认为,教学评价的改革势必造成对整个学校的重建,这种重建是极其复杂、困难的,也是与现实相脱离的。在新课程改革的巨大影响下,一些学校管理者尽管也认识到新课程评价改革对于推进新课程改革、促进学生全面发展的重要意义,但由于缺乏政策和制度的支持、家长的理解以及自身急功近利心性心态的影响,评价仍然摆脱不了成绩、升学的纠缠。甚至一

些管理者也迫于形势的压力把自己打扮为改革的拥护者,但他们对评价的认识不仅片面,甚至错误。他们的评价不是为教学提供反馈意见,促进"教"与"学"的协同发展,而是作为应付上级教育部门检查和评估的一个手段。

(二)评价信息的信效度不高

首先,单就收集的监测数据而言,监测试题难度的把握和梯度设置能否真实反映学生的学习水平和状况就存在信度问题。其次,信息的效度也存在问题,一方面,信息的数量欠缺,信息不充足,单就监测信息而言,每年也只收集了两次,信息不足就难以达到预期效果;另一方面,信息的类别欠缺是更严重的问题,只有终结性评价信息,缺乏过程性评价信息;只有定量类信息,缺乏定性类信息(收集的自然信息难以归入此类)。这样一来,信息处理(价值判断)就自然演变为简单的数据统计和分析,实质上难以做出科学的评价结论。譬如,某学校每一项指标的监测数据都为全市第一,但我们却难以据此判断该学校整体教学工作和质量为全市第一,因为不清楚生源状况以及教师工作状况等。所以问题的关键在于信息收集环节,只有收集到了充分而有效的信息,价值判断的科学性和客观性才能得到较好的保证。

(三)评价方式单一

据调查,现行评价总体来看是单一性评价,欠缺科学性。

一方面,评价方式单一,终结性评价是其最主要方式,且具有两个弱点。一是每学期进行一次终结性评价,得到的评价信息显得十分单薄;二是定量数据在终结性评价中占统治地位,定性信息局限于对于价值判断来说价值不大的任课教师的自然信息。现行评价中几乎没有过程性评价,甚至没有就县(区)及其所辖学校、教师的工作动态等收集相关评价信息。究其原因,与评价组织实施者对于评价的认识局限于终结性评价有关，与过程性评价的组织实施难度高有关，也与当前所使用的评价技术和手段不够先进有关。

另一方面，评价主体单一，评价方向单一。在以终结性评价为特征的现行评价中，其评价主体实质上只有一个——教育局或教科所，这就决定了评价实施方向的单一性。这种单一方向的评价，往往使评价主体的地位被人为拔高，而缺乏评价客体的自评和评价客体之间的互评，使得实现评价的改进性功能变得更加困难。

(四)评价认识模糊，能力缺乏，对教师的评价流于形式化

学校管理者对学生的影响常常是通过对教师的评价展开的。尽管新课程改革评价倡导学校管理者也参与评价之中，并在参与中通过培训和学习切实提高自身评价意识和管理评价的能力，但一些管理者仍然习惯于过去相对简易和方便的对教师"品头论足"的评价模式，难以适应新课程评价所提出的种种评价要求，加之自身又疏于培训和学习，从而不可避免地导致了学校管理者自身评价意识模糊和能力的缺失。

(五)评价目的错误

一些管理者认识不到学校评价的目的不是为了证明，而是为了改进，促进教师专业的发展，以教师专业的发展来促进教师专业评价发展。"他们对于教师的评价仍然仅仅满足于教师在做什么，做得好不好，对教师评价过于看重'控制'，把教师作为一个被管理者进行居高临下的评价，对教师缺乏信任和尊重"。

(六)评价内容缺乏发展性和差异性

由于学校管理者自身缺乏创新性，对教师评价的内容大多出自上级教育行政部门的拟订，主要集中在教学方法、教学态度、教学内容等方面。教师个体与群体之间的关系、教师个体间的关系以及师生之间的关系的问题，以及教师专业发展的未来趋势则被弱

化。对教师评价的内容也集中在短期的教学行为,忽视了教师工作系统性这一原则,使得实际评价过于片面,缺乏针对性。

(七)评价主体单一

调查显示,农村中小学对教师实施评价的主体主要集中在学校领导和学生两方面,达到调查总人数的57.6%;其次是同行、家长,占39.4%,请专家来评的仅占3.05%。这说明评价主体的多元化已经被人们所重视。但什么时候请专家、什么时候请家长,还有待于进一步的关注与实践。

(八)评价标准的单一化、雷同化、模式化、烦琐化

长期以来,受应试教育的影响,一些学校把考试成绩作为评价教师的唯一标准,将教师的教学效果简化为学生的分数和升学率,使得教师与学生的关系功利化。教师仅仅注重学生的学习成绩,而对学生的道德、人格等重视不够。学习好的学生就是好学生,能提高学生的成绩的教师就是好教师。师生关系建立在学生的成绩上,使得教师难以对学生做出全面、客观、公正的评价。一些管理者则错误地认为,所谓新课程评价就是对教师教学所涉及的目的、内容、方式、态度、行为能力等各种因素加以全面的考虑,制订相应的符合新课程标准的标准。因此,他们不是根据实际教师发展的共性和个性,与教师合作、商量,制订出教师在一定条件和范围内可以达到的标准,而是以所谓"先进""科学"的标准为参照,以标准套标准,教师的智慧也难以找到合适释放的途径。

(九)评价过程短期化、终结化,反馈缺乏透明性

在评价中只注意教师短期的教学行为,忽视了教师工作的连续性、系统性这一特征,使得评价过于片面,不能反映教师的实际情况。一些管理者甚至采取"一票否决制"对教师做出终结性评价,往往通过一次考试、一次观摩课的成败就抹杀教师的全部付出与

努力。对于评价反馈的结果,管理者不是迅速地把结果反馈于教师,帮助教师分析在哪一方面存在问题,具体如何改进,就是对教师的意见不重视、不尊重,强加于教师不愿接受的意见和看法,或者把学生反馈的信息不是以影响教师的教学积极性为由而将之束之高阁,就是作为判定教师教学能力高低并对其工作进行重新安排的依据。对于得之不易的教学信息,学校既不是为每位教师建立一个档案,反映他们专业发展的轨迹,也不是把学生反馈的信息以及教师因此做出的反馈加以记录,作为学校宝贵的教学经验,而是毫不在意,任意处置。

第三节 提高农村中小学教育教学评价质量的对策

教学工作是学校的中心工作,优质高效的教学质量是学校持续发展的根本保证,是农村教育现代化的重要标志。农村基础教育教学质量的水平将直接影响劳动者的素质和高一级学校教育、教学质量的高低。因此,教学质量的提升是基础教育的永恒主题。而科学合理的教学质量监控与评估体系是确保教学质量不断提高的重要管理环节和有效途径,是教学管理的一项基础性工作,更是促进基础教育优质均衡发展的必要手段。

根据《国家中长期教育改革和发展规划纲要(2010—2020年)》精神,结合山西省经济社会发展实际和人才发展规划要求,《山西省中长期教育规划和发展纲要(2010—2020年)》提出了包括"以育人为本、实施素质教育为主题,以教育质量为核心,以促进教育公平为重点的建设教育强省"的指导思想,提出了"强化基础教育评价监测工作。创新评价制度,完善综合素质评价体系,为提高教育质量发挥正确导向作用"的举措。

教学质量监控与评估是以教学质量为监控与评价对象,对教学过程中影响教学质量的各环节进行系统监控与评估。通过学校、教师、学生的外显行为表现及相关认识表现分析来获取对学校教学质量的整体评价,并对教学效果实行反馈控制的过程。教学质量评估是教学质量监控与评估体系的核心与关键。教学质量评价对监控教学活动有序开展,对教师教学、学生学习和学校管理具有重要的促进功能,是课程实施和教学实践与管理过程中一个重要的环节。科学、公正、合理的教学质量评价,有利于教师良好的教学态度与教学行为方式的形成与发展,激励教师更好地开展教学工作,在促进教师专业发展的同时影响学生的成长与发展,引导学校教学管理向科学健康方向发展。相反,不科学、不合理、不公正的教学质量评价会挫伤教师的积极性、上进心,最终将会导致不良教学行为的出现,抑制教师的专业发展,影响学生的健康发展,进而影响整个学校的发展。纵观以前的教学监控与评估,并结合这次的调查,发现原有的监控和评估存在下列问题:

第一,监控与评估作用发挥不充分。目前,国内外的教学质量监控与评价都非常重视监控与评价的诊断和发展功能,即对教学过程中存在的问题、教学质量的问题进行诊断,了解它的优势和不足,从而为进一步提高教学质量提供信息和建议。而目前我国现有的中小学教学质量监控评价作用发挥不充分,更多关注的是学校、班级、学生、教师之间的横向比较,对纵向发展的相关问题关注明显不足,导致教学质量监控是总结性的、甄别性的,而不是形成性的、发展性的,教学质量监控评估的改进、激励作用明显不足,没能很好地发挥标杆作用、促进作用,这必然会影响到教学质量监控评估意在更好地促进教学改革、使教学质量稳步提高的目标的实现。

第二，监控与评估范围不够全面。教学质量监控与评估目前主要以学生和教学督导员对课堂教学效果进行评价为主，以学生学业成绩为主。而教学质量监控与评估应包括所有影响教学质量的各环节，不仅是教学管理、教学过程环节，还应包括教学条件、师资队伍、管理队伍建设和教学环境优化等范围，应对影响教学质量的各环节进行系统的监督、控制与评估。在关注学生学业成绩的同时，还要关心学生的整体综合素养，关注教师的专业发展，关注学校的发展提高。

第三，监控与评估实效不够理想。目前，在教学质量监控评估上研究者都比较重视各种终端信息的采集，但对于管理和教学过程中的信息及发展性的信息关注不够，教学质量信息采集时效性较差，缺乏动态管理和调整，不利于对教学质量进行全过程管理，影响教学质量评估诊断、促进效用的及时发挥。

第四，监控与评估的主体比较单一且缺位。目前的中小学教育质量监控评估过程中存在着监控主体单一、缺位等问题，教学质量监控的主体主要由教导处承担，教师仍然处于被管理的状态，更多时候是"监控与评价"的对象，忽视了教师这一影响教学质量关键因素的积极性的监控主体地位。被监控的心理状态和心理障碍，使有的教师产生反感情绪和逆反心理，严重影响教学质量评估的激励、促进功能的发挥。

课堂教学质量评价是对教师的教学行为进行价值判断的过程，这就要求有一套既科学又切合课堂教学实际，既全面又便于操作的评价体系和评价标准。课堂教学是一项复杂的系统工程，由教师、学生共同进行，还包含教学态度、教学内容、教学目的、教学方法、教学媒体和教学环境等多维要素，所以要对课堂教学进行全面、公正的评价，需要构建一套合理有效的课堂教学质量评价体系。

一、树立发展性、以人为本的教育教学质量评价观

在教学过程中,以学生的发展为出发点,要充分尊重和发挥学生的主体地位和作用,逐步把以教为主转化为以学为主,把课堂还给学生,使教学过程变成学生带着问题,不断探索解决问题的过程,让课堂充满活力,使学生由被动接受知识转化为主动愉快地学习。教学是一种充满个性化和创造性的培养人的活动,所以教学质量评价的根本目的不在于奖惩或划分等级,而在于通过评价形成科学合理的激励机制,形成公平良性的竞争环境,以调动师生自觉自愿地致力于教学改革,提高教学质量的积极性。因此,学校教学质量评价应以发展性的评价观为指导思想,不以定性为目的,而以发展为根本目的。

从学校层面来看,在现行评价体系中"平均分""及格率"等指标的促进下,一些学校的办学理念悄然发生变化,它们对学生整体的关注程度有所提高,对教师工作绩效的考查由过去主要关注其所教学生的绝对成绩向既关注绝对成绩也关注相对成绩发生渐变。在现行评价的促进下,少数学校(特别是个别生源不好的学校)在校长带领下积极开展课堂教学模式变革,谋求教学质量的整体提高,这些积极变革的行为在客观上有力地推动了农村基础教育的改革与发展。

从教师层面来看,尽管一些教师在教学实践活动中还是不可避免地存在违背教育教学规律的情况,但教师的人才观、质量观等确实发生了一些明显变化。譬如,现在义务教育阶段的教学,"满堂灌""题海战术"至少在观念层面被广泛否定;特别是对学生的态度,由过去的只关注班上能升上重点学校的学生即优生转变为关注班级大多数学生,学习困难生不再被遗忘在阴冷的角落。发生这

一可喜变化,是因为现行评价中的平均分、及格率等指标所占权重非常大,如果仅仅是优秀率上去了,其他指标不高,综合评价值就会受到很大影响。在调查中,我们发现不少学校和教师建立了学习困难生档案,一些学校专门要求班级将学习困难生包干到任课教师负责。这些举动显示出了评价所带来的某些积极效应。

二、建立全员参与、全程管理、全面介入的立体化教学质量评价系统

教育教学质量是一个与学校人才培养全过程有关的概念,学校的教育教学质量活动是一个与学校所有成员有关的活动,所以一个良好的教育教学质量评价体系应建立在广泛的支持和参与之上,利用多元化的评价主体对教学进行全方位、多角度的考察和评估,重视学生的主体地位。教育教学质量评价应将师生自评、教师互评、学生评价、领导评价、家长评价结合起来,校内评价与校外评价结合起来,教师个体教育教学质量评价与学校集体教育教学质量评价结合起来,使教育教学质量评价体系成为全员参与、良性互动的交互式的立体模式。

三、建立层级结合、上下贯通的教育教学质量评价运行机制

由于教育教学质量评价涉及的因素较多,体系庞大,内容繁杂,还要受到学校各部门各项工作质量和水平的制约,所以操作起来非常复杂,必须建立一个层级结合、上下贯通、行之有效的质量评价运行机制来保证它的实现。第一,纵向的运行。层次合理、职责明确、权限分明的教育教学质量评价组织是教学评价体系得以运行的基本保证,它一般由班级、年级、教务处、学校四级评价主体组

成,以班级评价为主,逐级负责,分工协作。第二,横向的运行。即在教学过程的不同阶段施以不同层面、不同性质的评价。在教学过程的初始阶段,要针对教学资源、教学环境、生源质量、师资水平、课程等进行诊断性的评价,以便了解情况,协调配合,因材施教。在教学过程中,要对教师的课堂授课质量、学生学习质量、教师教学研究能力、教师育人能力、师生关系、教风学风等进行定期或不定期的形成性评价,以便及时发现问题,改进教育教学质量;在教学过程结束阶段,要对学校教育教学质量、教学管理水平等进行系统的终结性评价,并将评价结果与专业技术职务晋升、优秀教师评选等各项工作密切联系起来。

四、转变单一评价对象,加大教学过程创新精神培育的评价权重

人才培养质量评价体系不应该评价学生是否是创新人才,不应该只评价学生的学业成绩等教学结果,而应以教学过程是否符合创新人才成长的条件作为评价的重点对象。评价教师在教学活动中的创新精神体现。例如,评价教学内容的超前性和新颖性,着眼于本学科、本行业最新的科学研究成果是否及时地进入教师的视野,是否包含关于创新能力培养的内容;评价教学方法,着眼于教师是否有创新的教育理念,是否善于启发、引导学生的求异思维和求知欲望等。评价学生在教学活动中的创新精神和创新能力的养成,例如,钻研精神、质疑精神、建构能力等。

五、改革传统考试模式,建立多元化、全程化考试模式

教学是一个动态的持续过程,考试作为教学质量的评价手段,尽管不再是唯一手段,不再是重点手段,但考试方法是否科学,在

一定程度上反映了学校和教师的教育理念是否创新,也影响着人才的质量和水平。要达到客观评价的目的,其评价活动应贯穿整个教学过程,对学生学习的全过程进行质量控制。要彻底改变以死记硬背为基础的考试,实行方法多样化、评价标准多元化的考核方式。

六、建立多元评价体系

在以考试为人才质量评价的单一方式的教育制度中,评价主体是教师。在新教育观下,评价对象以教学过程为重心,评价贯穿整个教学过程,因此,评价主体除教师以外,还应包括学生、家长和社会。例如,对于学生在教学活动中的表现,评价主体应该是教师;对于教师在教学活动中的创新精神体现,评价主体应该是学生;对于学生学成离校后的表现,应该由家长进行评价。

参考文献:

[1]李建平:《聚焦新课程》,首都师范大学出版社2002年版。

[2]钟作慈:《略论新课程中的教学评价改革》,《地理教育》,2005,(03)。

[3]冷余生:《从质量争议看高等教育质量评价的现状和任务》,《高等教育研究》,2007,(03)。

[4]冯骉:《启示与借鉴:美国高等教育质量评价体系及其实践》,《无锡教育学院学报》,2005,(01)。

[5]彭智勇:《基础教育评价广延系统与督导式评价组织的构建——督导视野下的广延教育评价》,西南师范大学,2002年。

[6]何侃、陈金芳:《基础教育评价的问题分析与对策》,《无锡教育学院学报》,2007,(05)。

结　语

通过对山西省农村中小学课程改革的研究,我们收获颇多,感受很深。从问卷的制定到调查的进行,从数据统计到数据分析,从问题的发现到对策的提出,从基础教育到师范教育的改革,每一环节都有新发现、新收获。

一、研究过程

(一)问卷的制定

本研究采用的问卷分为教师调查问卷和学生调查问卷两部分。教师问卷包括五个维度,即课程理念、课程建构、课程实施、教师素质与师生关系、课程评价。其中每个维度又下分不同的二级维度。学生问卷包括师生关系、教学评价、学习方式、教学态度、教学方式与方法、校本课程的开发与使用、教学资源与设施、教材的使用与态度、作业量及课业负担、教师素质及评价、课外与校外活动(实践活动)。教师调查问卷的维度如下表所示:

教师调查问卷维度	
一级维度	二级维度
课程理念	课程观
	教材观

教师调查问卷维度		
课程理念	学生观	
	教学观	
课程建构	教材的结构与选用	
	校本课程	意义的认识
		特色
		开发与实践
	课程资源的开发与利用	
课程实施	教学的预设与生成	
	教学方法实施与改革现状	
	学生学习方式现状及自主、合作、探究实施情况	
	农村学校综合实践活动的开展	
教师素质与师生关系	教师素质	
	师生关系	
课程评价	课程评价	
	教师教学质量的评价	
	学生学习质量的评价	

(二)研究目的

本调查的目的在于对山西省农村中小学教师和学生进行问卷调查,在对调查结果分析整理的基础上,一方面充分了解山西省农村基础教育课程改革的实施状况,发现农村中小学课程改革取得的成绩和存在的具体问题,继而提出一些针对性的解决对策和改进建议。另一方面,结合农村中小学基础教育课程改革的实际情况,以期对师范教育教学改革的内容、课程体系、教学方法、教师技能培养等方面有所启示,促进我院师范教育改革,提高师范教育教学质量。具体包括以下几个方面。

1.通过对教师和学生两方面的实证调查,以期了解农村课程改革中存在的问题并提出相应的对策,为师范教育改革提供有力的数据依据和理论指导。

2.利用统计学的知识,进行统计学变量的分析。根据问卷维度,从教师角度对师范教育的课程理念、课程建构、课程实施、教师素质与师生关系、课程评价,从学生角度与教师的关系、教学评价、学习方式、教学态度、教学方式与方法、校本课程的开发与使用、教学资源与设施、教材的使用与态度、作业量及课业负担、师范素质及评价、课外与校外活动(实践活动)的调查数据,逐一进行统计分析与整理。

3.结合分析,发现农村教育在各维度上存在的问题,也可进行原因分析。

4.以统计结果的分析为基础,提出具有可操作性的建议,促进农村基础教育课程改革的顺利进行。

5.基础教育既是师范教育服务的目标,又是师范教育教学改革的基础。师范教育教学改革要以此为依据,从内容到方法进行调整,增强教育改革的针对性、指导性与科学性,提高师范教育的教学质量,从而使两者相互推进,共同提高。

(三)研究方法

本次调查采用实证调查分析为主导,理论与实践相结合,定性与定量相结合的方法。在理论研究的基础上,对教师和学生两方面进行问卷调查,了解山西省农村基础教育改革的现状,收集相关数据,并采用科学的统计方法进行分析整理,在拥有科学数据的基础上再次结合理论探讨给出可行的建议,其方法具有一定的应用价值。

二、从农村基础教育课程改革出发,加强高师教育教学改革发展

根据调查数据分析,发现农村中小学不仅存在着教师素质不

高、能力不强、参与性不高、对基础教育课程改革了解不够等问题，而且给农村中小学的课程改革、新课程的实施带来了诸多的问题。教师是否支持课程改革，认同新课程并调整自己的行为、改变自己的观念，除了课程改革和课程设计本身的科学性、合理性以外，在很大程度上取决于教师的基本素质和学校的教师文化。

基础教育课程改革对教师提出了新要求。教师位于实施教育教学改革的第一线，他们能否将基础教育课程改革的理念付诸实践，以实际行动使自己的教育对象在潜移默化中接受并确立基础教育改革的观念，是课程改革成败与否的一个重要因素。有学者认为，教师能否根据当前课程改革的目标在教学上做出适当的调整，决定着课程改革的成效。

（一）树立正确的教育理念

农村教师由于信息渠道的不畅通和接受新知识、新观点惰性抵触，对新课程改革的理念掌握和理解还是不准确、不到位。高师教育应积极与地方教育局合作，建立教师培养协同中心，承担起对农村中小学教师有计划的培训任务，通过教育基本理论课程的系统学习，帮助教师正确认识教育本质、目的、内容、意义等，树立正确的课程观、学生观、人才观、教材观。坚持用正确的教育理论指导教育实践。

（二）培养高素质的教师

师范教育承担着教师的职前培训任务，培养高素质的教师队伍是发展基础教育的首要工作。教师职前培养作为培养教师的最重要阶段，其发展直接关系着未来教师的素质，直接影响着未来人才的质量。

职前培养阶段，主要由地方师范院校负责，一般从两个方面培养师范生的素养。一是对师范生进行新课程通识教育，旨在让师范生"了解"新课程理念、获得新课程知识。二是组织师范生到中小学实习,旨在让师范生"感受"新课程实践。然而,事实证明"尽管高师院校在相关课程中对学生进行了新课程的通识教育,但相当多的学生对新课程理念的理解还不够透彻,在实习、教学中,不能将先进的新课程理念转化为具体的教学行为。

针对以上问题,忻州师范学院作为地方师范院校,有其独特的优势。首先,能够为一线教师提供学习、考察以及培训、进修的机会,学院的专家可以去到农村学校开展教师培训、传递信息、观摩教学等,为农村教师专业发展提供机会。其次,可以制作一些有关课程改革的必要性、课程改革的理念、目标、内容以及怎样开展研究性学习、怎样开发课程资源、怎样开发校本课程、怎样开展以校为本的教研活动、怎样开展参与式教学等方面的电视节目,以录像带、光盘等形式,发放给农村学校教师学习。再次,可以针对在校师范生进行基础教育课程改革培训,将课程改革的基本文件、课程设置方案、各学科课程标准以及有关课程改革纲要、课程标准解读等资料组织师范生学习了解,加大宣传力度,为基础教育课程改革提供充足的后备力量。最后,组织专家或出版部门或一线教师,开发一些简明扼要、重点突出、通俗易懂的宣传海报,使得课程改革的宣传更加有效,在实践中提高自身的素质以及学生的水平,把握课程改革的精神实质,落实新课程改革的目标。

(三)完善教师的进修制度

教育质量的提升,主要系于教师能否将教学工作当作终生的事业,或者将教学工作当作一生值得奉献的专业,教师必须有自我发展意识。20世纪70年代以后,终身教育理念日益受到重视,生涯发展的研究,已不只偏重个人的职业选择方面,进而扩大到个人自我潜能的发挥。教师应充分认识到在职进修的必要性,光凭过去的知识经验很难胜任目前的教学工作,必须不断地进修,扩大知识领域,提升专业能力。研究表明,中学优秀教师的特殊能力除了语言文字能力与职前教育有关之外,其他能力更多的是通过职后教育和自我学习形成的。[①]在这样的背景下,2001年5月颁布的《国务院关于基础教育改革与发展的决定》就明确要求"完善以现有师范院校为主体、其他高等学校共同参与、培养培训相衔接的开放的师范教育体系"。因此,必须加强教师的在职进修,完善教师的在职培养工作。

在职培训阶段的途径主要有以下三个方面。一是教学反思。引导教师把自身作为研究者、反思者,通过对教育教学工作中出现的某些疑难问题进行观察、分析、反思与解决,从而提升自己的专业理论水平和专业实践能力。教学反思不仅包括对自己与学生课堂行为的反思,而且还用于反思自己的教育理念、教育行为以及教师专业性发展的过程,以此规划教师的专业发展,如撰写反思总结、记录观察日志、进行案例研究等。二是校本培训。在教育专家的指导下,对教师进行培训,以期提高教师专业素质。形式如:第一,重视培训教师的教学实践能力。教学、科研与培训是相互联系的,在培训过程中强调三者是统一的,强调教师运用教学理论解决实际问题的能力。第二,在职培训中激发教师积极主动地进行自我成长,如教研活动、听评课、教学观摩与课题研究等,以教育教学活动中的需要为研究对象,提升教师的教学实践能力。第三,校外专业支援与合作。可以把中小学教师集中到高等院校,采取"专家讲授—师范聆听"的方式,就新课程改革的基本理念进行专题讲授,

---

[①] 王邦德等:《中学优秀教师的成长与高师教改之探索》,人民教育出版社1994年版,第46页。

或者进行脱产进修和业余进修;也可以是中小学校将高等院校的一些知名专家请到学校做报告,或就某一主题举办专题讲座,引进新的教育理念、教育理论知识、专业技能和实践经验,为教师专业发展提供有力的支援,促进教师的专业成长。①

(四)调整课程结构

课程作为教学内容的系统组织,对提高人才质量起着重要作用。赫尔巴特认为,在教育过程中,要想教育事业能够得到良好的发展,出色的师资力量是最基本的保障之一。师范学校是培养未来教师的摇篮,而教师教育课程体系很大程度上决定了未来教师培养的质量以及学校培养目标的实现。

现行师范教育课程结构和内容老化,表现为课程结构滞后,不适应农村基础教育发展的时代要求。首先是理论性课程过多,实践课程不足。从课程设置来看,研究主要集中于以下三点:一是课程结构不合理,公共基础类课程和教育专业类课程所占比重较小。研究者提出应构建教师教育课程标准,尝试开设研究性学习课程、通识性跨学科课程及学科的综合性创新等。二是课程内容残缺。在我国,大部分师范院校教育专业类课程只开设教育学和心理学,缺少技能与方法层面上开设的学科教学法、教师职业训练与考核。研究者提出应整合课程内容,强化师范生专业化教师的综合素质。三是教育实践机会短缺、环节松散。受教育经费的限制,现在很多师范院校的教育实习时间尽量压缩,实习类型尽可能减少,这在一定程度上影响到学生运用知识、检验知识,形成教学技能。

因此,许多师范生未能掌握必要的教育理论,又无法形成真正

---

① 全国十二所院校主编:《教育学基础》,教育科学出版社2010年版,第129—130页。

的教学技能,难以满足农村基础教育的专业化要求。课程内容的选择不只是现成的知识体系,它可能是学科或课程中一直悬而未决的重大理论问题或全新的问题,也可能与学生当前或将来的生活相关,还可能涉及多学科的综合与交叉,在教学过程中强调教师教学的指导性,学生学习的主体性,因此课程内容的选择应满足学生多层次发展的需要。

为顺应世界教师教育课程设置的专业化趋势,面对农村基础教育改革需要,地方师范教育的课程结构主要应进行适当的调整。

1.增加教师教育课程比重,要切实增加体现教师职业技能、技巧的课程,体现教师职业的专业性,学科专业进行适当的压缩精简,依据学科的特点,遵循少而精,博而通,强化基础,反映学科前沿的原则,重构学科内容。

2.适当增加通识课程比重,构建以提升专业领域学习能力为目的,以体现教师专业知识广博为特点的通识教育课程体系。

3.提高教育实习的比例。地方高师6—8周的教育实习时间相对于发达国家是较短的,学生难以对教师的专业特性形成深入的认识。除此之外,高师院校可以以开发、创设实践课的形式,以中小学为主要基地,组织专门的工作小组对学校教育中的具体课程与教学问题开展"项目研究",进而对课程设置提出改进意见。因此,地方高师应与农村中小学校展开广泛而长久的联系,建立实习基地;延长实习时间,至少达到10—12周,赶上发达国家平均水平。此外,开展各种形式的教育见习、实习、社会实践等。

(五)建立多元化的教学评价方法与合理的评价制度

教师职业品性的经验性也决定了教师职业活动的动力主要来自外部监控。在我国,由于教师管理和评价制度的不健全,这种外部监控更是唯一化为学生的考试分数。教师的教学行为被学生的考试分数所支配,教师成为疲于应付学生各种考试的工具。要改变这种现状,就必须建立多元化的教学评价方法。

1. 教学评价主体的多元化。教学评价主体既有来自课堂内的学生,也有校内专家、同行,更有来自社会各界的人士,这便体现了我们教学的开放性和互动性,也更能合理有效地对教学进行评价。

2. 评价内容的多元化。要对课内教学和课外活动的内容进行评价,既要评价教师的教,也要评价学生的学;既要评价教师教学各环节的工作,也要评价学生的学习成绩。教育评价可以拓展到教育的方方面面。在宏观层面,涉及教育目标、教育结构和教育管理体制等。在中观层面,包括教师队伍、办学条件、学校各项工作等。在微观层面,主要关注学生的学习和发展。其中,在中小学教育活动中,学生发展评定、教师授课质量评价、课程和教材评价是最主要的评价活动。

3. 评价过程的多元化。上好一堂课需要大量的准备工作,尤其是备课,需要参阅大量的资料书籍,从中提取本堂课需要的系统知识,还要根据课程内容的重难点拓展知识面,仔细斟酌布置课后作业延伸课程内容,最后还要反应在上课这个环节之中。而上课并不是简单的讲授课程内容,它还需依据学生的课堂反应作生成性指导,所以评价要体现合理性,就需对教学的各个环节做出评价,将定量评价与定性评价结合起来。评定比量化更重要。

4. 评价方法多元化。教学评价方法要体现综合性、开放性,对教师的教学绩效和学生的学习绩效进行科学评价。就要求适当分离基础内容考核和创造性考核,积极采用论文撰写、课题研究、科技制作、社会调查等形式,扩大教学效果。实施多元化的教学评价方法,就要下功夫逐步改变"一考定全局"的终结性评价制度,提倡形成性评价与终结性评价相结合、课内教学与课外自主学习相结合的全程评价,实行开卷、半开卷、口试、答辩等考核方式。

三、农村基础教育课程改革对师范教育改革的启示

农村基础教育课程改革的顺利进行,有赖于高质量的教师队伍,师范教育承担着教师培养的重要任务。2001年颁布的《基础教育课程改革纲要(试行)》就明确要求:"师范院校和其他承担基础教育师资培养和培训任务的高等学校和培训机构应根据基础教育课程改革的目标与内容,调整培养目标、专业设置、课程结构,改革教学方法。""确保培训工作与新一轮课程改革的推进同步进行。"农村课程改革的关键是师资队伍建设,教师的质量取决于师范教育的发展。因此,农村课程改革对师范教育提出了新要求,也对师范教育改革给出了启示。根据前几章对农村基础教育课程改革各方面的调查与分析,我们既可以发现农村中小学在课程改革过程中存在的问题,也可以欣喜地享受课改的成绩与喜悦,并提出相应的解决问题的对策。下面重点论述农村课程改革对师范教育改革的启迪与启示。

(一)对师范教育课程目标的启示

忻州师范学院作为地方师范院校,有着自身的优势。理性审视现有的课程目标,从所承担的责任来看,其教师教育课程目标应着眼于培养基础教育教师,尤其是为农村基础教育服务,以提高未来教师的综合素质。如何更好地实现这个目标,这就要了解农村基础教育需求,加强与农村基础教育的联系和合作。

学院的优势便在于立足地方的社会经济发展,为地方基础教育培养合格的师范生。学院应利用自身的优势,深入农村教育,增强为农村基础服务的强烈意识,办出师范教育的特色。加强学院与基础教育的密切联系,积极开展基础教育,尤其是农村基础教育发

展与改革的研究。通过设立研究课题的形式,争取出一批标志性的成果,以此带动和引领基础教育健康发展;将师范生实习支教与农村基础教育研究结合起来,将师范生实习支教与建设社会主义新农村结合起来。通过实习支教,宣传党和政府关于新农村建设的设想和目标,结合农村实际,普及农民的科技知识。

(二)对师范教育课程设置的启示

当前社会的发展和基础教育课程改革对教师的素质提出了新的要求,要求教师要有明确的教育理念和清晰的角色意识,具备一定的课程开发能力、较强的辅导和组织能力以及专业发展能力。为了满足这些要求就必须调整课程结构,更新课程内容。课程结构的调整、课程内容的选择是以课程目标为根据的。地方师范院校的课程可分为三个板块:通识课程、学科专业课程、教师教育课程。深化教学内容和课程体系,要把课程改革的重点放在师范教育课程设置上,重点加强课程结构、内容等方面的研究,强化实践教学环节,加大对学生教育教学技能的培养力度,强化对学生的教师技能训练,形成科学合理、符合教师专业发展要求的新课程体系。如以"4+0"为主要形式的教师教育课程体系的构想是"领域+模块+科目"。学习领域是把教师知识分为学科专业知识、通识文化知识、教育理论知识、教师个人实践知识四个领域,而且这四个领域应该是共同发展的。模块是规定了学生必须的学习范围和应该具有的知识结构,要在不同领域开发出多样化、能够满足学生选择需要的课程模块。科目是在学习的数量上应该达到较大的辐射面,能够保证师范生多样化的选择需要,可以在模块的范围内进行组合,也可以按一定的规则在模块间组合,以获得所需要的学分。如下表所示:

领域	模块	科目	百分比
教育理论知识领域 40%	教育基本理论模块 20%	教育原理	4%
		教育科研方法	4%
		中国教育史	4%
		比较教育	4%
		外国教育史	4%
	教师专业发展模块 10%	教师专业发展	3%
		教师心理	2%
		教师生涯规划	3%
		终身教育理论与实践	2%
	课程理论与实践模块		5%
	学科教学模块		5%
学科专业知识领域 20%	根据学生兴趣、爱好、特长来选择专业课程		20%
通识文化知识领域 20%	根据学生兴趣、爱好、特长来选择科目		20%
教师个人实践知识领域 20%	观察学习模块等		5%
	见习模块		5%
	实习模块等		10%

(三)对师范教育教学方法改革的启示

2005年,教育部印发《关于进一步加强高等学校本科教学工作的若干意见》,明确提出高等学校要"积极推进研究性教学,提高大学生的创新能力"。同时要求"积极推进讨论式教学、案例教学等教学方法和合作式学习方式,引导大学生了解多种学术观点并开展讨论、追踪本学科领域最新进展,提高自主学习和独立研究的能力"。 2007年,教育部在全国范围内启动了"质量工程",要求各高校着力加强内涵发展,采取切实措施改革人才培养模式。2011年,教育部在继续推进"质量工程"的基础上,启动了"本科教学改革工程",强烈要求改革教学方法,提升教学质量。

这就要求师范教育应切实改变重理论轻实践、重知识传授轻能力培养的观念,改进教学方法,实现教学方法最优化。具体从以下三个方面着手:

第一,开展研究性课堂教学。在教学中应以学生为本,课堂教学应从问题情境出发,激发学生的兴趣和探究激情,通过师生互动、双向交流的形式,进行质疑批判,发表独立见解,在还原科学思维活动的基础上,培养学生的创新思维和创造能力。

第二,开展实践教学。实践教学倡导学生参与实践活动,增加综合性、设计性、研究性实验项目,以强化实践教学为重点,以创新实践育人方法途径为基础,以加强实践育人试验区建设为依托,积极调动各方面资源,进行实践教学改革。

第三,努力构建以案例教学为主的课堂教学模式。大力实施启发式、参与式、探究式、讨论式教学等教学方法,形成以学生积极自主学习、师生有效互动为主要特征的课堂教学模式,全面提高课堂教学质量。

(四)对教学反思的启示

教学反思引导教师把自身作为研究者、反思者,通过对教育教学工作中出现的某些疑难问题进行观察、分析、反思与解决,从而提升自己的专业理论水平和专业实践能力。教学反思不仅包括对自己与学生课堂行为的反思,而且还有反思自己的教育理念、教育行为以及教师专业性发展的过程,以此规划教师的专业发展,如撰写反思总结、记录观察日志、进行案例研究等,因此应加强教学反思指导。

如忻州师范学院全程实践教学体系过程中,课内教学主要体现在各学科的专业学习上。如在学前教育的专业课程设置上,采取教育教学的理论课程与实践活动课程相结合的方式,注重理论学习的同时,也强调学生的动手操作能力,如幼儿活动设计与指导、幼儿园班级管理、幼儿园美术、幼儿园游戏活动指导、幼儿园教具制作、蒙台梭利等专业课程。这些课程不仅有系统的理论学习,还有实践课时的安排,运用理论与实际相结合的方式帮助学生理解和掌握教学内容,培养学生用所学专业理论知识解决实际问题的能力,提高学生的教学反思能力,促进学生师范性的发展,为学生从事学前教育工作扎实基础。

(五)对师范教育人才培养模式的启示

基础教育正在发生革命性的变革。目前实施的新课标将知识与能力、过程与方法、情感态度与价值观作为中小学生教学目标,要求中小学生要学会学习,学会做人,学会做事,学会生活。显然,依靠传统的教学方法达成这些目标是有很大困难的,必须采用启发式、探究式、问题式、案例式等符合人性发展的方法才能实现。

学院采取了一系列教学改革措施,包括大规模开展实习支教,不断调整人才培养方案,持续提高青年教师师德师能,实施案例教学、研究性教学、全程实践教学体系,提高教学质量。各高等师范类院校要密切配合师范生实习支教工作的开展,积极创新人才培养模式改革,突出教师教育特色,确立教学—实践型教师的培养目标,建立"学科教育"加"教师教育"相结合的、科学合理的师范生人才培养模式。从我院教学实践看,经过十五年的本科办学历程,积累了不少经验,取得了可喜的成绩。全程实践体系是四年一贯式的,即从第一学期开始每学期逐次增加见习时间,直至第五学期或者第六学期进行顶岗支教实习,这种培养模式在学生学习理论知识的同时,可以更好地把学习到的间接经验转化到实践活动中,内化所学知识,进而补充拓展自身的知识体系。

(六)对教学评价方法和评价制度的启示

基础教育改革对学生提出了多方面的要求,评价方法体现综合性、开放性、复杂性、多样性等特点。因此在评价方法上有必要适当分离基础内容考核和创造性考核,积极采用论文撰写、课题研究、科技制作、社会调查等形式,以扩大教学效果。当前,评价制度的改革主要是考试制度的改革。实施研究性教学,就要下功夫逐步改变"一考定全局"的终结性评价制度,提倡形成性评价与终结性评价相结合、课内教学与课外自主学习相结合的全程评价,实行开卷、半开卷、口试、答辩等考核方式。在总结经验的基础上,制定反映研究性教学的评价指标,对教师的教学绩效和学生的学习绩效进行科学评价。

总之,农村基础教育课程改革的调研对地方师范院校教育改革的启示是多方面的,我们应该从多方面入手,根据基础教育发展的需要,调整师范教育教学体系。这样既能培养农村基础教育需要的师资,又能发挥教育理论指导基础教育的作用,减少二者的差距,协调师范教育与基础教育发展的步伐,促进地方师范教育的健康发展。

参考文献:

[1]郝文武:《促进基础教育课程改革的教师教育课程改革》,《当代教师教育》,2008,(03)。

[2]马志成:《高校教师教育如何适应基础教育课程改革》,《当代教育论坛》,2006,(12)。

[3]韩国海:《教育课程改革对教师教育的挑战与应对》,《沈阳师范大学学报》(社会科学版),2009,(04)。

[4]周小山、严先元:《基础教育课程改革教师培训的思考与探索》,《成都教育学院学报》,2002,(06)。

[5]张军、张哲:《基础教育课程改革与教师教育培养的内在人文导向》,《济南职业学院学报》,2007,(04)。

[6]周群:《基础教育课程改革与教师教育培养目标的重新定位》,《教育探索》,2002,(02)。

[7]顾松麒:《基础教育课程改革与教师教育新模式的构建》,《湖南第一师范学报》,2002,(06)。

[8]王嘉毅:《教师教育的课程设置与教学方法》,《课程·教材·教法》,2007,(01)。

[9]孙小媛、郑长龙:《教师教育课程改革与基础教育课程改革》,《辽宁教育研究》,2006,(02)。

[10]王亚群:《教师教育应对基础教育课程改革的对策》,《江西科学》,2007,(06)。

[11]汤智、张顺能:《新课程实施背景下的教师教育改革》,《理论观察》,2002,(05)。

[12]冼秀丽、陈锦山等:《解决教师教育与基础教育课程改革脱节问题的尝试》,《高教论坛》,2010,(10)。

[13]李旭明:《论基础教育课程改革条件下的教师教育》,《天水师范学院学报》,2004,(06)。

[14]廖红:《面向基础教育课程改革的教师教育职前培养模式探析》,《西华师范大学学报》(哲学社会科学版),2008,(04)。

[15]张艳红、洪俊:《影响农村基础教育改革的课程资源因素分析》,《教育评论》,2008,(05)。

[16]单永志:《浅议教师教育课程改革对基础教育新课程改革的推动作用》,《教育探索》,2010,(06)。

[17]李胜芳:《师范院校教师教育课程构想》,《南阳师范学院学报》(社会科学版),2004,(10)。

[18]雷水凤:《试析新课程背景下师范院校的教师教育改革》,《浙江师范大学学报》(社会科学版),2008,(01)。

[19]黄正夫:《为新课程塑造高素质的教师》,《四川教育学院学报》,2004,(09)。

[20]王嘉毅、赵志纯:《我国农村基础教育课程改革:问题与对策》,《教育研究》,2010,(11)。